Die Brücke zur Gralsbotschaft

Auferstehungsmorgen

Die Brücke
zur Gralsbotschaft

Auferstehungsmorgen

Das Licht schien in der Finsternis
doch die Finsternis
hat´s nicht begriffen

Johanna AMO

alias

Lilian Rose

Impressum

© Autor und Herausgeber Johanna AMO 2019-2024 (Lilian Rose 2024)

2. Neu-Auflage 2024 als erweiterte Neuauflage von AUFWÄRTS – „Auf den Spuren der Gralsbotschaft"
Die Neuauflage wurde nötig Aufgrund eines Fremdinhaltes
3. Neuauflage aufgrund von Berichtigungen und Streichung doppelter Beiträge 2025

Hinweis: Letzte Auflage und Veröffentlichung

ISBN: 978-3-7693-1901-9

Verlag: BoD · Books on Demand GmbH, Überseering 33, 22297 Hamburg, bod@bod.de
Druck: Libri Plureos GmbH, Friedensallee 273, 22763 Hamburg

In diesem Band werden die Bücher: Aufwärts, Auf den Spuren der Gralsbotschaft sowie die Auflage: Auferstehungsmorgen zusammengefügt.

Der Inhalt dieses Werkes ist mein geistiges Eigentum (*geistiges* nicht im Sinne von Verstand, sondern vom geistigen Kern). Wo ich Texte oder Menschen zitiert habe, so habe ich dies kenntlich gemacht.

http://www.wata-tana.blogspot.com

Mein Ziel

*I*ch möchte Euch gern die Liebe Gottes verständlich machen,
deren größter Teil Strenge ist.

Eine andere Liebe, wie Ihr sie kennt.
Eine, die nichts anderes mehr will, als Gott zur Freude zu leben.
Haarscharf nach seinen Gesetzen, mit einem freiem Willen, der
nur zum Guten gebraucht wird.

Überglücklich, wenn man die Sicherheit in diesem Handeln
gefunden hat.

Du – Mensch – kannst Dich in meinen Worten wiederfinden und
Wege/Auswege erkennen.

Gott und Sein Wirken in einfachen Worten erklärt.

Den Seinen gibt´s der Herr im Schlafe – so sagt man.

Von Zeit zu Zeit wird mir ein besonderer Traum geschenkt, an
dem und dessen Inhalt ich Euch begreiflich, verständlich,
teilhaben lasse.

lyrisch

Geist ist nicht Witz und nicht Verstand.
Er äußert sich vielmehr in dem,
was der Mensch als Gemüt bezeichnet.

(Oskar Ernst Bernhardt)

* * *

Nehme meine Hand.
Tauche ein mit mir
in die unendlichen
Tiefen des Geheimnisses
vom Woher und Wohin des Lebens;
fliege mit mir empor, nachdem du gesehen,
empfunden und verstanden hast
und erkenne voll glücklichem Überschwang
die große Liebe Gottes,
welcher sehnsüchtig
auf
Deine
Rückkehr
wartet.

(Johanna AMO)

Vorwort

Es gibt Menschen voller Glück, welche vielleicht nicht gerade jetzt nach dem Sinn des Daseins fragen. Einfach, weil sie gerade zu glücklich sind. Oder sie *ahnen* tief im Innersten, so dass sie jeden Morgen mit einem Dankeswort an den Schöpfer des Universums erwachen.

Es gibt Menschen, welche in arme, krankmachende, gewaltvolle Verhältnisse geboren werden; welche sich mühen, stets alles im Guten zu tun, aber scheinbar immer vom Leben benachteiligt werden. Immer wieder geraten sie in die gleichen Lebenssituationen, an die gleichen *schlechten* Menschen. Sie wollen, möchten verzweifeln, können nicht glauben, dass es eine höhere Macht und Gerechtigkeit gibt.

Es gibt Menschen, welche von sich glauben, etwas Besonderes zu sein. Der wiedergeborene Heiland oder der Menschensohn; Maria oder Johannes; Noah oder Mohammed. Als der Schöpfer des Universums sie mit ihrem Schicksal ereilte, mussten sie einsehen, dass sie keinerlei Macht hatten.

Es gibt Menschen, die ehrlich und aufrichtig auf der Suche nach dem Sinn des Lebens sind. Theologen, Therapeuten, ja sogar der Papst… denen aber die letzten Fragen und Antworten offen sind und diesen leeren Raum in sich abtun mit den Worten: „Das sind halt Gottes unergründliche Wege."

Es gibt Menschen, welche denken und sagen: Mit dem Tod ist alles aus und Basta.

Für sie alle ist dieses Buch geschrieben.

Gralsbote

Da ich weder siezen noch duzen will, spreche ich in der *Euch-* und *Ihr-*Form. Ich möchte Euch hier an dieser Stelle ganz herzlich begrüßen mit den Worten von Herrn Oskar Ernst Bernhardt:

„Ich bringe keine neue Religion, will keine neue Kirche gründen, ebensowenig irgendeine Sekte, sondern ich gebe in aller Einfachheit ein klares Bild des selbsttätigen Schöpfungswirkens, das den Willen Gottes trägt, woraus der Mensch deutlich zu erkennen vermag, welche Wege für ihn gut sind."

Ich, also der Verfasser dieses Werkes, bin das, was man einen Bekenner der Gralsbotschaft nennt. Wenn man im Internet unter Gral und Gralsbotschaft googelt stellt man schnell fest, dass auf vielen Seiten jede Menge über eine „Sekte Gralsbewegung" gesprochen wird. Auch, dass die Gralsbewegung sich in viele Gliederungen in aller Herren Länder zersplittert hat. Selbst Deutschland und Österreich haben sich darin getrennt.

Dies alles ist leider geschehen nach dem Ableben von Fräulein Irmingard Bernhardt, der Tochter von Herrn Oskar Ernst Bernhard (Abdrushin). Ich durfte Fräulein Irmingard noch persönlich kennen lernen. Nach ihrem Ableben erhoben sich aller Orten Herrschaftsansprüche. Die Gralsbewegung avancierte tatsächlich zu einer Art Sekte.

Aber… das alles ist vom Verfasser der Gralsbotschaft nicht gewollt.

Kirche und Gott ...

Braucht der Mensch die Kirche, um Gott nahe zu sein? Ist es nur ein Rahmen, an welchen sich der Mensch klammert? Klammern muss, um nicht am Leben zu verzweifeln? Weil er selber keine Worte hat?

Oder geht er gerade deswegen in die Kirche? WEIL er keinen eigenen Kontakt zu Gott pflegen kann? Kein eigenes Gebet finden und sprechen kann? Nur in der Kirche – zusammen mit anderen mehr oder wenigen Gläubigen?

Der Mensch braucht einen Rahmen, um seinem Eheversprechen vor Gott das Ja-Wort zu geben. Der Pastor soll dazu den Paaren Gottes Segen erbitten, damit die Ehe ewig halte. Bis dass der Tod sie scheide? Warum gehen dann trotz allem nach oft kurzer Zeit auch – oder gerade? – diese Ehen in die Brüche. Alle Schwüre und Versprechen haben sich in Nichts aufgelöst. Der von Gott erbetene Segen ist verpufft im Nirwana, wenn er denn überhaupt bei ihnen angekommen ist.

Kinder müssen getauft werden und ebenso Gottes Segen erhalten. Dieser soll sie wie eine Hülle umgeben und beschützen bis zur geistigen Reife. Danach wird Kommunion oder Konfirmation gefeiert.

Warum verfallen viele Kinder bzw. Jugendliche dann der Kriminalität?

Ich bin nicht gekommen, um Euch die Kirche, wie sie heute ist, auszureden. Nur darüber nachdenken sollt Ihr einmal.

Ich selber musste erleben, dass Kirche nicht gleich Kirche ist! Dieselbe Kirche kann mit einem anderen Pastor oder einer anderen Pastorin mit einem Mal *Geist* und *Gottes Segen* erhalten. Andersherum bei Weggang eines wirklich berufenen Pastores diesen aber auch verlieren.

Ihr müsst das Gefühl haben, der Pastor spricht heute nur zu Euch. Er hat genau das Thema drauf, welches Euch zurzeit bedrückt. Wenn er Gottes Segen herabbittet nach der Andacht fühlt Ihr, dass der Segen Euch umschlingt wie ein warmes Bad in der Sonne und Ihr bekommt eine Gänsehaut.

ABER das ist nicht alles. Der Glaube darf sich nicht nur auf eine Stunde der Andacht am Sonntag beschränken. Das Wort Gottes will gelebt sein in jeder Stunde des Lebens. Mit jedem Satz, Wort, in jedem Augenblick, im Miteinander mit unseren Mitmenschen. Dass wir auch in schlechten Zeiten für sie da sind; sie nicht wegwerfen, wenn sie einmal eine Schuld auf sich geladen haben.

Im Gegensatz zu Gott ist der Mensch oft grausam. Verzeihung ist vielen Menschen zu einem Fremdwort geworden. Zur Verzeihung gehören Demut sowie Kenntnisse der Schöpfungsurgesetze.

Pastor oder nicht. Kirche oder nicht. Katholisch oder Evangelisch: Wenn der Mensch einem anderen Menschen Gutsein predigt oder sich über Schlechtigkeiten von Mitmenschen ärgert, sollte er selber als gutes Beispiel vorangehen.

„ Und vergib uns unsere Schuld,
wie auch wir vergeben unseren Schuldigern. "

So steht es im Vater unser.

Wer einem anderen Menschen nicht vergeben kann, der kann von Gott am Tage des Gerichtes keine Vergebung oder Verzeihung für sich selbst erhoffen.

Weshalb Menschen die Bibel ablehnen und Gott nicht finden können

Erst wenn Ihr die Bibel quasi mindestens einmal ganz vom ersten bis zum letzten Wort gelesen habt, und, was noch besser ist, das Neue Testament mehrmals innig... dann versteht Ihr *alles*.

Früher gehörte ich auch zu denen, die sagten, sie würden die Bibel kennen, aber ich kannte sie NICHT! Erst nach dem Tode meines Mannes begann ich, sie zu lesen; zu studieren, wobei ich das ALTE Testament nur ein einziges Mal komplett gelesen habe, denn dort herin standen Dinge, die mich vom Glauben hätten abfallen lassen können, wenn... ich nicht auch genauso intensiv und am Ball bleibend dann das NEUE Testament gelesen hätte.

Im Alten Testament stehen unter anderem Dinge, die so ekelhaft und unglaubwürdig sind, so dass ich dachte: Nein, das kann Gott auf keinen Fall gewollt haben, so, dass Priester sich an toten Frauen haben vergehen dürfen, um ihrem Drange abzuhelfen. Das ist einfach nur perfide; ekelhaft, unglaublich und unaussprechlich.

Insgesamt ist es aber wichtig, auch das Alte Testament zu kennen. Solche Dinge, wie eben beschrieben, sind Aussagen von Zeitzeugen, die Jesus Botschaft noch nicht kannten aber meinten, das Richtige schon zu wissen und zu glauben.

All diese Propheten gaben ja auch Aussprüche und Vorhersehungen, also Prophezeiungen, von sich, welche später dann von Jesus wieder ausgesprochen wurden, so, dass mit dem Geschehen diese Prophezeiung um sein Kommen und Wirken in Erfüllung gehen würden.

Der Beginn der Welt, also wie die Erde und der Mensch erstanden sind, wurde bildhaft wiedergegeben. Gott hat NICHT an sieben Tagen – in Erdentagen gedacht – die Welt erschaffen. Man muss bedenken, dass im Göttlichen tausend Jahre sind wie ein Tag.

Würden Wissenschaftler die Gralsbotschaft kennen, die durch den Gotteswillen in Imanuel gebracht wurde, so würden sie nicht mehr lange im Ungewissen und für sie Trüben fischen müssen, sondern das ganze Geschehen um die Entstehung der Welt und die Geburt der Menschen würde sich für sie ganz einfach und natürlich erklären. Nur hätte dann ihr Studium keinen direkten Wert mehr. Und zuzugeben, dass man nicht alles gewusst hat, dazu gehört schon Größe.

Als Gott sprach: Es werde Licht, so begann damit ein Prozess, der im göttlichen Begann durch GOTTES Willen.

Wie im Himmel, so auf Erden… so ist dieser Weltenteil nur ein kleiner Abglanz aus der Urschöpfung.

Es gab keinen Urknall an sich, sondern der Wille Gottvaters, der zu dieser Stunde zu Wirken begann, zog weiter über die göttliche Grenze hinaus. Zuerst ins Urgeistige Reich, dann ins geistige Reich, ins wesenhafte Reich und zuletzt sich entwickelnd die feine und auch grobe Stofflichkeit, wozu die Planeten auch gehören und diese Erde.

Mit jeder Stufe abwärts verdichtete sich der Urstaub und hüllte sich ein in die jeweilige Abstufung.

Dieser Urstaub wurde somit immer weiter verdichtet bis zu dem Tage, wo er grobstofflich sichtbar wurde.

Dass all diese Vorgänge nicht an einem Tage vonstatten gegangen sind, sollte jedem Menschen klar sein.

„Bist Du dem Lichte und dem Guten denn so abhold, dass Du es nicht verträgst, das Kreuz des Lichtes zu erblicken?"

Glückstaumelig

Zart wie eine Lilie ist deine Gestalt;
Deine Stimme verzückend mit dem Winde hallt

Wie kostbares Nass sind deine Worte;
umhüllen mich wie heilige Orte

Einer Rose gleich öffnet meine Seele sich;
verströmet unwiderstehlichen Duft

O hehrer Gott – ich liebe Dich;
flieg mit den Träumen durch die Luft

Glückstaumelig umhüllet mich
Dein lieblicher Odem –
wonach mich dürstet sehr

Stürze mich in deine Fluten
und ertränke mich
in der Liebe Meer.

© Johanna AMO

Ein Tor öffnet sich

Meine Mutter erzählte mir zwar nie etwas von Gott; im Alter von zehn Jahren bekam ich aber eine Kinderbibel geschenkt, deren Herkunft sich mir bis heute nicht erschlossen hat. Die sechsbändige Reihe besitzt weder eine ISBN-Nummer noch Verfasser- oder Verlagsangaben.

Diese Kinderbibel verschlang ich, mit einem Becher Kakao im Bett sitzend, Tag für Tag. Neben einer wirklich kindergerechten Schreibweise zeichnet dieses Buch zahlreiche fantastische Bilder aus.

Im Übergang zum Erwachsenenalter verlor ich für eine kurze Zeit die Verbindung zu Gott – meinen Kinderglauben. Viele schwere Schicksalsschläge rüttelten an mir, welche mich öffneten für die Aufnahme eines neuen Wissens.

Ich weiß, es gibt viele Menschen, die sich von Gott abwenden weil sie Schicksalsschläge erleiden mussten und müssen. Bei mir war es genau umgekehrt. Es kamen mir immer wieder so auffällig viele Hilfen, dass ich gar nicht anders konnte, als mich wieder der Sinnsuche zuzuwenden.

Mein größter Traum von Kindesbeinen an war, um jeden Preis hinter die Geheimnisse des Lebens zu gelangen. Im Anhang des Buches erzähle ich, wie ich zur Gralsbotschaft kam.

Das öffentliche Gerede aber sollte keinen Menschen davon abhalten, die Gralsbotschaft zu lesen und sich den Inhalt zu Eigen zu machen.

Abdrushin mahnt eindrücklich, dass er die Botschaft nur für den Einzelmenschen an sich geschrieben hat. Der Kult, der daraus entstanden ist, wurde durch die Menschen aus falschem Wollen heraus herbeigeführt.

Reinkarnation – Tod und Wiedergeburt

Der Tod ist nichts anderes als die Geburt in eine andere Welt; das sogenannte Jenseits. Wir werden und wurden geboren und wieder geboren (*
woher und wohin).

Gäbe es auf Erden nur ein Leben, dann müssten, gesetzt den Fall, wir
glauben an Gott und seine Gerechtigkeit, Anfang und Ende eines Men-
schenlebens seinen Kreislauf in diesem einen Erdenleben schließen.

Jeder Mensch müsste demnach mit den gleichen Chancen und Voraussetzungen geboren werden; in Verhältnisse mit gleichen Möglichkeiten
der Entwickelung.

Jesus als der Sohn Gottes wusste um die Wiedergeburt. Einmal an das
Krankenbett eines Kindes gerufen, wurde er von einem Umstehenden
gefragt: „Herr, war es jener (also das Kind) oder sein Vater, welcher
Schuld auf sich geladen hat?", – was besagt, dass die Menschen zur damaligen Zeit voll und ganz mit der Tatsache der Wiedergeburt vertraut
waren.

Wäre es nicht so, hätte der Fremde am Krankenbett nicht gefragt, ob
es jener (das kranke Kind) war, der gesündigt hat.

Nach der Menschen heutiger Auffassung sind alle Kinder, die geboren
werden, unschuldig. Das ist so nicht der Fall. Ein jedes geborene Kind
hat meist schon mehrere Erdenleben hinter sich und ist mit mehr oder
weniger Schuld beladen, welche mit dem Tode nicht einfach von einem
Menschen abfällt. Dies drückte Jesus aus mit den Worten: „Und ihre
Werke folgen ihnen nach."

Wie mit einem unsichtbaren Faden ist der Mensch mit seinen Taten, zu
denen auch die Gedanken schon gehören, verbunden. Und zwar solange,
bis er diese abgelebt und abgelegt hat.

Wer weiß heute noch, dass die Wiedergeburt von Kirchenoberhäuptern
beim Konzil zu Konstantinopel circa im Jahre 640 nach Chr. aus den
Kirchenbüchern entfernt worden ist? Die Gottesmänner waren damals
überzeugt, dass die Menschen (noch) nicht reif und überfordert wären für
das Wissen um die Wiedergeburt – die Reinkarnation. Leider geriet dieses Wissen dann über die Jahrhunderte in Vergessenheit und mit dem

Wachsen von Verstand, Technik und dem so genannten Fortschritt wurde auch die Empfindung dafür immer weiter untergraben.

Dabei belegen alte Gräber, die wir überall auf der Welt finden können, das Wissen von der Geburt ins Jenseits und der Wiederkehr ins Fleisch. Auch auf unserer Reise nach Schweden fanden mein Mann und ich solch ein Grab. Es war aus Stein mit einem Deckel drauf. An der Front und am Fußende des Sarges waren *Schlupflöcher* vorhanden, um der Seele, wenn sie sich denn von ihrem Körper gelöst hatte, den Austritt in das Jenseits zu ermöglichen.

So konnte dann nach und nach die Angst vor dem Tode auferstehen, der nichts anderes ist als die Geburt in eine andere Welt − das sogenannte Jenseits. Die Angst vor dem Tod zog den Verlust des Lebenssinnes nach sich. Ein jeder fragt sich, was er hier soll! Mit dem Tod sei alles aus und basta. Und weil nur noch mit einem Erdenleben gerechnet wurde, kam auch die Gefahr auf, immer skrupelloser dahinzuleben. Alles Natürliche ging verloren.

Eine Frage an alle Diejenigen, die zumindest an Gott *glauben*:

Wenn Ihr an die unbedingte Gerechtigkeit Gottes glaubt, müsste bei nur einem Erdenleben dann nicht ein jeder Mensch in die gleichen Verhältnisse geboren werden? Mit den gleichen Chancen, Möglichkeiten und Voraussetzungen? Könnte es dann sein, dass ein Mensch in bitterster Armut, krank, und sofort wieder zum Sterben verurteilt, geboren würde? Und *wenn* mit dem Tode alles AUS wäre, Ihr aber an die unbedingte Gerechtigkeit Gottes glaubt... wo *blieben* dann diese armen Seelen? Kinder, die nur einen Tag gelebt haben? Wo wäre dann die Gerechtigkeit?

Das Wort Reinkarnation setzt sich zusammen aus:

Re: für zurück −
in (en): in das −
carna (spanisch=carne): für Fleisch. −

Es bedeutet also nichts anderes als den Begriff *Wiedergeburt*. Viele Menschen haben allein schon vor dem Worte Angst. Der Begriff Reinkarnation ist für sie zu einem Hokus-Pokus verkommen. Ein Begriff, den man am besten nur im Dunkeln oder im versteckten Kämmerlein benutzt.

Mit diesem Staub möchte ich heute gerne aufräumen und erzähle Euch ein wenig über das, was mir über die Reinkarnation bekannt ist:

Ein jeder Mensch hat im Hinterkopf den Gedanken an die Möglichkeit, dass mit dem Tod *nicht* alles aus ist. Ob er nun an Gott als eine höhere Existenz glaubt oder nicht! In *Woher und Wohin* erzähle ich mehr darüber.

Lassen wir einmal den Gedanken an die Möglichkeit eines Lebens *danach* zu, kommen sofort Zweifel auf, wenn die Wiedergeburt ausgeklammert wird. Glaubt man an Gott und seine unabdingbare Gerechtigkeit, so müssen mehrere Erdenleben möglich sein.

Denn *gäbe* es nur ein einziges Erdenleben, so müsste jeder Mensch bei der Geburt mit den gleichen Möglichkeiten, Fähigkeiten und Voraussetzungen in diese Welt hineingeboren werden. Und sagt man im Volksmunde nicht ganz richtig: Ein Kind kommt auf die Welt?

Wie wir wissen, werden Kinder geboren, um gleich darauf wieder zu sterben. Welch grausamer Gedanke für die Eltern, gäbe es nicht die Möglichkeit der Wiedergeburt; ein Weiterleben- und bestehen der Seele.

Andere Menschen wiederum kommen in bitterster Armut und Not zur Welt. In einem Land ohne Möglichkeiten eines Vorwärtskommen. Ein Leben, welches einem Dahinvegetieren gleicht. Oder geboren mit schlimmen Krankheiten, geistigen Behinderungen. Wo lägen da die Gerechtigkeit und der Sinn überhaupt?

Es ergäbe keinen Sinn! Warum also sträuben sich viele Menschen so gegen diesen Gedanken, welcher doch eher einen Segen darstellt? Ist es Selbstbetrug? Oder die Entschuldigung dafür, dass es ja schließlich nur *ein* Leben gäbe. Und dieses gelte es zu leben in Saus und Braus mit allen seinen Untaten!

Ohne irgendwann einmal dafür zur Rechenschaft gezogen werden zu können? Vor den irdischen Gesetzen lassen sich Gräueltaten, wenn man einigermaßen schlau ist, wohl verbergen. Jahrelang oder auch über ein ganzes Leben können so Menschen zur Qual und zu Peinigern von anderen werden. Sie unterdrücken, ausbeuten und mehr.

Wie unangenehm, müssten wir dabei ständig an eine höhere Instanz denken, die unser Tun möglicherweise nicht gutheißen kann! Dass eines Tages, im Diesseits noch, im so genannten Jenseits, oder bereits in einem neuen Leben (also reinkarniert) die Folgen unseres Tun doch auf uns zurückfallen und wir dann in Verhältnissen leben, die nun das gleiche mit uns machen!

Es hat auch seinen berechtigten Sinn, weshalb ein Mensch sich nicht an frühere Leben erinnern kann. Zumindest nicht bewusst. Ständig würde er sich mit den Gedanken über sein früheres Leben beschäftigen; *was* er einst war und *wie* er war. Ob Herrscher oder Bettler.

Und gerade diese Gedanken würden ihn vom weiteren Reifen im jetzigen Erdenleben abhalten. Das, was er wissen muss aus seinen vorherigen Erdenleben, ist in seiner Empfindung als lebendiger Kern gespeichert. Seht Euch doch die verschiedenen Charaktere schon bei einem Säugling oder Kleinkind an!

Eine Vererbung der Art als solches durch die Gene findet nicht statt, sondern nur eine Anziehung der gleichen Art. Was sich vererbt, sind allenfalls Aussehen und Krankheiten.

Darüber lohnt es sich heute, nachzudenken

Woher wir kommen – wohin wir gehen

Weder bin ich ein Prophet noch ein Theologe noch will ich Euch eine neue Bibel schreiben. Auch nicht Wort für Wort wiedergeben, was in der Bibel und der Gralsbotschaft steht. Mein Wissen gebe ich Euch auf meine mir ureigenste Art und Weise. Versuche, es bildhaft zu schildern. Dies soll auch keine neue Schöpfungstheorie werden. Nur schlicht und ergreifend gebe ich in möglichst bildhafter Sprache meine Überzeugung wieder. Die Bibel ist ein geistiges Buch. Bild- und symbolhaft. So will sie auch verstanden werden.

Um das verstehen zu können, was ich gleich erzähle, muss man sich vorstellen, dass es verschiedene Stofflichkeiten gibt:

Die Erde, auf der wir leben, alle Planeten, die wir sehen können, gehören zur groben Stofflichkeit.

Darüber, außerhalb dieser Stofflichkeit, kommt ein Ring des Wesenhaften, dem auch die Tierseele entstammt.

Darüber dann befindet sich das große geistige Reich mit etlichen Abstufungen. In ihm liegt auch das Paradies.

Darüber wiederum liegt der göttliche Bereich und an oberster Stelle thront Gott selber in seiner Wesenlosigkeit, von dem wir uns niemals ein Bild machen können. (*Ebenbild).

Wenn ich wage, zu behaupten, das Paradies ist nicht auf Erden; *kann* nicht auf Erden sein; werden viele Menschen vielleicht erst einmal erbost werden.

Also: Stellt euch einmal vor, das Paradies *wäre* auf Erden. Zum Gericht sollen aber laut der Bibel alle Toten wieder auferstehen (Zumindest wird es überwiegend so ausgelegt, und gerade vor ein paar Tagen musste ich durch einen angehenden Theologen erfahren, dass diese Annahme tatsächlich ernst gemeint wird).

Das hieße, dass alle Menschengeister, welche jemals auf dieser Erde geboren wurden, hier auf Erden in einem Paradies leben würden!

Unvorstellbare Vorstellung, nicht?

Es heißt unter anderem: „Es soll alles Tote (zum Gericht) auferstehen, damit es sich richte."

Das heißt nicht, dass nun alle Menschenkörper, die schon Jahrzehnte oder Jahrhunderte lang verwest sind, aus ihren Gräbern auferstehen. Das sollte jedem Menschen klar sein. Das geht nicht!

Wäre aber das Paradies auf Erden, müsste dieses als Tatsache gewertet und angenommen werden…

Vielmehr bedeutet der Satz: „Es soll alles Tote auferstehen, damit es sich richte", dass alle Menschengeister, egal wo sie sich gerade befinden – im Diesseits oder im Jenseits – an (ab) einem für sie bestimmten Tage das Gericht über sich ergehen lassen müssen.

Wie sie sich bis zu diesem Tage entwickelt haben ist ausschlaggebend dafür, wie es für sie weitergeht. Der Tag des Gerichtes ist jener Tag, an (ab) dem für den betroffenen Menschengeist eine Auslösung, der Ringschluss aller seiner Taten, stattfindet bzw. beginnt. Also alle seine Taten, die guten wie die schlechten (*Naturgesetze), mit denen er wie mit einem unsichtbaren Band verbunden ist, kommen an dem Tage des Jüngsten Gerichtes zu ihm zurück und lösen sich aus. Dies geschieht in der Regel nicht an einem Tage, sondern es zieht sich über Monate hin.

Und zum Gipfel des Gerichtes wird das Böse (Luzifer) sein Haupt erheben. An dieser Stelle möchte ich doch einmal kurz eine Stelle aus dem Buch „Gralsbotschaft" von Abdrushin zitieren:

„Die Offenbarung sagt, dass dieser Antichrist vor dem Gericht sein Haupt erheben wird! Doch nicht, dass er erst kommt! Wenn darin ausgedrückt wurde, dass er sein Haupt erhebt, so zeigt es doch, dass er schon da sein muss; nicht aber, dass er erst noch kommt. Er wird den Gipfel seiner Herrschaft haben kurz vor dem Gericht. Das soll damit gesagt sein!"

Aber wie schon Jesus sagte: „Den Tag und die Stunde kennt nur der Vater im Himmel!"

Die Menschen − und das gilt nicht nur für Adam und Eva − haben sich durch Verlockungen von Luzifer verführen lassen, sich immer mehr dem Verstande zuzuwenden. Der Verstand und das Verstandeswissen wurden immer größer. Die Empfindungsfähigkeit und Natürlichkeit ging immer mehr verloren (siehe auch, was ich über die Wiedergeburt sage auf der ersten Seite). Dadurch auch die Fähigkeit, Gott zu erkennen und seinen Willen zu verstehen. Das ist die Erbsünde!

Stellt euch einmal vor, ihr seid im Paradies wie ein unbewusstes Samenkorn. So wie ein kleines Kind zum Beispiel. Ein kleines Kind ist sich seines Selbst noch nicht bewusst.

Ihr als Menschengeist möchtet aber gerne bewusst werden. Ihr drängt danach, so wie es einen Samen auf Erden drängt, sich zu entwickeln. Er kann sehr lange irgendwo herumliegen. Der Drang zum Entwickeln und Wachsen ist immer in ihm wach.

Gott steckt die Menschengeistkeime in diese Erde, so wie ein Samenkorn in den Mutterboden gesteckt wird (* Johannes).

Dazu muss der Menschengeist das Paradies für einige Zeit verlassen. Er wird sozusagen aus dem Paradies *ausgetrieben*, so wie ein Kind bei der Geburt aus der Gebärmutter der Frau ausgetrieben wird.

22

Das ist die Geburt in die stoffliche Welt *und die eigentliche Vertreibung aus dem Paradies.*

Die bildliche Wiedergabe vom Sündenfall des Adam und der Eva, sowie deren Vertreibung aus dem Paradies, erkläre ich euch bildhaft so:

Adam und Eva hatten sich, wie ich es vorher erklärte, verlocken lassen, ungute Dinge zu tun, indem sie nur auf Ihren Verstand hörten. Dadurch ging ihnen die Fähigkeit, Gott zu erkennen − auf ihn zu hören − immer mehr verloren. Sie konnten so nicht wieder in das Paradies eintreten. *Waren* folglich daraus vertrieben, wenn sie sich nicht änderten.

Für das Reifen eines Menschengeistes reicht oft ein Leben nicht aus. Nach dem Ableben (also der Geburt in das Jenseits) wird der Menschengeist zu jenen Eltern hingezogen, die er für seine weitere Entwickelung auf der Erde benötigt!

Und wer *das* begreifen kann, der kann sich nun auch vorstellen, dass er genau auf dem umgekehrten Wege wieder zurück in das Paradies gelangt. Der Mensch muss in dieser Schöpfung hier wachsen und zur vollen Reife gelangen. Durch Verantwortung und richtige Betätigung des freien Willens zu hohem Selbstbewusstsein kommen. Das ist für ihn das Tor zurück in das Paradies, aus welchem er dann, nach seiner Rückkehr, niemals wieder vertrieben wird!

Ebenbild

*E*in paar Worte zum Begriff *Ebenbild.* Es heißt, auch in der Bibel, dass Gott den Menschen nach seinem *Eben*bilde geschaffen hat. *Nicht* nach seinem Bilde; nach ihm selbst, denn Gott selbst ist wesenlos.

Nach seinem Ebenbilde heißt, so, wie ER sich von Zeit zu Zeit *denen* zeigt, welche in seiner unmittelbarsten Nähe bewusst bestehen können.

Da Gott wesenlos ist, muss er sich zu diesem Zwecke in eine Form hüllen. Und nach *diesem* Ebenbilde hat sich der Mensch geformt.

Der Mensch kann und darf sich kein Bild von Gott machen. Es würde selbst in der höchsten Vollendung nur eine Verkleinerung Gottes darstellen.

Einzig und allein das Auge Gottes darf sich der Mensch vorstellen.
Der Blick eines Auges allein kann Liebe, Kraft, Wissen, Trost, Hoffnung und Vertrauen widerspiegeln.

Über die Schöpfungsgesetze

Es gibt drei große Grundgesetze
Das sind die Schöpfungsgesetze
Diese können auf alles, was der Mensch tut, angewandt werden
Darin gibt es kein Wenn und kein Aber

Jeder Mensch weiß: Ein Samen bringt eine Pflanze oder Getreide, einen Baum, eine Blume. Eine Knospe am Baum; eine Kastanie wächst heran. Es ist Frühling. Die Sonne scheint; mal regnet es. Die Eisheiligen kommen und gehen. Der Wind weht.

Aus der Knospe brach ein Blatt hervor. Aus der Blütenknospe der Kastanie wurde ein stacheliger grüner Ball. Fast alle Menschen lieben diesen stacheligen Ball, welcher im Herbst seine Hülle sprengt; braun und glatt seine Frucht, die Kastanie, freigibt.

Herbst. Das Blatt färbt sich gelb, rot und schließlich braun. Welche Verschwendung, solch ein Blatt. Es kommt und geht jedes Jahr aufs neu; wandelt die Inhaltsstoffe der Atmosphäre um in den für uns notwendigen Sauerstoff.

Ein Baum hat viele Blätter, und um für weiteren Sauerstoff-Nachschub zu sorgen, wachsen aus meiner Kastanie neue Bäume mit neuen sauerstoffspendenden Blättern heran.

Die Kastanie hat Inhaltstoffe, welche in der Medizin angewandt werden. Die Medizin wächst vor der Tür.

Auch Tiere ernähren sich von Kastanien. Sie machen sie satt und halten sie gesund. Tiere gehen nicht in den Supermarkt, kaufen keine Fast-Food Gerichte. Sie nehmen Nahrung und Medizin an Ort und Stelle ein.

Blumen, Sträucher, Beerenfrüchte, Obst, Getreide, Bäume, Gras, Kräuter…

Sähe ich Rasen aus bekomme ich neuen Rasen.

Pflanze ich Magnolien, wachsen Magnolien.

Beerenfrüchte bringen mir Beeren.

Ein Apfelbaum trägt Äpfel. Die Kerne der Äpfel können zu neuen Apfelbäumen werden.

Hafer aussähen und Hafer ernten.

Mais aussähen und Mais ernten.

Disteln oder Unkraut säen und Disteln und Unkraut ernten.

Wachsen, gedeihen vergehen – alles hat seinen Sinn.

Auch Steine wachsen; wenn auch sehr, sehr langsam. Durch Befruchtung entstehen Mensch und Tier. Die Lebewesen wachsen im Mutterleib; bei Tieren auch in einem Ei.

Alle diese Dinge haben eines gemeinsam: Sie sind dem Wachsen, Werden und Vergehen unterworfen. Auch diese Erde, unser Planet, ist diesem Werden, Wachsen und Vergehen unterworfen und wird eines Tages wieder in seine Urbestandteile zerfallen. Dies kann noch sehr lange dauern. Darüber maße ich mir kein Urteil an. Aber *dass* der Tag kommt, ist gewiss!

Alle diese Dinge gehören zur Stofflichkeit. Wenn Ihr in Euren Garten geht und Petersilie aussät, wollt Ihr sicherlich Petersilie ernten und werdet es auch, wenn die Bedingungen optimal sind.

Ein Mensch, der einen Kirschbaum pflanzt, will Kirschen ernten. Wenn ich Kartoffeln setze, werde ich im Herbst Kartoffeln ernten – keine Rüben oder Möhren – Kartoffeln, weil ich sie eingepflanzt habe…

Bis hierher ist schon alles klar, denke ich. Das weiß jeder Mensch.

Zur Stofflichkeit gehören aber auch die Gedanken und Empfindungen, obwohl man diese mit dem grobstofflichen Auge nicht sehen kann. Aber oft fühlen! Gedanken und Empfindungen gehören zur Feinstofflichkeit. Das kennt jeder, dass er ein komisches Gefühl im Bauch hat; ahnt, dass etwas kommen wird. Angenehm oder unangenehm; es wird gefühlt. Das sind lebendige Gedanken, die eine Form gebildet haben und quasi vor eurer Tür stehen.

Oft sieht man einem anderen Menschen ins Auge und diesem steht, sozusagen, auf der Stirn geschrieben, was er sagen will; was er denkt. Gut funktioniert dies bei Menschen, die einem Nahe stehen. Bei meinem Sohn zum Beispiel konnte ich schon immer nur aus seinen Augen, die Art, wie er mich anblickte, lesen, was er sagen wollte. Es kam nicht selten vor, dass ich seinen von ihm gewollten Satz aussprach, noch bevor er ein einziges Wort herausgebracht hatte.

Das kommt daher, dass Gedanken und Empfindungen in eine Form gekleidet sind, so unsichtbar auf uns einwirken, vor unserem geistigen Auge ein Bild oder eine Empfindung erstehen lassen. Diese Form können wir, wenn wir uns nicht durch unseren Verstand abgeschottet haben, aufnehmen, deuten und weiterleiten; in Worte kleiden oder auch in Handlungen.

In der Bibel heißt es. „Was du säest, das wirst du vielfach ernten." Also sind Gedanken *nicht* frei! Auch sie zählen zu den Taten. Wir sähen Gedanken aus und müssen vielfach ernten, was wir ausgesät haben.

Das von uns Gedachte kommt vielfach beladen, früher oder später, zu uns zurück. Sei es nun Gutes oder Schlechtes. Es kommt. Entweder in diesem Leben noch, im Jenseits, oder erst in einem neuen Leben nach einer Wiedergeburt hier auf Erden, denn wir wissen ja: „Unsere Werke folgen uns nach."

Auch mit den Taten durch unsere Gedanken sind wir wie mit einem unsichtbaren Band verbunden. Dieses Band bleibt solange bestehen, bis wir es abgelebt haben. Dann fällt es von uns ab.

Die Anziehung der Gleichart

Die Ausstrahlung eines Menschen wird als Aura bezeichnet. Diese Ausstrahlung wird bewirkt durch Empfindungen, die sich formen, und durch Gedankenformen. Ein Mensch kann zum Beispiel Güte, Traurigkeit, Wut, oder Angst ausstrahlen. Die Aura eines Menschen ist magnetisch und zieht gleichartige Gedankenformen an.

Menschen mit gleichen Empfindungen und Gedankenformen werden zueinander hingezogen (Raucher, Trinker, Spieler, Sportler, Hobbyisten usw.).

Oft fühlt man sich zu einem Menschen hingezogen und weiß nicht, warum, da äußerlich nichts zu erkennen ist.

Was ein Mensch sagt, muss nicht immer in Übereinstimmung mit seinen tatsächlichen Empfindungen sein.

Ein überzeugender Redner kann andere Menschen mitreißen. Je wahrer seine eigene Empfindung, desto kraftvoller die Empfindungsformen. Diese bleiben auch nach der Rede bestehen und haften den Zuhörern weiterhin an. Die Zuhörer werden, je nach der eigenen Beschaffenheit, weiter durch diese Gedankenformen inspiriert, können sie nähren, neue Formen erstehen lassen, woraus sich eines Tages, über kurz oder lang, Taten ergeben.

Gute Gedanken und Empfindungen ziehen Gutes an. Ungute Gedanken und Empfindungen ziehen Ungutes an. Das muss nicht immer äußerlich erkennbar sein. Ein äußerlich sichtbar guter Mensch kann üble Gedanken haben. Er gibt sich nach außen gut, nährt aber in Wirklichkeit ungute Gedanken und Empfindungen.

Und umgekehrt.

Das Gesetz der Schwere

Wenn wir etwas fallen lassen, fällt es meistens herunter. Es sei denn, es ist ein Gasballon oder eine Feder, die vom Wind davongetragen wird. Je schwerer ein Gegenstand, desto schneller fällt er herunter, und desto härter kommt er auf.

Ein Mensch kann sich durch ungute Gedanken selber beschweren. Durch gute Gedanken wird er leicht.

In der dichten Stofflichkeit auf dieser Erde wird diese Auswirkung nicht sehr sichtbar. Außer vielleicht im leichten oder schwerfälligen Gang eines Menschen. (Auch ein Elefant hat einen leichten Gang. Es kommt also nicht unbedingt auf das Gewicht eines Menschen an).

Nach seinem Ableben aber wird er, der Menschengeist, entsprechend seiner Leichtigkeit oder Schwere dahin gezogen, wo er auf gleiche Arten trifft.

Ein Mensch, der hier Grausames angerichtet hat, nur üble Gedanken hegte, ist durch diese beschwert. Der Geistkeim, der eigentlich hellstrahlend ist, wird durch schlechte Gedanken, Empfindungen und Taten beschmutzt und schwer. Hellsichtige Menschen würden eine Trübung der Aura bemerken. Deshalb sinkt er hinab.

Das kann für einige Menschengeister dann zur Hölle werden. Aber auch dort kann er geläutert werden, wenn er zur besseren Einsicht und Gesinnung kommt.

Ein Mensch, der auf Erden hier von einem Fortbestehen seiner Seele nichts wissen wollte, wird im Jenseits für eine Weile taub und blind sein.

Eine ägyptische Mythologie besagt, dass am Tage des Jüngsten Gerichtes jeder Menschgeist mit einer Feder aufgewogen wird.

Darin ist eine Weisheit verborgen, denn der Menschengeist kann nur dann wieder ins Paradies eingehen, wenn er alle dunklen Seiten in sich ausgelebt und abgelegt hat, zur vollen Reife des Geistes gekommen ist, nichts Dunkles und damit Schweres mehr an ihm haftet. Wenn ihm irgendeine Schlechtigkeit zu tun in Worten und Werken fremd geworden ist; ja unmöglich sogar. *Dann* ist er leicht wie eine Feder und steigt, den Naturgesetzen folgend, auf in das Paradies. Seine geistige Heimat.

Der freie Wille

Der freie Wille ist etwas, was Gott den Menschen mitgegeben hat, damit sie zu vollem Bewusstsein kommen können. Es ist mit das Wertvollste in seinem Leben überhaupt. Das Tier handelt aus dem Instinkt heraus. Der freie Wille zieht Verantwortung nach sich. Das unterscheidet den Menschen vom Tier. Nur ein Menschengeist kann volles Selbstbewusstsein und Selbstverantwortung erlangen. Des Menschen Innerstes ist Geist (von den Menschen als Seele bezeichnet). Des Tieres Innerstes ist aber Seele. Ein Tier kann keine Schuld auf sich laden, wofür es bestraft wird, da ihm der freie Wille fehlt.

Beim Beginn einer jeden Sache hat der Mensch den freien Willen zum Entschluss. Den Folgen davon ist er dann unterworfen. Den Guten wie den Schlechten. Aus diesem Grunde kann auch Gott nicht alles vorhersehen bei jedem Einzelmenschen, da er in jeder Sekunde seines Lebens seinen freien Willen hat.

Der freie Wille ist aber oft nicht mehr erkennbar, weil der Mensch sich durch gefasste Entschlüsse und deren Folgen oft in dummen und verstrickten Situationen befindet – sich nicht daraus befreien kann. Dann schimpft er auf Gott, obwohl er einst selbst der Verursacher war von seinem Leid.

An dieser Stelle möchte ich kurz einmal abschweifen: Es ist für Eltern grausam, wenn ihre Kinder gleich nach der Geburt sterben, oder Menschen einfach geliebte Menschen verlieren! Man fängt an, mit Gott zu hadern. Und da kann man die Gerechtigkeit Gottes nur verstehen, wenn man von der Wiedergeburt überzeugt ist. Wenn einem klar ist: „Das ist so!".

Mit dem Tod eines Kindes – so schrecklich es für uns ist – (und ich weiß, wovon ich rede, denn auch ich hatte einmal im vierten Monat eine Fehlgeburt), kann zum Beispiel eine große Schuld der Mutter abgelöst worden sein, die sie – vielleicht in ihrem früheren Leben – begangen hat. Es gibt da tausende von Beispielen.

Ich zum Beispiel war ungefähr. ein Jahr nach der Geburt meines Sohnes von dessen Vater wieder schwanger und habe mich von ihm drängen lassen, das Kind abzutreiben. Ein fürchterlich traumatisches Erlebnis, das ich lange nicht verwunden habe. Immer wieder wurde ich von Albträumen geplagt. Eines Nachts träumte ich, dass ich ein Baby hätte. Ich versorgte es liebevoll. Das war wunderbar im Traum. Aber als ich erwachte, roch das ganze Zimmer nach Babycreme, die ich gar nicht im Hause hatte! Das muss man sich einmal vorstellen!

Danach war es vorbei mit den Albträumen. Und ich sehe es so, dass ich mit der Fehlgeburt den letzten Rest meiner Schuld darin abgebüßt habe.

Um noch einmal auf die Schuld und das Ablösen zurückzukommen:

In der „Offenbarung 14, 12-13", steht als ein Ausspruch von Jesus unter anderem:

„Ihre Werke aber folgen ihnen nach."

Damit ist gemeint, dass wir mit allem, was wir tun, wie mit einem unsichtbaren Band verbunden sind, und unsere Taten, die guten wie die schlechten, uns deshalb auch in ein neues Erdenleben begleiten, wenn wir sie in unserem derzeitigen Leben nicht ablegen und so frei davon werden.

Manch ein Mensch verzagt vielleicht, wenn er darüber nachdenkt, was er schon alles auf dem Kerbholz hat. Aber mit der Reue und der Umkehr zum Guten hin erfolgt dann oft eine symbolische Ablösung des Bandes. Diese drückt sich dann zum Beispiel in einer Handlung aus, die wir unbewusst ausführen, dem Verhalten einem Menschen gegenüber oder einfach nur einem Lächeln, welches wir verschenken.

Damit wird diesem Menschen die schwere Last der Schuld genommen.

Aber, wie gesagt, dazu bedarf es einer vorhergehenden, starken inneren Wandlung zum Guten hin.

Menschensohn – Gottessohn

Christus Jesus, der Gottessohn, und Imanuel, der Menschensohn, sind zwei verschiedene Wesen. Jedem Leser, der nicht nur oberflächlich und gleichgültig in der Bibel liest, müsste ein Fragezeichen vor seinem geistigen Auge erscheinen, wenn er ständig die Vermischung der *Personen* von Menschensohn und Gottesssohn liest.

Warum sollte Jesus sich, in ein und demselben Satz oder Ausspruch, einmal als Gottessohn und ein anderes Mal als Menschensohn bezeichnen? Da sowohl die Jünger als später auch die Kirchenoberhäupter viele Aussprüche von Jesus nicht verstanden, wurde es bei jeder Weitergabe weiter verfälscht. Obwohl dem Geiste beim Lesen des Neuen Testamentes bei diesen Passagen ein Fragezeichen vor dem Auge erscheint, nimmt er es als gegeben hin. Ein fataler Fehler, den niemand anzuzweifeln wagt.

„Wenn er aber kommen wird, der Menschensohn..." Damit ist die Zeit des Jüngsten Gerichtes für die Welt gemeint. Jesus hat niemals behauptet, dass er persönlich wiederkäme! Er hat immer auf den Menschensohn darin verwiesen.

Ich persönlich kann und will hier an dieser Stelle keine theologischen Abhandlungen bringen. Nur darauf Aufmerksam machen!

Jesus ist der **Ein**geborene Sohn Gottes. Er – Jesus – ist wieder zum Vater eingegangen.

Imanuel ist der **Aus**geborene Sohn Gottes. *Er steht an der Grenze zwischen der göttlichen Sphäre* und den darunter liegenden geistigen Reichen, deren unterstes Reich diese Welt ist, *als ewiger Vermittler zwischen Gott und der Menschheit.*

Jesus wurde einst eilig von Gott-Vater ausgesandt, weil die Menschheit zu versinken drohte. Er durchwanderte schnell alle Welten. Aus diesem Grunde waren die ihn umgebenden Hüllen, die er trug, nicht sehr dicht, welches der Menschheit deutlich fühlbar war in seiner Ausstrahlung.

Imanuel hingegen durchwanderte langsamer alle Weltenteile. Um der Menschheit vor dem Gericht noch einmal die Wahrheit zu verkünden, musste er in eigenem Erleben und Erleiden von allem Leid Erfahrungen sammeln, die er dann den Menschen vermitteln konnte.

Also: Der Menschensohn ist Imanuel und der Gottessohn ist Christus Jesus.

Der heilige Gral

In Dichtungen und Liedern ist der Heilige Gral schon oft beschrieben und besungen worden. Der heilige Gral, dessen Hüter Parzival ist, existiert aber in Wirklichkeit. Dichter und andere weise Menschen früherer Zeiten haben Kunde vom heiligen Gral erhalten. Mit ihren Dichtungen sind sie aber nie über das Irdische hinaus gegangen. Den Dreh- und Angelpunkt des Grales haben sie auf diese Erde verlegt.

In „*Woher wir kommen und Wohin wir gehen*" erzählte ich Euch ja schon von den Stofflichkeiten, vom Geistigen Reiche mit dem Paradies. An oberster Grenze des geistig wesenhaften Reiches zum Göttlichen hin steht die Gralsburg. In einem Raume dieser Gralsburg befindet sich der Heilige Gral.

„Er ist eine Schale, in der es ununterbrochen wallt und wogt wie rotes Blut, ohne je überzufließen. Vom lichtesten Lichte umstrahlt, ist es nur den Reinsten aller Geistig-Wesenhaften vergönnt, in dieses Licht schauen zu können."
(aus: Der Heilige Gral/Gralsbotschaft „Im Lichte der Wahrheit")

Diese Schale, der Heilige Gral, ist die Verbindung zwischen Gott und den Menschen. Einmal im Jahr erscheint der Geist Gottes in Symbol einer Taube über dieser Schale und bringt Krafterneuerung für die gesamte Schöpfung, zu der auch unsere Erde zählt.

Diesen Tag feiern wir Menschen als Pfingsten. Vor circa zweitausend Jahren, als Jesus nach der Kreuzigung auferstanden war, versprach er seinen Jüngern, den *Heiligen Geist* über sie zu schicken. Dieser Vorgang ist in biblischen Büchern in Form einer Flammenzunge über den Jüngern abgebildet. Es ist aber, entgegen der Lehrmeinung, kein einmaliges Geschehen, sondern etwas, was jedes Jahr immer wieder neu geschieht. Und zwar für die *gesamte* Schöpfung…

Bliebe diese Krafterneuerung durch Gott einmal aus, käme unweigerlich das Ende aller Tage und nur Gott als der „Einzig Seiende" würde übrig bleiben.
   In den Legenden ist dieser Vorgang ganz gut wiedergegeben. Es wird darin auch angedeutet, wie alles altern und vergehen muss, wenn der Tag der Heiligen Taube, die „Enthüllung des Grales", nicht wiederkehrt.
   Auch in allen anderen Abstufungen nach unten zu steht − jeweils als Übergang − eine Gralsburg. Der Hüter der untersten Gralsburg zur Stofflichkeit ist Amfortas. Diese Gralsburg steht der Menschheit am nächsten.

Ein Mensch kann immer nur so weit denken, also bis zu *der* Grenze, aus der er ursprünglich kam. Das ist für ihn das geistig-wesenhafte Reich mit dem Paradies. Was darüber ist, sowie die Wesenlosigkeit Gottes, kann er nicht erfassen. Dies muss für ihn immer ein Mysterium bleiben.

Wohl aber kann er in weihevollen Augenblicken, in tiefstem Schmerze sowie in höchster Freude, also Momenten der tiefsten und reinsten Empfindung, die Nähe seines Gottes spüren. Alles Übel wird in solchen Augenblicken weit in den Hintergrund gerückt.

Wohl dem, der viele solche Augenblicke sein Eigen nennen kann.

Sohn des Lichtes

Der Verfasser der Gralsbotschaft – Im Lichte der Wahrheit – war Abdru-shin, was übersetzt soviel bedeutet wie: Sohn des Lichtes. Sein bürgerlicher Name war Oskar Ernst Bernhardt. Herr Bernhardt wurde am 18. April 1875 in Bischhofswerda geboren. Er verstarb am 06. Dezember 1941. Seine Erdenhülle ist auf dem Vomperberg in Tirol beigesetzt.

Die Geister streiten sich darüber, ob Abd-ru-shin zuletzt die Schreibweise seines Namens, unter welcher er die Gralsbotschaft schrieb, in Abdrushin geändert hat. Letzten Endes denke ich, weiß aber jeder, was mit diesem Namen gemeint ist.
   Durch einen Artikel, den ich vor kurzem zu Lesen bekam, ist mir nun auch begreiflich, weshalb auch ich für bestimmte Bücher immer um neue Namen dafür gerungen habe.
   In früheren Zeiten war es einfacher, weil „normal", sich mit der Änderung eines „Standes" oder „Ranges" einen anderen Namen zu geben. Es hat etwas mit der Reife eines Menschengeistes zu tun. Der heutige Erdenname wird in der Regel nur noch bei einer Heirat geändert und ansonsten den Rest des Lebens getragen, was aber nicht zeitgemäß ist, sondern der inneren Entwickelung entgegenspricht.

Abdrushin wurde im letzten Krieg ob seiner Weltanschauung von den Nationalsozialisten verfolgt, in Gefangenschaft genommen, wieder freigelassen; später verbannt nach Kipsdorf im Erzgebirge, wo er unter dauernder Kontrolle der Gestapo stand. Dort verstarb er schließlich.

Abdrushin hinterließ der Menschheit die Gralsbotschaft, welche auf keine Frage im Leben eine Antwort offen lässt. Die Gralsbotschaft ist keine neue Bibel – soll die Bibel auch nicht stürzen – sondern erklärt sie und baut auf ihr auf.

Anbei drei kurze Absätze aus dem Heft von Herbert Vollmann: Vom Gralswirken auf Erden:

„Alle, die mit Abdrushin zusammenkamen, waren tief beeindruckt von seiner schlichten Natürlichkeit, seiner gütigen und zugleich hoheitsvollen Art. "

In dem Bericht einer Münchener Zeitung (1933) über Abdrushin hieß es:

„Es ist etwas Geheimnisvolles, das ihn umgibt, das aus dem klaren, scharfen und dabei gütigen Blick seiner Augen redet und wie ein Gruß aus lichten Fernen wirkt."

„Abdrushin war ein Gegner jeglichen Personenkultes. Daher seine Mahnung, des Wortes der Gralsbotschaft zu achten und nicht des Bringers, damit nicht die Aufmerksamkeit von dem Worte auf die Person abgelenkt wird.

Er stellte seine Botschaft nicht etwa aus anderen Lehren der alten und neuen Zeit zusammen, sondern schöpfte sein lebendiges Wissen in Überzeugung aus sich selbst, aus reinster und höchster Quelle, und schuf so seine Botschaft aus dem Gral, die auch gleichzeitig sein eigentlicher Ausweis ist! (Ende)"

Hier eine Erklärung von Herrn O. E. Bernhardt, die er am 22. Oktober 1939 vor Gericht gab, als man ihm bezüglich seiner Weltanschauung den Prozess machen wollte:

„In den von mir bereits geschriebenen Werken, die den Inhalt meines Wollens klar und deutlich erkennen lassen, erblickte ich meine eigentliche Lebensaufgabe, die meiner Überzeugung nach darin besteht, neuem Wissen auf Erden die Wege zu öffnen! Einem bisher ungekannten Schöpfungswissen, das den Menschen innere Klarheit und Festigkeit gibt.

Aus diesem Grunde betrachte ich mich auch als einen Gottgesandten, weil ein Mensch von sich aus niemals die Werke über solches Wissen mit vollständig neuen und doch einfachen Erklärungen hätte schreiben können, ohne dass er dazu durch Befähigung besonders bestimmt ist. Es muss daher auch eine besondere Verbindung mit der göttlichen Weisheit vorhanden sein.

Für mich sind die Werke selbst der Beweis dafür. Deshalb lebte ich ohne jeden Zweifel dieser Überzeugung, ohne daraus irgendwelche Vorteile ziehen zu wollen als die Freude, Derartiges für die Menschen schreiben zu können.

Natürlich ist der Begriff des Gottgesandten oder Gottessohnes in diesem Falle nicht so zu betrachten, wie es bei Jesus gewesen ist, sondern es handelt sich um einen besonderen Strahlungsvorgang, der in meinem Erdenkörper erst nach dem Durchleben und Erleben großen Leides für das notwendige Heranreifen zu bestimmter Zeit verankert wurde.

Alles, auch das üble Erleben, gehörte dazu, um dann die Werke aus eigenem Erleben heraus in die richtigen Worte kleiden zu können, in denen ich wie der äußerste irdische Griffel göttlichen Willens zu neuen Offenbarungen notwendigen Wissens wirkte.

Es hat mir stets ferngelegen, mit dieser meiner Überzeugung, die in meinen Werken über das Schöpfungswissen begründet ist, etwa Handel zu treiben, was mir wie eine Entweihung meiner Aufgabe erscheinen würde.

Nicht ich als Person bin deshalb Anlass und Mittelpunkt alles bisher Geschehenen, wozu auch die Zusammenschlüsse eigener Vereinigungen gehören, sondern lediglich meine Werke „Im Lichte der Wahrheit" als „Neue Gralsbotschaft".

Alle Menschen traten erst nach dem Lesen meiner Arbeiten in Verbindung mit mir, nie vorher, als Folge eigener und freier persönlicher Überzeugung der Richtigkeit meiner Ausführungen." (Ende)

Quelle: Heft „Vom Gralswirken auf Erden"

Ich weiß, dass der Kult, welcher von vielen Kreuzträgern und Gralsbewegungen betrieben wird, so nicht von Herrn Oskar Ernst Bernhard (Abdrushin) gewollt war. Leider verstarb mit Fräulein Irmingard vor einigen Jahren seine letzte Fürsprecherin.

Da Abdrushin die Gralsbotschaft nur für die Einzelperson an sich geschrieben hat, ist sie keine Sekte. *Kann gar keine sein!* Zwar hat Abdrushin auch Andachten auf dem Vomperberg abgehalten, aber aus eigenem Erleben kann ich sagen, dass diese Andachten weder ein Personenkult noch eine Götzenanbetung sind, bzw. waren...

Zu Beginn der Andacht wird auf einer Orgel ein klassisches Stück Musik gespielt. Danach wird schlicht und einfach ein Vortrag aus der Gralsbotschaft vorgelesen. Es gibt während der Andacht weder eine Predigt noch sonst etwas.

Diese Stunden zählten zu den wunderschönsten Momenten meines Lebens. Weder wurde ich finanziell ausgenommen noch sonstwie benutzt. Gibt man einen Obolus, dann freiwillig und nur, soviel man möchte. Ein jeder Mensch, der Kontakt zu anderen Kreuzträgern suchte, kam von sich aus. Blieb freiwillig. Ging frei und freiwillig!

Die Andachten sind auch heute noch nicht anders gestaltet. Einen Kult haben die eine oder andere Privatperson bzw. Leitende daraus gemacht. Leider sind nach dem Tod von Fräulein Irmingard Machtansprüche auferstanden, die an dieser Stelle absolut fehl am Platze sind.

Ich hoffe, dass eines Tages alle Kreuzträger wieder unter einem Dach vereint sind. Oder besser ausgedrückt: In einer Kraft schwingen!

Nun empfinde ich vom Licht den Druck, die Fürsprecherin Abdrushins zu sein. Beziehungsweise nicht seiner, sondern der Gralsbotschaft, die er den Menschen gebracht hat. Mehr *dazu* in *Mein Weg zur und mit der Gralsbotschaft.

Auch steht es in Verbindung zu dem, wie ich zur Gralsbotschaft gekommen bin und zu Träumen, die ich in Bezug darauf hatte.

Du

Für die Zeit der Weltenwende gab uns Abdrushin den Hinweis, sparsam mit dem vertrauten *Du* umzugehen. Mit diesem deutschen *Du* geht jeder Mensch sofort eine freiwillige Bindung zu seinem Gegenüber ein, die auch über den Tod hinaus anhält. Schlimme Auswirkungen kann dies also nach dem Ableben der Menschen haben.

Der innerlich höherstehende Mensch kommt durch diese Bindung nicht von seinem Gegenüber los und muss ihm helfen, auch aufwärts zu kommen. Dabei kann wertvolle Zeit ins Land gehen, die den Menschengeist zur Verzweiflung bringen kann, wenn er dem anderen nicht aufwärts helfen *kann*.

Dieses Du und Geduze hat sich im letzten halben Jahrhundert ausgebreitet wie eine Seuche. Wer nicht mitmacht, wird automatisch als Außenseiter abgestempelt als nicht dazu gehörend.

Wie oft hörte ich schon den Spruch: *Wir duzen uns hier aber.*

Ich denke, dieses Unbehagen, wenn einem einfach das *Du* untergeschoben wird, haben viele Menschen schon in sich erlebt. Zu Recht.

Um nicht ganz und gar ausgeschlossen zu werden, geht man dann den Kompromiss ein, sich zumindest innerlich vom Du zu distanzieren. Oder es in Gesprächen zu vermeiden, die Ansprache zu umgehen mit anderen Wörtern.

Auch wenn Ihr es noch nicht verstehen könnt, gebe ich Euch den ernst gemeinten Rat, dieses *Du* möglichst sparsam zu verwenden. Spätestens dann, wenn Ihr eines Tages diese Erde verlassen habt, werdet Ihr den Segen darin erkennen.

Mein ist die Rache

*I*st es Euch schon einmal aufgefallen, dass scheinbar ein und dasselbe Problem immer und immer wieder an Euch herantritt? Sei es in der Wahl des Partners, der nicht zu einem passt. Jemandem vertrauen und wieder enttäuscht werden. Neue Wohnung und schon wieder Ärger mit den Nachbarn; mit der Hausverwaltung.

Alles, wovon ich Euch schreibe und erzähle, habe ich am eigenen Leibe erleben und durchleben müssen. Mein Sohn war auch einmal klein und immer wieder kam es zu Streitigkeiten; auch mit anderen Müttern. In der Regel war es so, dass ich hinging und umgehend ausgeschimpft und beschimpft wurde. Also schimpfte ich zurück. So ging es hin und her und mir wurde klar, dass das so nicht weitergehen kann. Ich grübelte an einer hieb- und stichfesten Strategie. Es musste doch möglich sein, den Mitmenschen friedlich zu begegnen.

Solange ich selber meine Nachbarn anschrie, wenn ich angeschrien wurde, solange war ich nichts besser und niemand würde mich ernst nehmen. Und so kam mir eines Tages die Erkenntnis, welche, ich staunte sehr, fast immer funktionierte. Ein Zaubermittel, sozusagen:

Hatten Menschen sich erhitzt und aufgeregt, in welcher Sache auch immer, so versuchte ich, erst einmal eine Nacht darüber zu schlafen. Dann ging ich zu ihnen hin, klingelte an der Tür und sagte:
„Guten Tag Herr… Frau…Ich bitte vielmals um Entschuldigung, bitte nicht schimpfen, ich würde gerne mit Ihnen sprechen."

Die Reaktion der Menschen darauf hat mich sprachlos gemacht. Und froh zugleich. Leider gibt es auch einige Ausnahmen, bei denen es nicht funktioniert. Bei Menschen, denen mit keinerlei gutem Willen beizukommen ist. Menschen, die nur auf Rache aus sind und dem Nebenmenschen Schaden bringen wollen.

Auch für solche Fälle habe ich eine Strategie entwickelt. Dazu muss ich aber Vertrauen in Gott haben. Wer von Euch das Vertrauen nicht oder noch nicht hat, kann im Kleinen anfangen, sich darin zu üben.

Wenn es also so ist, dass Ihr in Streitigkeiten gekommen seid und es gibt scheinbar keinen Ausweg, so sage ich Euch hier: Lasst Gott die Sache nach seinem Willen regeln. Gebt es in seine Hand und verschwendet keinen Gedanken mehr daran.

Leichter gesagt als getan, werdet Ihr sagen.
Aber … versucht es einmal so:

Zieht Euch an einen ruhigen Ort zurück. Am besten in einen Wald, wo Ihr für eine Weile möglichst ganz und gar allein sein könnt. Setzt Euch hin, schaut einfach in die Bäume, auf den Rasen, spürt den Duft und hört die Hummeln brummen, seht die Ameisen krabbeln.
Ihr müsst Euch komplett gedankenleer machen und Euch *dem* Überlassen, was dann kommt. Wenn Ihr so gar nichts mehr selber denkt, erscheint irgendwann ein Bild vor und in Euch. Eine Szene zum Beispiel mit Euren Kontrahenten. Ihr seht und hört, wie Euer Schutzengel diese Runde führt, alle Beteiligten nach den Beweggründen fragt.
Ihr empfindet, was der einzelne Beteiligte in Wirklichkeit denkt und empfindet und nicht das, was er nach draußen vorgibt zu denken. Euer

Schutzengel wird auf die Beteiligten einwirken und über eine kurze oder auch etwas längere Zeit wird sich nun in dieser Angelegenheit etwas tun. Eine Lösung des Problems, auch wenn Ihr es oft nicht sofort als in Eurem Sinne erkennen und anerkennen könnt.

Ich selber habe dies schon so oft erlebt, dass ich oft Angst mit meinen Peinigern bekommen habe, wenn ich die Strafe für sie nach dem Gesetz Gottes sah.

Versucht es – es ist der Mühe wert. Gottes Mühlen mahlen langsam, aber sicher…

Der Balken im Auge deines Bruders

Am Rande möchte ich Euch noch auf ein Naturgesetz aufmerksam machen, welches zu erkennen wichtig ist für die geistige Reifung des Menschen auf Erden.

Wenn Ihr Euch über Eure Mitmenschen aufreget, dann ist es so, dass die Natur Euch einen Spiegel vor das Gesicht hält.

Am besten Ihr probiert es an fremden Menschen in neutraler Umgebung aus. Beobachtet sie, und worüber sie sich aufregen, und oft könnt Ihr feststellen, dass die Person, die sich über den Fehler eines anderen Menschen aufregt, genau diesen Fehler in verstärkter Form in sich trägt.

Ihr müsst diese Erkenntnis *an Euch* nicht jedem auf dem Serviertablett überreichen. Dann tut Ihr Euch auch mit der Eitelkeit nicht so schwer. Ganz für Euch im Stillen könnt Ihr diese Erkenntnis nach und nach gewinnen, in Euch gehen, und an Euren Fehlern arbeiten.

Das ist eine große Hilfe auf dem Weg zum Licht.

Der Mensch - ein Affe?

Der Anlass, weshalb ich an dieser Stelle darüber schreibe, ist eine Sendung, die ich vor ein paar Tagen im Fernsehen sah. Immer wieder bin ich erstaunt, dass selbst studierte Theologen oder Professoren daran herumdeuten und darüber rätseln, warum der Mensch ein Mensch ist und ob er vom Affen abstammt. In der Regel wird davon ausgegangen, dass der heutige Mensch einfach nur ein hochentwickelter Affe ist. Aus diesem Anlass habe ich Euch dieses Geschehen einmal in einer Grafik dargestellt.

***

Ursprung Gott

Urgeistige Ebene mit den **Urgeschaffenen,** die von Beginn an voll entwickelt waren und niemals auf der Erde geboren wurden.

Geistige Ebene mit dem **Paradies,** aus welcher der **Menschengeist** stammt. Durch die weitere Entfernung von Gott können Menschengeistkeime nicht sofort sich selbst bewusst sein und müssen auf Erden inkarniert werden. Wie ein Same, der in die Erde gelegt wird, um zu reifen.
Dann folgt der Bereich des Wesenhaften, aus dem auch die **Tierseele** entspringt
Dieser Bereich trennt die vergängliche Welt von der der unvergänglichen Schöpfung

Unter dem Ring der unvergänglichen Schöpfung befindet sich die **Feinstofflichkeit** sowie die **Grobstofflichkeit,** aus der die uns sichtbare entstanden ist, wozu unsere Erde gehört. Dieser Bereich ist noch in **grobe Feinstofflichkeit** und **feine Grobstofflichkeit** unterteilt.
Die Übergänge dazu sind fließend. Das ist auch der Bereich von Gedanken und Empfindungen, die sich im Gemüt und Gefühlen im Menschen wiederspiegeln. Und es ist der Bereich, den die Menschenseele erst nach vollständiger Reife wieder aufsteigend verlassen kann, um ins Paradies eingehen zu können.

Tabelle Menschwerdung

Ursprung Gott

Urgeistige Ebene mit den **Urgeschaffenen**, die von Beginn an voll entwickelt waren und niemals auf der Erde geboren wurden.

Geistige Ebene mit dem **Paradies**, aus welcher der **Menschengeist** stammt. Durch die weitere Entfernung von Gott können Menschengeistkeime nicht sofort sich selbst bewusst sein und müssen auf Erden inkarniert werden. Wie ein Same, der in die Erde gelegt wird, um zu reifen.

Das ist der Bereich des Wesenhaften, aus dem auch die **Tierseele** entspringt.

Dieser Bereich trennt die vergängliche Welt von der unvergänglichen Schöpfung

Unter dem Ring der unvergänglichen Schöpfung befindet sich die **Feinstofflichkeit** sowie die **Grobstofflichkeit**, aus der die uns sichtbare entstanden ist, wozu unsere Erde gehört. Dieser Bereich ist noch in **grobe Feinstofflichkeit** und **feine Grobstofflichkeit** unterteilt. Die Übergänge dazu sind fließend. Das ist auch der Bereich von Gedanken und Empfindungen, die sich im Gemüt und Gefühlen im Menschen widerspiegeln. Und es ist der Bereich, den die Menschenseele erst nach vollständiger Reife wieder aufsteigend verlassen kann, um ins Paradies eingehen zu können.

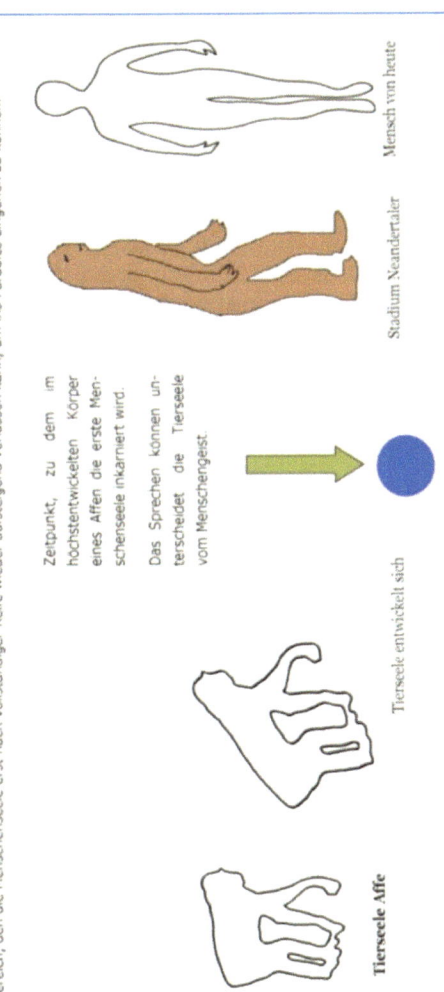

Tierseele Affe

Tierseele entwickelt sich

Zetpunkt, zu dem im höchstentwickelten Körper eines Affen die erste Menschenseele inkarniert wird.

Das Sprechen können unterscheidet die Tierseele vom Menschengeist.

Stadium Neandertaler

Mensch von heute

Der Geist ist willig, doch das Fleisch ist schwach

Sicher habt Ihr diesen Ausdruck schon einmal gehört. Was ich damit sagen will ist, dass, wenn Ihr einen Entschluss gefasst habt innerlich, dann bedeutet das noch lange nicht, *dass* er ausgeführt wird oder *wann* er ausgeführt wird. Das kann etwas Gutes sein oder auch etwas Böses.

Es steht geschrieben, *bei Gott sind tausend Jahre wie ein Tag* und wenn dann geschrieben steht: *Was in Kürze geschehen soll*, dann können dabei schon zweitausend oder auch dreitausend Jahre ins Land gehen.

Meine Worte sollen Euch zu der Zeit der Weltenwende hinführen. Ein untrügerisches Zeichen dieser Zeit wird sein, dass bedingt durch den erhöhten Lichtdruck, dem wir nun mehr und mehr ausgesetzt werden, sich alles immer schneller auslöst und auswirkt. Die Gedanken, die Empfindungen und auch die Taten. Was bedeutet, dass auch die Strafe und der Dank dafür schnell, oder irgendwann dann auch umgehend folgen werden.

Geduld

Geduld scheint etwas zu sein, was wir besitzen können oder auch nicht. Sagen wir nicht: „Er/sie hat Geduld/keine Geduld?"

Auch die Worte (jemanden/etwas) dulden, geduldet/nicht geduldet werden liegt darin und wir sprechen davon, dass uns der Geduldsfaden reißt.

Wie oft ertappen wir uns dabei, mit unserem Gegenüber keine Geduld mehr zu haben. Mit unserem Partner zum Beispiel. Ihr solltet diesen Satz in einem solchen Moment ruhig einmal laut aussprechen, denn dann müsstet Ihr sofort empfinden, dass da noch eine höhere Instanz ist, die mit Euch Geduld haben muss. Welcher seit Jahr und Tag Geduld mit uns übt und von Dem wir erwarten, dass Ihm nicht der Geduldsfaden *mit uns* reißt.

Und erst *dann* wird es aufhören oder weniger werden, dass wir in solche Situationen kommen.

Diese Situationen kommen nur, damit wir diese Lektion lernen. Uns in Fleisch und Blut übergehen lassen.

Irgendwann sind wir dann in dieser Sache so gereift und fest, dass wir gar nicht verstehen, warum wir früher so ungeduldig waren.

Und damit kann dann auch wieder ein Stück der Demut in uns einziehen. Wir haben sie empfangen und auch sie geht ein in unser Fleisch und Blut.

Dieses *Geduld mit seinem Nächsten haben* ist ein Lern- und Entwicklungsprozess nicht nur für Euch, sondern auch für Euer Gegenüber. Wenn Ihr plötzlich Geduld mit ihm habt, wird er aufhorchen und irgendwann wird ihm ein Licht aufgehen und auch für ihn wird damit eine neue Stufe der Reife erlangt, an der Ihr beteiligt seid.

Nicht umsonst gibt es das Sprichwort: Eine Hand wäscht die andere oder: Einer für Alle – Alle für Einen.

Luzifer und Antichrist

Luzifer und Antichrist. Diese beiden Begriffe sind untrennbar miteinander verbunden.

Sein Prinzip ist einfach: „Sollte Gott gesagt haben…?" Das Prinzip der Versuchung. Er verachtet seine Opfer, die seinen Versuchungen erliegen und lässt sie dann in ihrem Elend zugrunde gehen.

Da niemand weiß, wer oder was Luzifer ist und wie er sich bemerkbar macht, wo wir ihn greifen könnten, kann er ungestört sein Prinzip weiter verfolgen.

Luzifer wohnt sozusagen heute schon in jedem Menschen. Der Fehler ist das Zugroßziehen des Verstandesgehirnes und das verstandesmäßige Denken. Das Kleinhirn ist das eigentliche und wesentliche Hirn, welches uns eine Verbindung mit dem Licht, unserem Ursprung, möglich macht. Welches unsere Empfindung beherbergt.

Durch das zu große Vorderhirn kommen unsere wahren Empfindungen nur noch gedämpft zu uns durch.

Dies ist von heute auf morgen nicht mehr zu ändern und bedarf eines langen Zeitraumes, aber ich gebe Euch einen Spruch an die Hand, und wenn Ihr auf diesen hört, wird sich Euer Blatt langsam wenden:

„Wenn Ihr Euch bei einer Sache unsicher seid, dann heißt die Antwort NEIN." Das trifft *immer* und *in jedem Falle* das Rechte!

In der Offenbarung steht geschrieben, dass Luzifer zur Zeit des angekündigten Gerichtes sein Haupt erheben wird. Was aber nicht bedeutet, dass er dann als Geschöpf auf der Erde auftritt. Nein, er wird die Herrschaft über uns durch unseren Verstand zu dieser Zeit zu höchster Blüte getrieben haben.

Achtet auf Unsachlichkeit in den Antworten, wenn Ihr mit Menschen unterschiedlicher Meinung seid. Ob sie gleich losschreien. Lasst Eure Moral nicht noch weiter runterziehen, so dass Ihr eines Tages gedankenlos und nackt durch die Straßen lauft, das sogar als normal empfindet. Das Luziferprinzip tötet jedes Schamempfinden, welches aber für den Menschengeist von größter Wichtigkeit ist.

Ein himmlischer Auftrag

Als Johannes aus seinen Träumen erwacht, will er wie gewohnt nach dem Wecker greifen. So sehr er sich auch bemüht, bekommt er keine Bewegung seiner Arme zustande. Es scheint Nacht zu sein, da es stockfinster ist. „Träume ich?", denkt er und spürt seine Glieder in träger, bleierner Müdigkeit.

„Dann muss es ja noch *sehr* Nacht sein, wenn ich zu müde bin, nach dem Wecker zu greifen", denkt Johannes und schlummert wieder ein.

Von einer dumpfen Stille, einer beklemmenden Enge, einem saugenden, schleifenden, leise brummenden Geräusch erwacht Johannes schließlich wieder. Mit einem Anflug von Verwunderung stellt er fest, dass er seine

Glieder noch immer nicht bewegen kann. Nichts – so kommt es ihm vor. Vollkommene Dunkelheit.

„Weshalb kann ich nicht mal Umrisse erkennen, wie sonst?", überlegt er.

Und dieses Saugen, Schleifen, Quatschen und leise Brummen. Ein Geräusch, wie als wenn man sich aus einem nassen Taucheranzug quält – unter Wasser – denkt er. Selbst das Denken fällt schwer. Wie in Watte gehüllt, dumpf, versuchen seine Gedanken, diese wattierte Düsterheit zu durchdringen.

„Meine Augenlieder scheinen das Einzige zu sein, was an mir funktioniert", denkt Johannes und unternimmt, da er leise Hoffnungslosigkeit in sich emporsteigen fühlt, einen neuerlichen angestrengten Versuch, sich aus dieser Lage zu befreien.

Schulter rechts ein wenig hochziehen, danach die linke Schulter, mit dem Po nachrutschen, rechte Hüfte, linke Hüfte, nun rechte Schulter nachziehen… und inmitten seiner Bemühungen um Befreiung aus seiner misslichen Lage ertönen plötzlich wunderbare Klänge einer Orgel sowie Gesänge wie von einem Chor.

Noch bevor Johannes einen weiteren Gedanken fassen kann, gewahrt er sich in wahnsinniger Geschwindigkeit durch einen Tunnel sausen, dessen Ende ein gleißendes hellviolettes Licht entströmt. Ob er nun rauf- oder runtersaust kann Johannes nicht ausmachen aber ihm ist klar, dass es sein Ende sein wird, sobald er mit dieser Wahnsinnsgeschwindigkeit am Ende aufprallt.

Johannes verliert das Bewusstsein, um sich, im Erwachen, halb liegend, halb stehend, auf einem Sarg wieder zu finden. Und wie er angezogen ist!

„Ich bin doch kein Weib, dass ich hier mit weißen Kleidern rumrenne", denkt Johannes, als er hinunterschaut und sich in einem weißen langen Gewand bekleidet vorfindet. Weiße Socken hat er auch an. „Ich hatte noch NIE weiße Socken, also was soll das hier? Mensch, das ist ein komischer Traum. Oder ein Traum im Traum?" Zufrieden stellt Johannes fest, dass er seine Glieder wieder bewegen kann.

„…und im Strahl der Liebe sollst du aufsteigen zum Licht", hört er eine männliche, glockenhelle Stimme, sagen, dreht sich um und ist erstaunt, sich in einer Art von Kirche oder Kapelle zu befinden. Inmitten von einem überwältigenden Blumenmeer aus Rosen, Lilien und Tulpen. Dieser betörende Duft raubt Johannes für eine Weile den Atem, den

Verstand. Begierig saugt er den Duft ein. Er spürt förmlich, wie die kleinen Duftbläschen, welche ihm früher nie aufgefallen waren, umfangen und in ihn eindringen. Kräftigend, Mut machend, ja sie stimmen ihn sogar ein wenig fröhlich.

Vorne auf der ersten Bank wähnt er, zwischen vielen sowohl fremden als auch bekannten Gesichtern, seine Tante Uschi zu erblicken, bei der er seit zwei Jahren wohnt. Tante Uschi hat ein großes Haus und nahm Johannes, als er eines Tages mit einem zerfransten Koffer, im strömenden Regen vor der Tür stehend, bei ihr klingelte, bei sich auf.

Nach fünf Jahren war die Luft aus seiner Beziehung zu einer Schauspielerin raus, welche nicht nur im Beruf sondern auch im Privatleben perfekt schauspielerte, ihn nach Strich und Faden betrog, immer mit der Entschuldigung im Hintergrund, dass das der Beruf so mit sich bringe. Als Johannes seine Lebensgefährtin, früher als üblich von der Arbeit heimkommend, mit einem tarzanähnlichen Kerl im gemeinsamen Bett erwischte, packte er, die beiden eiskalt ignorierend, seinen Koffer und verließ die Wohnung.

Nun stellte Johannes fest, dass seine Tante irgendwie verändert aussah. Vielleicht lag es an dem großen schwarzen Hut? „Was macht die hier?", fragt Johannes sich und schleicht zu ihr, etwas peinlich berührt durch seine *Aufmachung*.

„Tante Uschi?", flüstert Johannes leise und greift an ihre Schulter. Besser gesagt …er greift durch ihre Schulter hindurch, was ein leises „*Wusscchh*" von sich gibt! Erschrocken zieht er seine Hand zurück, besieht sie von allen Seiten, ungläubig, staunend. Vorsichtig greift er wieder nach ihr, greift neuerlich hindurch.

„Was ist hier los!?", schreit er laut, geht schweißgebadet, mit wackelweichen Knien, vor Tante Uschi in die Hocke, verwundert, dass niemand der Anwesenden seinen Schrei gehört zu haben scheint. Verzweifelt schlägt Johannes sich auf Arme und Beine, Bauch, ins Gesicht, auf den Kopf. Er fühlt doch alles, ist doch nicht verrückt. Oder ist alles doch ein Traum? Warum erwacht er dann nicht? Er rafft sich auf, rennt zum Redner hinter dem Sarg, schreit ihn an, gibt ihm eine schallende Ohrfeige, reißt die Blumen aus den Vasen und schleudert sie um sich, wirft sie den auf den Bänken sitzenden Personen zu, lacht hysterisch, weint, schreit, singt laut wie ein Verrückter.

Schließlich bleibt er ermattet auf der untersten Stufe vor dem Altar auf einem roten Samtkissen sitzen, stellt fest, dass nach wie vor alle Blumen in den Vasen stehen. Der Redner, offensichtlich ein Pastor, redet, singt und predigt unbeirrt seiner Wüterei und Angst weiter. Johannes wird müde und fällt in einen tiefen Schlummer.

„Wach auf Johannes", hört er jemanden sagen und blinzelt durch einen kleinen Augenschlitz. Es ist angenehm warm. Unter einem Baume liegend findet er sich wieder. Er versucht, sich zu erinnern. Der Traum von der Kirche mit dem Sarg fällt ihm ein und ihn schaudert ein wenig. Ja, wenn er′s richtig überlegt, im Nachhinein gesehen, hat das Ganze echt was Komisches.

Johannes lässt ein tiefes Gähnen entfahren, streckt sich genüsslich; öffnet die Augen ganz. Schockiert fährt er zusammen! Das Herz scheint zu stocken − stehenbleiben zu wollen. Wilde Panik ergreift ihn als er feststellt, noch immer mit dem weißen Fummel bekleidet zu sein. In wildem Entsetzen rappelt er sich auf, stolpert einer ebenfalls weißgekleideten Gestalt direkt vor die Füße.

„Hallo Johannes", begrüßt dieses mit Licht durchwobene Wesen ihn mit freundlicher Stimme, welches aussieht wie ein Schwan in Menschengestalt.

„Kann es sein, dass ich verrückt geworden bin?", fragt Johannes, kratzt sich umständlich am Hinterkopf und irgendwie überfällt ihn gerade jetzt ein Juckreiz zwischen seinen Schulterblättern. „Ich meine, das ist doch bloß ein Traum, oder?" und „wer bist du denn? Ich meine, wie heißt du, woher kennst du meinen Namen und kannst du mir sagen, wie ich hierherkomme? In diesen bescheuerten Klamotten?"

„Viele Fragen auf einmal, Johannes. Ich bin Balduin und dein Schutzengel. Auf gut deutsch gesagt: Du bist auf Erden gestorben und nun hier im Jenseits angekommen. Verstehst du das?", fragt Balduin und schmunzelt ein wenig über Johannes Ratlosigkeit, welche sich in seinem Gesicht deutlich widerspiegelt.

„Um ehrlich zu sein", sagt Johannes gedehnt, „verstehe ich momentan nur Bahnhof. Wenn ich mich recht erinnere, bin ich gestern ganz normal ins Bett gegangen ...". Jetzt fällt ihm wieder ein, wie er erwachte, sich nicht rühren konnte, an die merkwürdigen Geräusche und die bleierne Schwere seiner Glieder, wie er durch den Tunnel gesaust war, der Sarg, seine Tante Uschi, die Panik, welche ihn befallen hatte und sein daraufhin folgendes Wüten.

„Also bin ich tot!", stellt Johannes sachlich fest. „Aber… ich bin doch noch da!", sagt er und berührt Balduin. Seine Hand geht nicht durch Balduin hindurch. Balduin lässt ihn lächelnd gewähren. „Und ich kann dich anfassen. Da in der Kirche, meine Tante Uschi und den Pastor, die konnte ich nicht anfassen. Stell dir vor, Balduin, meine Hand ist da einfach durchgesaust wie durch die Luft."

Trauer erfasst Johannes Herz, als er an seine Tante Uschi denkt.

„Was wird aus Tante Uschi?" fragt er deshalb. „Ich meine, ich verschwinde da so einfach aus ihrem Leben. Sie wird traurig sein, oder nicht?" Da Balduin schweigt und teilnahmslos in die Ferne blickt, zu blicken scheint, denn als er genau hinsieht wird ihm klar, dass dieser Balduin-Schwanenmensch in der Ferne ein Ziel fixiert. Eine Art Berg oder Burg, aus dessen Eingang ein gleißendes Licht strahlt. „Was ist das?", fragt Johannes, ohne an seine Frage nach Tante Uschi zu denken.

„Das ist die unterste Gralsburg auf Patmos", antwortet Balduin, sich Johannes wieder zuwendend „aber das erkläre ich dir später noch genauer. Komm erst einmal mit". Sagt er und läuft los.

„Ich will aber zurück", jammert Johannes, während er Balduin hinterher stolpert. Sein Dickkopf erwacht und den wird er jetzt durchsetzen, ob es dem weißen Fransen passt oder nicht.

Abrupt bleibt Balduin stehen, so dass Johannes ihn nun zum zweiten Male anrempelt. „Du kannst nicht zurück! Je eher du dir das klar machst desto besser für dich, okay?" Er plustert sich auf wie ein Vogel und nun sieht Johannes, dass Balduin tatsächlich so etwas wie Flügel hat. Er fühlt sich plötzlich von einem warmen Licht umgeben und geblendet, welches Balduin zu entströmen scheint. Sein Herz schlägt wie wild um sich, scheint bersten zu wollen. Plötzlich ist er aufgeregt wie ein Kind, welches auf den Weihnachtsmann wartet. Johannes kommt sich kindisch vor.

„Komm setz dich", spricht Balduin Johannes an, zupft ihn sacht am Ärmel, um ihn zum hinsetzen zu bewegen.

„Ich werde dir ein wenig über Geburt und Tod erzählen, woher du kommst, wohin du, eines Tages wieder gehen sollst und warum du gestorben bist."

48

„Es war einmal ein Menschengeistkeim, welcher im Paradies weilte. Er war ein Geistkeim wie der Same einer Blume auf Erden. Ein Blumensamen ist sich nicht bewusst, dass aus ihm eine wunderschöne Blume werden kann. Er muss in die für ihn passende Erde versenkt werden, gewässert, braucht Sonne und Wind zum wachsen und gedeihen, einen sicheren Standort und liebende Hände, die ihn hegen und pflegen.

So ähnlich musst du dir den unbewussten Menschengeistkeim im Paradies vorstellen. Er beginnt nach Bewusstsein zu drängen, im natürlichen Kreislauf hinunter zur Erde zu gelangen, wo er wie ein Blumensame in das Beet *Erde* gesetzt wird. Nur hier kann er durch Reibung reifen, wachsen, gedeihen, zu schönster Blüte sich entfalten, um eines Tages voll gereift und bewusst wieder ins Paradies zurückkehren zu können. Oft reicht dazu ein Erdenleben nicht aus.

Mit jeder neuen Geburt wird dem Menschen eine Binde vor Augen gelegt, damit er sich nicht an seine Vorleben erinnert. Auch wäre es nicht gut für ihn, den Menschen, immer im Voraus zu wissen, was da auf ihn zukommen möge, denn das würde seine weitere Entwickelung erheblich verzögern, da er allem Erleben, welches wichtig für ihn wäre, aus dem Weg gehen würde.

Verstehst du, jenes von dem Menschen wirklich in der Empfindung erlebte ist sein eigentlicher Schatz. Nichts sonst kann er mitnehmen, wenn er wieder ins Jenseits kommt. Der Tod ist nur die Geburt in eine andere Welt, das Jenseits halt. Und umgekehrt.

Leider ist den Menschen durch eifrige Kirchenvertreter die Fähigkeit verloren gegangen, Wissen um die Wiedergeburt haben zu können. Sie entfernten diesen Passus aus den Kirchenbüchern und so geriet das Wichtigste im Leben der Menschen in Vergessenheit. Ja, man könnte sagen, es war *mit* der Grundstein des jetzigen Übels auf der Erde."

Balduin macht eine Pause, um Johannes ein wenig Zeit zum Verdauen des Gesagten zu geben. Jener, auf dem Rücken liegend, die Beine unter seinem weißen Zelt übereinandergeschlagen, die Arme unter dem Kopf, mit einem Löwenzahnstängel im Munde jonglierend versucht, dieses Bild, welches sich vor seinem Auge entrollt, nachzuvollziehen. Erinnerungen steigen in ihm auf…

Der Himmel... nun ja, direkt sah ich ihn nicht; nur schemenhaft, wie durch einen Nebelschleier. Ich war zu unbewusst, um Vorgänge klar erkennen zu können. Wie ein Kind, könnte man sagen.

Engelhafte weibliche und männliche Wesen behüteten mich und andere Kinder. Eines davon war meine Mutter. Sie hieß „Amola" und war in zartdurchscheinende, fliederfarbene Gewänder gehüllt. Sie strahlte lichtdurchflutet. Jeden Tag besuchten wir einen Wasserfall, an dem wir uns labten, sowie eine lebende Festung. Gestaltet aus allerlei Bäumen, Buschwerk und umrankt von herrlichst duftenden Blumen. Im Mittelpunkt der Festung war ein Brunnen. Sahen wir hinein, erstrahlte daraus kurz darauf ein goldenes Kreuz mit einem Löwengesicht. Das Löwenkreuz sprach weise mit uns. Sagte uns, was gut war und was wir besser machen konnten. Durch das Kreuz erhielten wir Kraft und Hilfe.

Auf der gegenüberliegenden Seite des riesigen Flusses, den wir nicht überqueren konnten, erschien ein Mal im Jahr Gott-Vater. Nicht persönlich, weil er wesenlos ist. Aber er hüllte sich für uns in die Gestalt eines strahlenden Wesens. Er schickte eine weiße Taube zu uns, die, wie Gott Vater in seiner sich uns zeigenden Gestalt, strahlend durchscheinend war. Die Taube hatte er zuvor in seiner geschlossenen Hand gehalten.

In der anderen Hand hielt er ein Buch, welches in Gold und Schwarz unterteilt war. Daraus las er Namen vor. Seine Stimme war gewaltig; wie Donnergrollen, aber klar wie klarster Kristall. Aus dem goldenen Buch las er die Namen der Menschengeister vor, die in die Welt zur Reife müssen und jene, die ins Paradies zurückkehren werden. Aus dem schwarzen Buch las er die Namen der Seelen vor, die erst wieder zu Ur-Samen zermahlen werden müssen und mussten, weil sie nicht gereift waren.

Das war auch ein großer Tag für mich. Aus dem goldenen Buch las Gott meinen Namen vor, den ich künftig auf Erden tragen würde: Amola Der Name Amola strahlt übernatürliche Kraft aus und beinhaltet alle kindliche Gottesliebe. Nomen est Omen. Obwohl ich als reines Kind im Paradies hätte bleiben können, schickte Gott mich um einen Auftrag in die Welt. Ich sollte den Menschen vorleben, was ein kindlicher Charakter ist. Das sei mein Pfand, welches ich mitbekäme...

Da ich als das reinste Kind im Paradies galt, setzte Gott alle Hoffnung auf mich. Er sandte die Taube aus. Sie flog auf mich zu. Sie übergab mir meinen Namen und verband einen Strahl der Liebe Gottvaters mit meinem Herzen; verankerte ihn in mir.

Dann brachte mich Amola an die Grenze der Stofflichkeit und versprach, jeden Tag bei mir zu sein. Sie legte mich in einen riesigen duftenden Blumenkelch. Darin schlief ich selig ein. Mir wurde eine Binde vor die Augen gelegt und man geleitete mich zu meinen zukünftigen Eltern.

Zur gleichen Zeit, in der Johannes mit Balduin über sein Woher und zukünftiges Wohin diskutierte, bahnte sich im Himmel eine zweite Inkarnation auf Erden an.

„Da es mir, bedingt durch meine Beschaffenheit, nicht möglich ist, euch persönlich die Ohren lang zu ziehen, die Leviten zu lesen, zu belehren, schicke ich euch von Zeit zu Zeit einen neuen Lehrer.

Für deren Ausbildung nehme ich mir immer jede Menge Zeit, sofern noch Zeit da ist! Wenn sie dann so weit sind, dass ich sie zu euch schicken kann, kommt das nächste Problem: Ihr glaubt ihnen kein Wort…

Ihr, meine Erdenkinder, habt in relativ kurzer Zeit − und bei mir sind tausend Jahre wie ein Tag − große Entwicklungsschritte unternommen, was die Technik und den Verstand angehen. Die Kehrseite der Medaille ist, dass ihr MICH zu vergessen scheint!?

Das hat mich nachdenklich gemacht. Und traurig!

Seit Stunden sitze ich, zusammen mit meinen Söhnen, hier am Wasserfall und grübele, dass IHR mir nicht ganz verloren geht… Wir kamen zu der Erkenntnis, dass Euch nur geholfen werden kann, indem Ihr das Wissen um die Wiedergeburt wiederfindet.

Aus diesem Grunde beschlossen meine Söhne und ICH nach ausgiebiger Beratung, euch Amola zu schicken. Amola ist ein Mädchen von unglaublicher innerer Reife, jung, sehr Weise, Aufgeschlossen und sie ist, aus unserer momentanen Sicht, das Beste, was euch passieren kann."

Ich döse gerade in meinem Klatschmohnfeld vor mich hin, freue mich über den Gesang des Vogels, welcher sich neben mir am leise und erfrischend dahinplätschernden Bach auf einem Stein niedergelassen hat, als ich Vaters Stimme vernehme. „Amola! Amola!, wo steckst du nur wieder?"

Immer wenn ich Vaters Stimme höre, wird mir ganz warm ums Herz. Schnell hüpfe ich auf, lege den Finger an die Lippen und gebe ein leises „psst" in Richtung des auf dem Stein sitzenden Vogels von mir. Als Antwort streckt er seinen Schnabel in die Höhe und lässt ein frohes Lied aus seinem Kehlsack schallen, was mir ein glucksendes Lachen entlockt.

Schnell laufe ich durch das Klatschmohnfeld in Richtung Schloss, mit den Händen rechts und links durch die Blumen streifend, so dass ich nun die Finger voller Blütenstaub habe.

Durch den Schlossgarten und den Kreuzgang eile ich in die blaue Halle, ziehe vor der Tür die Schuhe aus, gehe hinein, schließe leise wieder die Tür und setze mich auf den Boden vor den Altar.

„Hallo Vater, da bin ich", sage ich, während ich andächtig die Hände falte, in mich gehe und warte, was er mir zu sagen hat.

Niemand kann den Vater sehen, da er wesenlos ist. Die Menschen sind nach seinem Ebenbilde gemacht. Also nach dem Bilde, wie er sich dann und wann zeigt. Er selber ist, wie ich schon sagte, wesenlos, aber hüllt sich von Zeit zu Zeit in eine Form, nach deren Ebenbilde die Menschen sind.

Auch ich war schon einmal auf der Erde als Mensch. Da ein Mensch den Begriff „wesenlos" sich weder vorstellen noch es begreifen kann, darf er sich nur ein Auge vom Vater vorstellen. Ein Auge in Liebe, das gibt so viel …

Die blaue Halle ist in Form einer Pyramide; läuft also oben spitz zu. Die vier Seiten bestehen gänzlich aus blauem Glas in verschiedenen Formen, durch dass das Licht, welches von draußen die Pyramide umgibt, sich weich und erhaben bricht, den darin Weilenden wie mit liebevollen Armen umfängt.

Der Altar ist ein Stein, der zum einen die Form eines quadratischen Würfels und zum anderen die Form einer Kugel hat. Die Kugel ist im Quadrat eingebunden. Diesem Altar entspringt eine Quelle, deren Tropfen beruhigend still dahinpilgern. Wie Morgennebel dampft es darüber. Darin empfinde ich die Stimme des Vaters. Sehen kann ich ihn nicht.

„Hallo Amola, mein Kind. Warst du wieder in den Klatschmohn-feldern?", vernehme ich liebevoll seine Stimme in mir. Vaters Stimme ist eigentlich unbeschreiblich: von vollkommenem Klang, ausgeglichen, glockenklar, durchdringend, alles umfassend, verbindend, heilsam, ein Streicheln im Winde, streng und gerecht.

Worte *hier* haben ganz anderes Gewicht als auf Erden. Und schon gar Vaters Worte. ER *ist* das Wort. Was er sagt, formt sich unmittelbar.

„Ja, es ist so wunderbar dort. Ein herrlicher Platz zum Träumen. Du kennst mich. Was darf ich für Dich tun?", frage ich gespannt. Ich spüre – etwas Besonderes liegt in der Luft. Aber was? Abwartend, mit ge-schlossenen Augen, sitze ich dort und horche in mich hinein. Warte auf den Eindruck der Empfindung, um IHN dann in Worten aufnehmen zu können.

„Ich glaube, Amola, die Menschen auf der Erde brauchen deine Hilfe. Du bist ein weises und sehr reifes Mädchen, geschickt im Umgang mit anderen. Leider haben sich die Erdlinge mit ihrem Fortschritt in eine ver-kehrte Richtung verrannt und veranstalten einen Radau, so dass sie mich durch ihre innere Stimme gar nicht mehr hören oder wahrnehmen kön-nen…"

Den Satz lässt er irgendwie offen im Raum stehen. Niemals würde er mich zu irgendetwas zwingen. Diplomatie nennt man das auf Erden. Das ist Vaters Art, ein Problem offen in den Raum zu stellen, damit wir frei-willig darauf eingehen können – zupacken. Auch ich lasse mich nicht lange bitten.

„Du erwartest von mir, dass ich auf die Erde gehe?", stelle ich fragend fest, und ich spüre, dass es so ist. Nur den Bruchteil einer Sekunde benö-tige ich, um mich durchzuringen. Ja, ich bin sogar sehr stolz darauf, dass der Vater solch ein Vertrauen in mich hegt. Und da ich noch immer keine Antwort vernehmen kann, sage ich stattdessen:

„Weißt du eigentlich, wie sehr ich dich liebe? Du bist alles für mich und ich danke dir für das in mich gesetzte Vertrauen; die Hoffnung, die du in mich setzt."

In den nächsten Stunden und Tagen bekomme ich genaue Anweisungen. Der Vater zeigt mir, wohin ich kommen werde. Wer meine zukünftigen Eltern sein werden (denn dass ich nicht als großes Mädchen vom Himmel fallen werde, könnt Ihr sicherlich nachvollziehen), dass ich den Namen Johanna tragen werde, und ich lerne auch einen Jungen kennen, der mich auf meiner Erdenmission begleiten wird. Johannes heißt er. Da wir später ein Paar werden sollen, können wir logischerweise nicht bei denselben Eltern geboren werden. Hoffentlich finden wir uns?!

Balduin erzählte Johannes von der Gralsburg, welche an höchster Stelle der Schöpfung steht und eine Schale enthält, in der es ständig wallt und wogt. Über dieser Schale erscheine einmal im Jahr Gott Vater in Form einer weißen Taube für die jährliche Krafterneuerung der Schöpfung. „Die Ausgießung des Heiligen Geistes". Imanuel als Menschensohn sei der Mittler zwischen Gott und der Menschheit. Balduin belehrt Johannes über die Urgesetze, dass alle Naturgesetzte ursprünglich aus dem einen Grundgesetz abgeleitet wären, welche aus Gottvaters Ausstrahlung kämen.

„Du musst dir die Ausstrahlung Gott-Vaters vorstellen wie eine riesige Ellipse, welche man mit seinem Atem benennen könnte. Er, der Atem, geht von ihm aus durch alle Schöpfung und kehrt zu ihm zurück. All dem entspringen die Gesetze, welches in Wirklichkeit nur Eines ist: säen und ernten, geben und nehmen, Nahrung zu sich nehmen und ausscheiden, Geburt und Tod, Tag und Nacht, arbeiten und ruhen…"

Ein Mädchen namens Amola und du, Ihr wurdet von Gott-Vater erwählt, noch einmal auf die Erde zurückzukehren, um in die Menschenherzen den Samen zu setzen, das Wissen von der Wiedergeburt neu in sich zu entfachen. Dazu wird Euch beiden zur rechten Stunde auf Erden die Binde von den geistigen Augen genommen, damit Ihr Euch an diese Zeit vor Eurer Wiedergeburt erinnert und an Euren Auftrag.

Du wirst Amola gleich kennenlernen", endet Balduin seine Ausführungen, steht auf und wandert langsam in Richtung der Burg in der Ferne weiter.

Johannes, ganz ergriffen von dem eben gehörten, springt auf, fühlt eine behände Leichtigkeit in sich aufsteigen. So, als wüchsen ihm Flügel. Johannes kichert bei dem Gedanken wie es wäre, würden ihm zwischen den Schulterblättern plötzlich Flügel wachsen. Die Wiedergeburt fällt ihm ein. Balduin hatte gesagt, er und ein Mädchen, Amola, sollten noch einmal wiedergeboren werden.

„Sag mal, Balduin, tut das weh? Ich meine, wie muss ich mir das vorstellen? Wie komme ich zu dieser Frau, bei welcher ich geboren werde und *wie* komme ich in ihren Körper hinein?" Er schüttelt den Kopf bei der Vorstellung, sich mit seinem Körper in den Bauch einer werdenden Mutter zwängen zu wollen.

„Ich lese in deinen Gedanken deine Vorstellungen darüber", antwortet Balduin. „Was du jetzt Körper nennst ist eine der jeweiligen Ebene angepasste und umgelegte Hülle, einem Mantel gleich, welche dein eigentliches Selbst, deinen Geistkeim, umhüllt. Je näher du in der Reife wieder dem Paradies kommst, desto zarter und lichter werden deine Hüllen sein, bis irgendwann dein Geistkeim gänzlich strahlend durchbricht.

Ungefähr in der Mitte der Schwangerschaft einer Frau ist der neue Menschen-Körper so weit, dass deine Seele quasi von ihm aufgesaugt wird. Zuvor wirst du in einen wohligen Schlummer fallen – von diesem Vorgang nichts mitbekommen. Von dem Moment der Zeugung an bist du mit der Aura der werdenden Mutter verbunden, weshalb sie auch schon Gefühle für das Ungeborene hegen kann. Aber komm jetzt, ich möchte dich jemandem vorstellen!"

Eine Weile schreiten beide schweigend nebeneinander her. Eine eigenartige Atmosphäre umfängt Johannes. Vielleicht war sie zuvor schon da, aber jetzt nimmt er sie erst richtig wahr.

Das Licht, die Sonne, ist kein gleißender Ball wie auf Erden. Eher einer goldenen Scheibe gleich, ja, auch die Luft scheint golddurchwoben zu sein. Kein Lärm von Autos, Flugzeugen oder krakelenden Menschen, kein Qualm von Schornsteinen oder Menschen mit Zigaretten, keine Wohngettos, keine Straßen aus Beton, keine unerträgliche Hitze oder Kälte und, was Johannes am Wichtigsten scheint – keine Hetze des Alltages.

Alles um ihn herum nimmt er viel intensiver wahr: das Tirilieren der Vögel, Schmetterlinge in allen Farben, Hummeln, welche im Vorbeifliegen eine Art Gruß an ihn senden, ja, er merkt erst jetzt, dass er plötzlich die Sprache der Tiere zu verstehen scheint.

„Du wunderst dich, dass du die Tiere verstehen kannst?", fragt Balduin, welcher offensichtlich seine Gedanken lesen kann. „Du reifst schnell, unglaublich schnell, weswegen ja auch du ein für diese Mission Erwählter bist. Je mehr du reifst, je mehr nimmst du wahr, begreifst und empfindest du", schließt Balduin ab.

„Du scheinst recht zu haben", antwortet Johannes und als er an sich heruntersieht, bemerkt er, dass auch sein Gewand sich gewandelt hat. Seine Kleider gleichen nun eher Blütenblättern, einer Tulpe gleich, welche betörenden Duft verströmt und als er unvermittelt hochschaut, steht er dem liebreizendsten Geschöpf gegenüber, welches je sein Auge erblickt hat.

„Hallo, du bist sicherlich Johannes?", fragt singend dieses liebliche Wesen. Ohne zu flunkern könnte man sie als die herrlichste Rose bezeichnen. Auch sie strömt einen glückseligen, atemberaubenden Duft aus.

Das Herz schlägt ihm bis zum Hals; er nickt, streckt behutsam beide Hände aus, ergreift sacht beide Hände Amolas, welche einem samtigen Rosenschimmer gleichen, spürt im gleichen Augenblick, das Worte überflüssig sind, ein unsichtbares Band sie beide verbindet. Eine Träne der Überwältigung läuft über seine Wangen.

„Ich bin Johannes", ringt Johannes sich nach einer halben Ewigkeit doch noch Worte ab. Grinst breit, spürt eine wohlige Müdigkeit in sich aufsteigen, schlummert selig ein – ebenso wie unsere Amola.

Von jenseitigen Wesen auf Armen getragen zu Blumenkelchen, welche die beiden bis zu ihrer Geburt beherbergen werden, Balduin ihnen noch lange nachschauend, sagt: „Macht´s gut ihr zwei. Ich werde jeden Tag bei Euch sein."

Doch das hören sie schon gar nicht mehr, schlummern ihrer Wiedergeburt und Mission auf Erden entgegen.

Gedicht der Ewigkeit

Es ist schon seit Ewigkeiten so,
das Werden, Wachsen, Gedeihen und Vergehen.
Beginnend einem unsichtbaren Staube gleich;
sich zu formen wie in einer magnetisch vorgegebenen Art und Weise;
zu bringen dann den Samen und das Korn,
Blumen in der allerschönsten Pracht.
Büsche und Bäume − ja ganze Wälder zahlreicher Arten.
Selbst Fels und Gestein
wird davon nicht ausgenommen sein −
Recht klein wie Kiesel, oder ganze Gebirge gar.

Alle haben ihre Zeit − nicht nur der Mensch.

Kein Baum wird sich vor Angst das Leben nehmen,
dass seine Zeit sei um,
nicht schreien: ‚Ich will ewig Leben!'
Nur der Mensch, der ist so dumm.

Wer auf Erden Weisheit und Vollkommenheit erreichte,
gehet ein in die Ewigkeit zu Eden,
Denn der Tod ist nur das Tor
in eine andere Welt.

(*Johanna AMO*)

Lebenswege

*D*er Himmel war, bis ich Gott erlebt und gefunden habe da, wo die Wolken sind. Nach allem, was ich in meiner Kindheit und Jugend erleben und erleiden musste, verlor ich Gott und meinen Kinderglauben über einen Zeitraum von zwei bis drei Jahren aus den Augen. Auf der Suche nach einem Namen für mein ungeborenes Kind, inzwischen war ich aus einer ländlichen Kleinstadt nach Berlin gezogen, stieß ich mit fast einundzwanzig Jahren wieder auf IHN.

Seltsamerweise konnte ich mich von vornherein auf keinen Mädchennamen festlegen. Niemand redete mir hinein in die Namenswahl. Ich beschloss: Wenn es ein Junge würde, sollte er den Namen (sinnbildlich für) „Ein Geschenk Gottes" und „Ein Kämpfer für Recht und Gerechtigkeit" bekommen.

Im gleichen Moment sah ich einen Erdball vor mir und es erschien ein großes Fragezeichen vor meinem geistigen Auge. Damals konnte ich noch nicht sehen, dass man einen geistigen Nährboden schaffen kann durch Gedanken, der vieles bewirken kann, weil zu den Taten auch die Gedanken und das Empfinden zählen. Allerdings glaube ich auch, dass jede Mutter nach der Geburt für ihr Kind nur das Beste will. Soviel dazu.

Gegen Ende meiner Berlin-Zeit befand ich mich in einer schlimmen Lebenskrise. Mein Sohn war immer krank vom Smog. Eine Mittelohrenentzündung bei ihm jagte die nächste. Ständig war er erkältet oder hatte hohes Fieber. Mit Oma-Hilfsdienst und anderen Tricks rette ich mich von Arbeitswoche zu Arbeitswoche. Eigentlich war mein Sohn in der Kita gut aufgehoben, aber seine Hörprobleme zogen auch Verhaltensauffälligkeiten und Entwicklungsstörungen nach sich. Dadurch wurde ich für potentielle Arbeitgeber unzuverlässig, schipperte von einem Arbeitsplatz zum anderen, um schließlich gänzlich arbeitslos zu werden

Meine Schwester brachte mich daraufhin mit verschiedenen Wahrsagern, Magiern und anderen ominösen Leuten zusammen. Eine Großstadt ist das beste Pflaster dafür. Letztendlich hat es bei mir zwar nicht lange gedauert, diesen „Stand" zu durchschauen und mich wieder abzuwenden.

Dennoch habe ich erst einmal einen gewissen und schmerzlichen

Schaden erlangt und erlitten. Erlangen müssen. Es war ein großes, einschneidendes Erleben für mich.

Eine von diesen Wahrsagerinnen hatte eine Eigenart, allen Unsinn, den sie verzapfte, damit zu entschuldigen, dass sie „oben angefragt" hätte. Ihre Behauptung, mit Jesus persönlich in Kontakt zu stehen, der alles, was sie tat, gutheiße, wurde immer dreister und auch brutaler mir gegenüber. Noch einmal besuchte ich sie und ich erinnere mich, wie ich ihr mein Herz ausschüttete über meine prekäre Lage. Dass ich alles verloren habe im Leben und am Boden läge.

Wie der Zufall es wollte, sah ich für einen kleinen Moment auf, denn zuvor hatte ich nur zu Boden geblickt, und fing für einen kleinen Augenblick hasserfüllte, vor Genugtuung über mein Leid leuchtende Augen auf. Plötzlich hatte ich große Angst vor ihr, welche ich ihr aber nicht zeigte. Auch zeigte ich ihr nicht, was ich in ihren Augen gesehen hatte. Mit einem Vorwand verabschiedete ich mich nun schnell von ihr, holte meinen Sohn von der Kindertagesstätte ab und fuhr nach Hause.

An diesem Tage fing mein neues Leben an. Nachdem ich am Abend meinen Sohn ins Bett gebracht hatte, überfiel mich ein unbändiges Gefühl von Verzweiflung. Ich wusste nicht mehr ein noch aus. Was im Leben war nun richtig und was falsch? Was durfte ich und was nicht?

Ich riss die Fenster auf und schrie in Gedanken, aber in tiefster Empfindung meines Geistes, hinaus:

„Gott, bitte sage du mir was ich darf und was nicht! Was richtig ist und was nicht! Was ich auf Erden soll und wo bist DU?"

Ich ging schlafen. Drei Tage später hielt ich die Gralsbotschaft in Händen. Auf mysteriösen Wegen zu mir gekommen.

Mein Weg zur und mit der Gralsbotschaft

Noch bevor ich die Gralsbotschaft erhielt, bekam ich Kunde durch einen Traum:

Jemand gab mir ein Buch zu lesen. Um mich herum war es dunkel. Die Seiten des Buches aber leuchteten strahlend. Im Traum ging das Lesen sehr schnell. Als ich fertig war, wurde das Buch zugeschlagen und eine Rose oder Lilie (die Blume war irgendwie Beides) wurde darauf gelegt. Eine Stimme sagte sinngemäß zu mir: „So sollst du Leben" – „Das ist dein Leben!" Dann zeigte mir der Jenseitige noch Szenen aus einem Kampf, in welchem auch Pferde vorkamen und ich hörte den Namen „Abdrushin". Mit diesem Namen konnte ich nichts anfangen. Drei Tage später bekam ich, wie gesagt, durch einen Zufall die Gralsbotschaft. Eine Bekannte brachte sie mir ins Haus.

Vom ersten Augenblick spürte ich: Dieses Buch enthält etwas ganz Besonderes. Ich sog das Geschriebene förmlich in mich auf. Beim Lesen fühlte ich, wie sich von oben der Kopf öffnete. Als ich einmal in einem Vortrag über Jesus las (ich war allein in der Wohnung und saß auf dem Sofa), öffnete sich in der Buchseite plötzlich eine Düse, welcher lieblichster, reinster und kühler Duft entströmte und mich einhüllte. Und zwar so real, dass ich die feinen Duftnebelpartikelchen mit den Augen wahrnehmen konnte.

Vor Schreck über diesen Vorgang legte ich das Buch aus der Hand und ging einige Schritte vom Sofa weg. Nach einiger Zeit näherte ich mich wieder dem Sofa. Die Duftwolke war noch genau an ihrem Platz. Später bei meinem ersten Besuch auf dem Vomperberg habe ich den Duft im Pyramidengrab wieder gefunden. Und das ist die Wahrheit. Eine Wahrheit, welche man mir nicht zugestehen wollte. Ich war ihnen zu kindlich, hieß es. Vielleicht hatten sie Angst vor mir!?

Nach ein paar Tagen, ich lag im Bett, fühlte ich mich aus meinem Körper herausgezogen und ins All getragen. Das dort Geschehene kann ich bis heute nicht in Worte fassen. Soll es wohl auch nicht. Als ich wieder zurück in meinen Körper kam, wurde mir ein Band gezeigt, mit welchem ich nach oben mit dem Licht verbunden bin und gesagt, dass ich Vermittlerin der Gralsbotschaft sei. Anschließend sah ich noch drei Kreuze:

Eines aus Metall; eines aus Holz und ein Kreuz war wie aus meinem eigenen Od gemacht.

Bei meinem ersten Besuch auf dem Berg im Sommer 1987 wollte ich als Gasthörer an einer Andacht teilnehmen. Völlig unbedarft setzte ich mich und harrte der Dinge, die da kommen würden. Die Orgel fing an zu spielen und unvermittelt brach es aus mir heraus. Es überfiel mich wie ein Urknall. Bis in die Grundfesten meiner Seele wurde ich erschüttert und schluchzte während der ganzen Andacht aus tiefster Seele. Selbst noch beim Hinausgehen und dem Weg hinauf zum Haus der Kinderbetreuung konnte ich nicht aufhören, laut zu schluchzen, zu zittern und zu beben. Als ich auf Höhe des Hauses von Fräulein Irmingard war, Gralshöhe genannt, wurde ich getröstet und konnte aufhören zu weinen.

Danach bat ich um Versiegelung, die mir im Dezember 1987 bewilligt wurde. Noch heute spüre ich das lebendige Geschehen während der Versiegelung, als ich vom Licht eingehüllt worden bin. Es ist unbeschreiblich.

Anlässlich meiner zweiten Teilnahme an einer Feier auf dem Vomperberg war ich im Verwaltungsgebäude. Dort lagen unter anderem Foto-Alben aus. Ahnungslos und ohne irgendwelche Gedanken zu haben, durchblätterte ich die Alben, bis mich beim Umblättern einer Seite plötzlich fast der Schlag traf; ich das Album vor Schreck zuschlug. Ich sah mich um, ob mich auch niemand dabei beobachtet hatte, denn meine Reaktion war mir irgendwie peinlich. In diesem Album fand ich ein Foto von mir! Ich erkannte mich in Maria Bernhardt... schob das Erleben aber weit von mir.

1988 nahm ich Kontakt zu Fräulein Irmingard auf. Sie antwortete mir, welches in meiner kleinen Familie ein Wunder zur Folge hatte. Mein Sohn machte nicht mehr ins Bett durch einen Traum, in welchem mir gesagt wurde, ich solle Tee aus Goldrute und Hagebutte trinken. Gleich am nächsten Tag besorgte ich das Geträumte und von diesem Tag an war mein Sohn kein Bettnässer mehr. Daraufhin schrieb ich ihr einen persönlichen Brief, den ich, leider muss ich heute sagen, niemals an sie abschickte.

Zu der Zeit sollte ich Kontakt mit dem Vomperberg aufnehmen. Jede Nacht im Traum saß ich im Zug, zwei Wochen lang, sah aus dem Fenster des Zuges die Berge an mir vorüberziehen und über dem Vomperberg stand mächtig ein Engel mit einem Schwert in der Hand. Mit der Schneide nach unten. Nacht für Nacht derselbe Traum. Ich fühlte mich stark unter Druck gesetzt, fühlte mich aber gleichzeitig auch zu gering, an eine Mission von mir zu glauben.

Dann schied Fräulein Irmingard von dieser Welt. In jener Nacht war sie bei mir und sie zeigte mir, wie ich sie als Kind auf dem Arm hielt, gab mir noch einen Rat mit auf den Weg. Als mir am nächsten Tage mitgeteilt wurde, dass Fräulein Irmingard abgeschieden sei, war ich nicht überrascht – ich wusste es ja schon!

Bis heute bedauere ich zutiefst, nicht auf die Stimme meines Helfers gehört zu haben. Zum Teil wurde das Nicht-Darauf-Hören-Wollen durch das Verhalten der Kreuzträger mir gegenüber ausgelöst, welche mit mir zusammengekommen waren. Alle hatten nur das eine Ziel: Mich klein zu halten! Alles, was ich vorhergesehen habe an Geschehen und an Fehlern für den Berg, ist eingetroffen. Schlimmer noch, als ich befürchtet und geschaut hatte. Aber auch ohne offizielle Berufung war und bin ich die Jüngerin des Herrn. Durch die starken Vibrationen in mir und über meinem Haupte und in meinem Sonnengeflecht spüre ich, wenn mich Licht durchströmt, ich Geschehen aufnehme, es in mir umwandele und weiterleite; ohne mein Zutun und ohne, dass ich es ändern könnte. Dies wird so sein, solange ich auf Erden weile.

Der Gralsverwaltung und dem Vomperberg habe ich stets in meinem Eifer, helfen zu wollen durch mein Schauen, gemäß der Empfindung meines Auftrages, diese meine Vorhersehungen mitgeteilt. Darob wurde ich seelisch gesteinigt, und das nicht zu knapp. Wie anders hätte es werden können, hätte ich noch zu Lebzeiten von Fräulein Irmingard den Mut gehabt, auf meinen Ruf zu hören?! Großes, untröstliches Bedauern darüber trage ich in mir.

Schmerzlich nahm ich Abstand und überließ alles der weisen Führung Gottes. Bis ich nun im Jahre 2005 wieder den Ruf vom Berg hörte. Zum Teil war es also Resignation, nicht in meine Berufung eingetreten zu sein.

Da ich, wie geschrieben, dieses Leben als den Ringschluss meines Lebens empfinde, ist es nur verständlich, dass ich noch einmal mit allen meinen Schwächen und Talenten konfrontiert wurde. Viel Leid wäre mir erspart geblieben, hätte ich öfter auf meine innere Stimme gehört und mein Haupt-Lebensmotto gehört, welches da lautet: Wenn du dir bei einer Sache nicht sicher bist, dann heißt die Antwort „Nein". Diese Entscheidung ist immer die richtige! Oft wurde mir das erst hinterher klar und ich musste durch viel Leid gehen, um langsam aber sicher darauf lauschen zu können.

Bedingt durch einen Verkehrs- und Arbeitsunfall wurde ich nun aber wieder auf den rechten Weg gebracht. Nach und nach schließen sich Ring um Ring

Abdrushin sagte unter anderem dazu: „*Wer hinter der Ofenbank sitzt, kann sich kein Bein brechen.*"

Im Frühjahr 2005 nun ereigneten sich Merkwürdigkeiten, welche ihren Anfang darin nahmen, dass ich eines Morgens aufstand und mich wie in Trance fühlte. Es war Gartenwetter und so verrichtete ich in diesen Tagen einiges im Garten. Erst am dritten Tage wurde mir bewusst, dass mir schon seit drei Tagen ununterbrochen Tränen aus den Augen liefen; ein tiefes innerliches Weinen, welches mich erfasst hatte. Nach einem Traum in der dritten Nacht, in welchem mir der Untergang des Vomperberges als Lichtpunkt gezeigt wurde, schrieb ich einen Brief an den Leiter der Gralssiedlung auf dem Vomperberg.

Gleichzeitig meldete ich mich zur Pfingstfeier am 30. Mai an. Die Kreuzträger feiern Pfingsten immer am 30. Mai eines Jahres. Kennt man die Hintergründe, ist dies auch logisch zu verstehen.

Daraufhin bekam ich von Herrn Bernhard einen Brief, in dem er mir mitteilte, dass er im Jahre 2000 sämtliche Kreuzträger angeschrieben habe und ein jeder sich entscheiden sollte, ob er der Gralsbewegung in Deutschland oder in Österreich angehören wolle. Von mir hätte er damals keine Nachricht erhalten, mich aus diesem Grunde aus der Kartei gestrichen.

Man kann sich vielleicht denken, dass ich über dieses Schreiben sehr bestürzt war und ich antwortete Herrn Bernhardt, dass ich mich im Sinne der Gralsbotschaft und Getreu dem Motto von Abdrushin zur Gralsbewegung Vomperberg bekenne.

In Vorfreude auf seine Antwort und meine Annahme zur Feier erhielt ich wieder nur einen Traum, in dem ich als Betrügerin hingestellt wurde. Es zieht sich durch mein Leben, dass meine Träume einen hohen Wahrheitsgehalt haben und es bewahrheitete sich auch nun wieder.

Ein paar Wochen später bekam ich eine Email mit dem Inhalt:

„Wir wollen nichts mehr mit Ihnen zu tun haben!" (Die Email im Original fand ich zufällig vor zwei Tagen wieder).

Daraufhin schrieb ich dem Leiter einen letzten Brief. Hier ein Abschnitt daraus:

Das Gralswerk ist zum Scheitern verurteilt, weil es nicht zwei Wahrheiten gibt. Es kann nicht in jedem Land eine Gralsbewegung geben und die eine mit der anderen verfeindet sein. Das Problem ist fehlende Demut. Genau der Punkt, mit dem ich damals geschlagen worden bin. Mit viel Liebe und ohne jeden Arg hatte ich mich damals an die Leiter der Gralsbewegung gewandt, zwei solch hasserfüllte Briefe erhalten und noch viele andere Anfeindungen erfahren müssen. Jeder will sich auf dem Throne halten mit aller Gewalt. ...

Für die Zukunft wünsche ich Ihnen alles Gute.

Spruch

„Du denkst, du bist ein freier Mensch,
aber in dem Moment, so du versuchst,
dir deinen Freiraum zu nehmen, merkst du,
an wie vielen Ketten zu hängst.
Wohl dem,
der alles ungerührt hinter sich lassen kann. "

(Johanna AMO)

Abdrushin (Oskar Ernst Bernhardt)

Im Internet können Sie die Gralsbotschaft „Im Lichte der Wahrheit von Abdrushin, unter:

www.gral.de anfordern. Aber auch über jede Buchhandlung.

Gralsbotschaft „Im Lichte der Wahrheit"
Autor: Oskar Ernst Bernhardt / Abdrushin
Verlag der Stiftung Gralsbotschaft
ISBN: 978-3-8786-0203-3 (drei Bände in einem Buch)

„Die Vergeltung gilt nicht nur dem, der Böses getan hat. Du bist unschuldig, ja. Aber du bist ein Opfer, und solange du nicht vergibst, wirst du immer ein Opfer sein; in deiner eigenen Bitterkeit gefangen! Vergebung macht frei."

(*aus: Das Hugenottenkreuz*)

PS. *Wer gerne die Original-Gralsbotschaft von 1931 lesen möchte, der kann sich gerne über meine Website wata-tana.blogspot.com mit mir in Verbindung setzen.*

2. Buch: Wer stellt Dein Herz an und aus?

Der zweite Teil dieses Werkes besteht aus Beiträgen, die ich über einen längeren Zeitraum hinweg geschrieben habe.

Immer angeregt durch Geschehnisse, von denen ich gelesen oder gehört hatte.

Die Beiträge sollen eine Hilfe sein, seine Empfindungen und Handlungsweisen wieder auf den richtigen Weg zu lenken und die Sprache Gottes an uns wieder freizulegen.

Vor allem, das Vertrauen an Gott zurück zu finden, welcher den meisten Menschen heutzutage verloren gegangen ist.

Fanfaren - ein Traum

Es war einiges los in der Nacht und gegen Morgen hatte ich einen besonderen Traum, den ich noch auf Leinwand zu bringen versuche:

„Vor mir ein Turm mit einem Rundbogentor. In diesem, verdeckt durch drei von weißen Rosen umrankten Herzen, lagen meine sterblichen Überreste.

Unsichtbare Trompeter spielten mir zum Geleite eine wunderbare Fanfare welche mich so erschütterte, dass ich von meinem eigenen Weinen erwachte.“

Wer stellt dein Herz an und aus?

Das wird hier keine Anatomiestunde, aber es soll Euch vielleicht ein wenig bildhafter vor Augen führen, was ich Euch sagen werde. Zu erklären versuche.

Der Sinusknoten in Eurem Herzen ist der An- und Ausschalter für den menschlichen Körper.
Der Mensch funktioniert nur solange, bis dieser Schalter ausgeknipst wird.
Wer könnte sich wohl ein solches Bauwerk ersinnen, erstellen und fertigstellen, anders als Euer GOTT!? Bis ins feinste Äderchen ist diese Maschinerie ausgeklügelt, um dem lebendigen Kern darin, dem Menschengeist (auf Erden auch Seele genannt), die Möglichkeit zu geben, hier in der Stofflichkeit zu sein, um sich zu entwickeln.

Ihr wisst sicher: Eine Maschine, ein Motor, funktioniert nur solange, bis er zerstört wird; kaputt geht. Wenn tragende Teile zerstört werden oder das, was diesen Motor antreibt, läuft dieser nicht mehr.
Wenn wir einen Motor mit Sand, Milch oder dergleichen betanken, ihm also nicht das Richtige zuführen, streikt er und geht, wenn wir Pech haben, komplett kaputt.

Wir sollten nicht leichtsinnig mit unserem anvertrauten Gut, dem Körper, umgehen und auch *Dem* Gedenken, dem wir diesen Körper verdanken. Verdanken, dass wir ihn benutzen *dürfen*!

Auch sollten wir vom hohen Ross runterkommen wenn wir meinen, über unser Leben und unsere Lebenszeit bestimmen zu können. Denn das können wir nur in begrenztem Umfang, wenn wir ihn gesund ernähren und uns nicht unnötigen Risiken aussetzen.
Den Zeitpunkt unseres Todes aber, denn kennen wir in der Regel nicht, können nicht darüber bestimmen (höchstens bei Selbstmord) und schon gar nicht darüber verfügen.

Auf Deutsch gesagt: Es liegt allein in GOTTES Hand.

Vom Leben lernen

UN.Interesannte Menschen – Menschen mit Innenleben

Man stelle sich einen Menschen vor, der behütet zur Welt kommt. Eine glückliche Kindheit in einer fröhlichen Familie. Es ist genug Geld da. Das Kind kann gut lernen, eine höhere Schule besuchen. Es lernt vielleicht Klavier oder Gitarre.

Entweder schon in der Grundschule, oder später in der Oberschule, spätestens im Studium, lernt der Mensch einen Freund kennen, in den er sich verliebt. Die Liebe stimmt so sehr, dass die beiden zusammenbleiben. Ein paar Jahre später haben sie Geld genug, sich ein Haus bauen zu können. Jetzt können eigene Kinder kommen.

Allen Familienmitgliedern ist auffallend gute Gesundheit beschert. Ein guter Beruf, und ein gutes Auskommen in diesem mit Kollegen, ist da Ehrensache.

Was für ein schönes Leben... augenscheinlich von Gott reich beschenkt.

Dann gibt es Menschen, die in schon eher falsch platzierte Verhältnisse geboren werden. Der Vater ein Lebemann, der die eigenen Kinder missbraucht. Das einzig Gute ist, dass er dann aus diesem Leben gerissen wird, um die Kinder vor weiteren Übergriffen zu schützen.

Die Mutter (auch) ein Flüchtling; unsicher, zweifelnd. Die große Schwester wird dieses Kind mindestens bis zur Volljährigkeit malträtieren. Auch Morddrohungen bzw. Mordversuche sind dabei. Die Mutter wird dabei nur zuschauen, nicht helfend eingreifen.

Das Kind wird in späteren Jahren Opfer von Vergewaltigung, versuchten Vergewaltigungen, zugelassenen Vergewaltigungen.

Die Schule schafft es mit Ach und Krach, denn eine Freundin, mit der es *reden* kann, die aber nichts von Schule hält, ist wichtiger im Leben.

Das Kind bekommt keinerlei musische Erziehung oder Unterstützung. Es wird einfach nur am Leben gelassen. Den Berufswunsch darf es nicht ergreifen. Dann würden der Mutter schließlich das Kindergeld und die Halbwaisenrente flöten gehen. Also lernt das Kind einen anderen Beruf, den es auch gut abschließt. Der erste Lichtblick in diesem Leben.

Im Berufsleben wird dieser Mensch immer nur gemobbt und ist krank an Leib und Seele; bekommt eines Tages ein Kind von einem Psychopathen der sich, zu ihrem Glück, gegen die Hochzeit entscheidet. Ihr Kranksein überträgt sie – trotz aller guten Vorsätze, dem Kind ein besseres Leben zu geben – auf dieses, so dass jenes Kind es auch lange Jahre sehr schwer haben wird, die eigene Identität zu finden. Ein Suchen im Heuhaufen.

Der Mensch findet dann, als er abgeschlossen hat mit Beziehungen, doch noch einen Partner, den er sich von Gott hat aussuchen lassen. Davon ist er überzeugt, denn er sagt zu ihm: *Gott: Den, den Du mir schickst, den heirate ich!*

So kommt es dann auch. Beide kaufen ein altes Haus und bauen sich ihr eigenes Leben damit auf.

Aber auch hier findet sie, genausowenig wie in ihrer Kindheit, Familie oder Familienleben, das sie leben könnte.

Sie wird als Fremde kommen und immer oder lange eine Fremde bleiben.

Alle Freunde, die sie hatte, haben sich als keine entpuppt in der Not. Deshalb ist sie eine Art Eremit geworden.

Aber… trotz aller Umstände hat sie etwas gelernt. Nämlich vom Leben! Wie man immer bekommt, was man vom Leben braucht. Dass man Gott zum Leben braucht. Sich selber zu helfen in der Not. Oder allenfalls Gottes Hilfe zu bekommen, denn Menschen haben ihr niemals zur Seite gestanden. Sie hat gelernt mit *dem* zu haushalten, was ihr gegeben wurde.

Was für ein schlimmes Leben?
Was für ein aufregendes Leben?
Gibt es einen Gott, der sowas zulässt?

Aber wer ist in Wirklichkeit besser dran im Leben? Wenn du jemandem ein Buch schreiben lassen würdest. Einen Krimi. Ein Buch, das voller Überraschungen, Spannung und Erlebnissen stecken soll… wem würdest du dafür den Auftrag geben?

Der Mensch aus dem (vom) zweiten erzählten Leben hat sicher mehr darüber zu erzählen. Er hat so unglaublich viel erlebt, wie andere Menschen in zweihundert Jahren nicht erleben würden. Das wird er bei seinem Tod mit hinübernehmen als reiche Beute, denn das tatsächlich in

71

uns erlebte ist das größte Geschenk beim Hinübergang in die andere Welt, das Jenseits, weil es uns den weiteren Weg ebnen kann.

Der Mensch aus der Beschreibung Nummer eins ist sicher (von Gott) reich beschenkt. Er muss in diesem (vielleicht seinem letzten Leben auf Erden, bevor er ins Paradies könnte) Leben aufpassen, dass er nicht aus Langeweile zusammenfällt, weil ihm alles in den Schoß fällt.
Aus einem solchen Leben heraus die Kampfgeister hochzuhalten ist nicht einfach. Er droht zu erschlaffen in dem Glauben-Leben. Weil es einem zu gut geht.

In diesem Sinne: geht hin und er-lebt Euer Leben und freut Euch über jede emotionale Berührung; sei diese für Euch in negativer oder positiver Art empfunden.

Mit Kindern und Bräutigam in der Kirche

„Jesaja 43": Und nun spricht der HERR, der dich geschaffen hat, Jakob, und dich gemacht hat, Israel: Fürchte dich nicht, denn ich habe dich erlöst; ich habe dich bei meinem Namen gerufen; du bist mein! Wenn du durch Wasser gehst, will ich bei dir sein, dass dich die Ströme nicht ersäufen sollen; und wenn du ins Feuer gehst, sollst du nicht brennen, und die Flamme soll dich nicht versengen... weil du in meinen Augen so wertgeachtet und auch herrlich bist und weil ich dich lieb habe... So fürchte dich nun nicht, denn ich bin bei dir. Ich will vom Osten deine Kinder bringen und dich vom Westen her sammeln...
Zitat „Jesaja" (Ende)

Heute Nacht im Traum war ich ständig in einer Kirche. Immer waren viele Kinder dort, welche sich mir zum Teil vor die Füße warfen, die ich auffing, die ich liebevoll umarmte und wiegte. Einmal kam ich in die Vorhalle gestürmt, um weiter in die Andachtshalle zu stürmen, da sagte eine Stimme liebevoll zu mir: *„Stürme nicht so in die Kirche. Du sollst nicht vor dem Bräutigam am Altar sein."*

Mein Innerstes scheint sich intensiv mit dem Begriff O-Stern (Das „O" könnte der Kreislauf der Welt bedeuten; dass am Ende alles wieder zum Ursprung zurückkehren muss, zu beschäftigen. Der Bethlehemstern hat damals den Heiland angekündigt) zu beschäftigen. Der Name O-Stern ist sehr tiefsinnig geprägt und mit Grauen denke ich daran, welches Leid Jesus zu dieser Zeit hat mitmachen müssen. Wie viel Demütigung hat er ertragen und erleiden müssen.

In den beiden zurückliegenden Jahren sind mir (leider fallen mir momentan die Titel nicht mehr ein), Zufall oder nicht, gleich mehrere Bücher in die Hände gefallen mit neuen Theorien um Jesus. Dass er in Wirklichkeit gar nicht am Kreuze gestorben war, sondern mit seinen Jüngern ausgewandert sei in ein anderes Land. Einmal soll es Frankreich gewesen sein. Fundierte wissenschaftliche Untersuchungen sollen dies belegen. Ein andermal ist man sich sicher: Jesus war bis zu seinem wirklichen Tod in Spanien.

Denkt man an die Jünger, die Jesus nach seiner Auferstehung wieder gesehen haben, so könnte man, wenn man nichts von Reinkarnation wissen will, schon glauben, was da so Unwürdevolles von sich gegeben wird.

Dass ein Mensch nicht in Fleisch und Blut plötzlich gen Himmel verschwindet, sollte allen Menschen klar sein (zu diesem Vortrage habe ich in späteren Jahren erweiterte Erkenntnisse gewonnen, die ich in einem späteren Vortrag hier erklären werde).

Genauso ist es mit der Geburt. Keine Geburt ohne vorherige Zeugung.

Wenn es heißt: Jesus wurde von einer Jungfrau geboren, so besagt das, dass Marias Organe zu diesem Zeitpunkt, also der Zeugung, noch völlig jungfräulich waren.

Ich wünsche Euch besinnliche Ostertage.

Traum in einem anderen Leben

Von zwanzig nach zwei bis zwanzig nach fünf am Nachmittag schlief ich. Ich duschte und wusste, dass ich schlafen müsse, um etwas Besonderes zu erleben. So wie am Vormittag der Gang mit meiner Hündin..

Also legte ich mich hin und schlief ein:

Ich war in einem anderen Leben. An vieles im Traum erinnere ich mich nicht mehr. Nur an das Ende ziemlich genau. Ich befand mich in einem besonderen Zimmer. Blau gehalten? Aber nicht dunkelblau. Es strahlte eine besondere Reinheit aus, ohne steril zu wirken. Geradezu befand sich eine etwas schräge Wand. Rechts daneben ein Fenster. Was sonst noch an Möbeln drin war, weiß ich nicht.

Das Besondere an diesem Zimmer waren die beeindruckenden Zeichnungen, die mich überwältigten. Geradezu, an der etwas schrägen Wand (so habe ich es jedenfalls in Erinnerung) befand sich ein gemalter, riesiger Leuchtturm. Links an der Wand war eine Zeichnung mit einem überdimensionalen Marienkäfer. Leider habe ich den Rest der Zeichnung vergessen. Was auf der Zeichnung zu meiner Rechten war, habe ich *ganz* vergessen, aber auch sie war beeindruckend.

Dieses Zimmer war so faszinierend und ich wusste, dass es auch für mich eine besondere Bewandtnis hatte, hier sein zu dürfen. Ich schaute auf zum Leuchtturm (Bild) und sagte: „Diesmal werde ich alles besser machen. Das verspreche ich." Sinngemäß stimmt es so.

Leider erwachte ich dann, aber irgendwie ist heute etwas Besonderes in mir und mit mir vorgegangen. Schon den ganzen Tag. Etwas ist über mich gekommen oder in mich eingegangen. Etwas Schönes, Großes, Reines. Etwas an Weisheit Grenzendes. Eine Ruhe, Liebe und Gelassenheit, Voraussicht und Weisheit und ein Unangreifbar geworden sein.

Dafür möchte ich danke sagen.
Danke Gott.

Ein Wanderer in dunkler Kälte

Vor ein paar Tagen stand ich am Abend am Fenster. Es wurde dunkel. Es war ziemlich kalt. Ich stellte mir vor, wie es wäre, wenn ein Mensch auf Erden nichts von einem Weiterleben nach seinem Tode wissen wolle. Oder wenn er *hartherzig* und *eiskalt* wäre.

Ich stellte mir vor, solch eine abgeschiedene Seele würde im Dunkeln durch die Straßen laufen (müssen). Gezwungen durch seine vorherige innere Einstellung, die auch äußerlich in seinen Handlungen sichtbar war.

Ich stelle mir vor, dass es immer dunkel bleibt und immer kalt. So kalt, dass man eigentlich erfrieren müsste. Jeder kennt das Gefühl, stark zu frieren. Diese Seele irrt herum, immer im Dunkeln und immer daran, fast zu erfrieren, ohne Sterben zu können. Ohne zu sterben. Ein Dauerzustand von im Dunkel herumirren und fast erfrieren.

Niemand, der da kommt und sagt: Komm ins Warme herein. Ich helfe dir… Keine helfende Hand.

Ein schrecklicher Zustand.

Ich stelle mir vor, dass dieser Zustand so lange anhalten wird, bis diese Seele eines Tages darüber nachzudenken beginnt, was sie wohl in diese missliche Lage gebracht hat.

Es fällt der Seele langsam ein, dass sie kalt und hart zu den Menschen war, weil sie dachte, sie hätte nur *ein* Leben und darin könne man ja auch über Leichen gehen. Es wäre ja eh alles vorbei, wenn es vorbei wäre und es gäbe keinen Gott, der ihn zur Rechenschaft ziehen würde.

Ein Leben und das war es dann…

Nun stellt die Seele fest, dass sie sich geirrt hat. So langsam bekommt sie ein Gefühl dafür, was sie einigen Menschen angetan hat. Die Seele beginnt, Reue zu empfinden.

Das ist der Weg, der ihr raushelfen kann aus dieser Lage. Es wird langsam heller um sie herum. Und wärmer.

Die Menschenseele wandert weiter und während sie weiter über ihr Leben nachdenkt und die Fehler einsieht, zur Einsicht kommt, kommt der Wunsch hoch, die Taten wieder gutmachen zu können. Zu helfen.

Wenn die Reue und die Demut tief genug empfunden wird, kann sich eines Tages ein Engel nähern, welcher dieser Seele hilft. Sie ins Warme bringt. Ihr Licht gibt. Wieder Hoffnung.

So kann es dann stetig aufwärts gehen.
Das könnte einer Seele erspart bleiben.
Einem Menschengeist.

Mein ist die Rache

Was ich hier jetzt schreibe gilt nur für die Menschen, die überhaupt an Gott und eine Aufgabe im Leben glauben. Nach dem Motto: Nomen est Omen. Der Name ist Vorhersehung.
Andere Menschen sagen, dass der Beruf für sie eine Berufung ist. Dass sie daran glauben, dass es so etwas wie eine Berufung gibt, die, als Tätigkeit ausgeführt, ein Beruf wird.
Ein Dienst oder Dienen ist es dann.
Und wer daran nicht zweifelt, der wird vielleicht auch davon überzeugt sein, ohne gleich als Pharisäer zu gelten, dass ein Mensch mit einer bestimmten Berufung – einem Ruf – zur Welt kommt.

Schon allein der Ausdruck *zur Welt kommen* drückt ja deutlich das Wissen darum aus, dass eine Menschenseele nicht erst mit der Zeugung entsteht. Dies einmal nebenher.
Wenn also ein Mensch eine gewisse Berufung in sich trägt, die einem Ruf gleicht, so hat dieser Mensch auf Erden ausreichend Gelegenheit, sich bis zu diesem Rufe zu entwickeln. Es wird ihm bis dahin alles dazu Nötige gegeben. Von Gott. Andere nennen es – vom Schicksal.

Dann tritt eines Tages die Zeit an – dies kann mal früher oder auch später im Leben sein – in der er fertig sein muss. In der er seinem Ruf folgen und in seine Berufung eintreten muss. Das muss nicht immer von außen spektakulär zu sehen sein. Es betrifft ja nur diesen einen Menschen. Ein Mensch, der lautes Trara darüber macht und Großredet, dass er in eine Berufung eintritt, sich quasi selber auf eine höhere Stufe stellen will, gehört schon gar nicht dazu, denn zu einem Ruf gehört Demut.

Nun ist es so, dass das Leben eines Menschen ja einem Teppich gleicht. Dem Muster eines Teppichs. Die Lebensfäden laufen hin und her und eines Tages muss der Mensch in seine Berufung eintreten, ganz gleich, ob er fertig ist. Dazu bereit. Er könnte auf jeden Fall bereit dafür sein, was aber, zugegeben, in der heutigen Zeit sehr schwer zu sein scheint.

Diese Zeit, in der sich von einem Jahr auf das Andere alles so rasend schnell verändert und einem die Schlechtigkeit der Menschen von allen Seiten vorgemacht wird. Ein Niederreißen jeglicher Schranken der Moral. Ein Mensch, welcher sich immer und überall, quasi nackt, in aller Öffentlichkeit darstellen kann, wobei dieses mehr oder weniger von der irdischen Obrigkeit toleriert und schöngeredet wird.

Dem Reinen ist alles rein, heißt es dann. Ein Mensch wird mitgerissen, wenn er sich nicht mit aller Macht an seinen Glauben, seine Überzeugung, an Gott hält. Diese einzelnen Menschen stehen dann da wie ein Fels in der Brandung. Oft verlacht und verspottet von anderen.

Wenn ein Mensch, der in seine Berufung eintritt, geistig also noch unreif ist, so kann es vorkommen, dass er durch den Druck des Lichtes sich von Gott geschlagen fühlt. Dann kommt ihm der Gedanke auf, dass er nicht Gottes Kind sein kann, wenn es so zugeht. Ein Menschengeist, der von seinen Eltern ständig geschlagen wird, kann ja kaum aufsehen zu den Eltern… in diesem Falle zu Gott.

Ist der Mensch gut und fühlt seine Berufung, dann sucht er die Stille, die Einsamkeit. Er wird auch Antworten finden und es mit Gottes Hilfe schaffen, seine Richtung zu ändern. Selbst wenn er dabei Federn lassen muss, so steht er in der Gewissheit, dass dieses Federnlassen nur irdisch ist.

Wenn ein Mensch, der in eine Berufung eintritt, einen gewissen Grad von Reinheit und Demut in sich trägt, so ist er sich auch bewusst, dass, bedingt durch das Niedersausen der Moral der Menschheit, es nicht ausbleiben kann, dass Anfeindungen an ihn herantreten.

Wenn das geschieht, dann gehe so: *Mein ist die Rache und ich will vergelten!* – spricht der Herr.

Macht Euch nicht die Hände, die Seele schmutzig durch Gedanken der Rache oder des Hasses, sondern überlasst es Gott, wie er die Sache zum Guten führen mag. Denkt nicht zu viel über alles nach und vertraut auf die Gerechtigkeit Gottes. Er wird Euch immer und zu jeder Zeit genau das geben, was Ihr wirklich im Leben benötigt.

Ihr wisst doch: *Gottes Mühlen mahlen langsam, aber sicher!*

Den Seinen gibt´s der Herr im Schlafe

Es heißt ja: Den Seinen gibt´s der Herr im Schlafe.

In den letzten Wochen hatte ich einige intensive, bedeutungsvolle Träume, welche ich mir aufgeschrieben habe. Nun entsteht bei mir seit einiger Zeit der Eindruck, dass es keine Träume mehr sind sondern Realität wird, was ich träume.

So der Traum, dass quasi alles Tun von mir (und anderen) umgehend eine Wirkung, Wechselwirkung, Strafe nach sich zieht und dass alles, was ich sage, passiert, auch wenn ich meine, ich hätte es einfach so dahergesagt. Wie ich all die Jahre etwas gesagt (prophezeit) habe, es aber nicht ernst genommen wurde.

Und nun, seit einiger Zeit und immer intensiver, schneller, schlägt die Wechselwirkung zu und die Ernte des Gesagten tritt fast auf den Schlag ein.

Möglicherweise ist das nicht bei allen Menschen so.

Möglicherweise ist das *noch nicht* bei allen Menschen so.

Möglicherweise ist genau *das* die Rettung der Menschen, die sich retten wollen.

Möglicherweise ist genau *das* die Rettung unserer Erde.

Ihr könnt den Inhalt des hier gesagten gern weiter verfolgen. Weiter Zuende denken.

Der Weg ist das Ziel

Heute wollten wir einen Ort erreichen und dazu eine Abkürzung durch den Wald nehmen. Die Strecke hatte ich vorher genau ausgeguckt.

Ich hatte meine kleine Hündin dabei, die aber partout schon vorher immer wieder laufen wollte... so schön war die Strecke.

Ich hätte trunken werden können vor Glück, so schön. So still. So frisch. Einfach herrlich.

Im Hinterkopf hatte ich ja das gesetzte Ziel und als wir endlich den Weg gefunden hatten und dort ankamen, war das Pulver quasi verschossen. Wir hatten Hunger und Durst und meinem Hund fielen die Augen zu, weshalb ich beschloss, umzukehren.

Zwar hatte ich das gesetzte Ziel nicht erreicht, aber gemäß dem Sprichwort: *Der Weg ist das Ziel* – hatte ich schon im Vorfeld innerlich umgestellt für den Fall, dass wir es nicht dorthin schaffen würden.

Der Weg dorthin hat alles wettgemacht. Wir beide haben ihn mit allen Sinnen genossen.

Es kommt halt öfter anders, als man denkt. Deshalb sollten wir immer auch vor die Füße schauen, auf den nächsten Schritt achten und die Gegenwart mit allen Sinnen in uns aufnehmen. Alle Eindrücke, die auf dem Weg entstehen. Nicht darüber ärgern, dass wir ein *gedachtes* Ziel nicht erreicht haben.

Wir haben ein Ziel erreicht, nur anders, als wir *gedacht* haben. Wir wollten ein Erleben haben. Das hatten wir.

Der Mensch denkt – Gott lenkt.

Fehler machen, erkennen ablegen

Wer kennt das nicht, dass er sich über immer dieselben Fehler ärgert. Fehler, die er selber macht. Wir kommen in eine Situation und schwupps, reicht eine Hand der anderen die Hand und wir sind wieder mitten drin im Geschehen.

Dann stehen wir da in unserem Schlachtfeld. Wir zetern, ärgern uns, streiten, sind traurig und verzweifelt, wollen etwas ändern aber können es nicht. Warum bloß muss das immer und immer wieder gerade *Uns* passieren?

Aber wir könnten etwas daraus lernen, wenn wir ein paar Dinge wissen und anwenden. Dann kann die Sache zum Kinderspiel werden, in dem wir Fehler um Fehler ablegen können und frei(er) werden.

Zum Einen gilt das Sprichwort:
Wenn du dir bei einer Sache unsicher bist, dann heißt die Antwort *Nein!*
Darauf kannst du dich immer und jederzeit verlassen.
Höre mal genau auf diese Frage in dir bei allem, was dir schief gegangen ist.

Des Weiteren nehme einfach mal an, dass du auf der Erde bist, um zu reifen. So wie jeder Baum und jede Blume und alles, was auf Erden Leben in sich trägt. Und wenn das so ist, und es einen Gott gibt, den du nicht beim Namen nennen willst oder kannst, dann nehme trotzdem einfach mal an, es gibt eine Kraft, die alles lenkt. Und dass diese Kraft dir helfen will.

Damit du reifen kannst, musst du deine eigenen Fehler erkennen, also hält dir die Natur bei allem, was du tust, einen Spiegel vor, damit *du dich* erkennst. Das gilt für das, was du falsch machst genauso wie für das, was du gut gemacht hast.

Wenn sich also zwei Menschen streiten oder einer sich über den anderen aufregt, dann höre in Zukunft einmal genauer hin und du erkennst, dass derjenige, der sich über andere aufregt und echauffiert, genau diese Fehler in viel höherem Maß in sich trägt.

Und wenn du das erkannt hast, kannst du annehmen, dass es auch bei dir nicht anders ist.

Dann kommen wir wieder zu der Situation, in der du immer und immer den gleichen Fehler machst und in dem Moment, wo du anders handelst nach dem Motto, der Weisheit Gottes:

„Mein ist die Rache und ich will vergelten..."

...und dich mutig anders verhältst als sonst, wirst du sehen, dass du dich gar nicht mehr über eine Sache aufregst. Sie sich auf eine für dich positive Art und Weise regelt, ohne dass du eingreifen musst. Lass einfach mal die natürlichen Kräfte walten.

Wenn du *soweit* bist, dann kannst du dich von diesem Fehler ablösen. Von einer vielleicht jahrelang andauernden Situation, die scheinbar ausweglos war. Der Ausweg war da; schon immer, nur hast du ihn nicht gesehen. Nicht sehen können.

Am Saume des Gewandes meines Heiligen Vaters

Nach vielen Jahren, in denen ich mich, endlich, erschöpft bis zu den Füßen meines Heiligen Vaters, bis zum Saume seines Gewandes durchgeschlagen hatte... war ich unfähig, irgendetwas von mir zu geben. Ich saß – oder hockte – besser gesagt, mit gesenktem Blick ob des Lichtes, welches *Ihm* entströmte. Mit beiden Händen öffnete ich meine Seele, und im gleichen Moment bat ich um Verzeihung für jede Minute, die ich nicht bei ihm gewesen war. Momente, in denen ich nicht für mein Essen und ein Dach über dem Kopf gedankt hatte, in denen ich *Ihn* nicht vorher um Erlaubnis und Zustimmung gebeten habe für mein Tun.

Mit zerrissenem Gewand, Narben überall, aber ganz viel Liebe in meinem Herzen und der Hoffnung, die ich stets als Licht in der Ferne sah, kam ich mit meinem letzten Atemzug beim Herrn an. Nun war das Licht so nah...

Vor Erschöpfung schloss ich die Augen; konnte nichts mehr denken; sank zu Boden; fühlte mich leicht und immer leichter. Spürte, wie ich entrückte, sich der Odem einer warmen, großen Hand über meinem Körper bewegte. Vom Kopf bis hinunter zu den Füßen und wieder zurück. Ohne mich zu berühren. Diese Hand strahlte so viel aus: Magnetismus. Liebe. Herzlichkeit. Hoffnung. Zuversicht und auch… Tadel.

Der Herr wollte mir helfen, meine letzten dunklen Stellen in meinem Gewand, meiner Seele, zu erkennen, damit ich sie ablegen konnte. Damit ich in das Paradies würde eintreten können, denn momentan befand ich mich ja nur am Saume zu Füßen des Herrn.

Als *Er*, ich in meinem Halbschlaf bekam es so mit, seinen Mund öffnete, um zu sprechen, quollen anstatt der Worte goldene Sturzbäche lichtdurchfluteter Barmherzigkeit aus ihm.

Es packte und riss mich empor, indem dieses goldene Licht in mich eindrang. In jeden Winkel meiner Seele, meines Geistes, meiner Gedanken, Empfindungen. Im wahrsten Sinne des Wortes fühlte ich mich neu geboren, und in diesem Moment war es unvorstellbar für mich, jemals wieder auch nur ein schlechtes Wort zu sagen. Geschweige denn zu denken.

Ein Cherokee lehrt seinen Enkel etwas

„In mir tobt ein Kampf", sagte er zum Jungen.

„Es ist ein schrecklicher Kampf zwischen zwei Wölfen. Einer davon ist böse. Er ist Wut, Neid, Kummer, Bedauern, Gier, Überheblichkeit, Selbstmitleid, Schuld, Groll, Minderwertigkeit, Lügen, falscher Stolz, Hochmut und Egoismus.

Der andere ist gut. Er ist Freude, Frieden, Liebe, Hoffnung, Gelassenheit, Demut, Güte, Milde, Mitgefühl, Großmut, Wahrheit und Vertrauen. Der gleiche Kampf tobt auch in dir und in jedem anderen Menschen."

Der Enkel dachte einige Minuten nach und fragte dann seinen Großvater: „Welcher Wolf wird gewinnen?"

Der alte Cherokee meinte schlicht: „Der, den du fütterst."

(unbekannter Verfasser)

Wer anderen eine Grube gräbt...

Es sind Synonyme oder Vergleiche, die mir plötzlich einfallen. Wie im Kleinen, so im Großen.

Stellen wir uns vor, ein Mensch ist in eine Grube gefallen, oder in einem Berg in einer Höhle unterwegs und wird irgendwie eingeschlossen, so dass der Rückweg unmöglich ist... Dann muss Hilfe von außen kommen. Von oben. Menschen seilen sich in diese Grube ab, um den anderen zu retten.

Um Hilfe zu bringen, muss der Retter sich bis auf die Stufe des unten liegenden, verletzten, eingesperrten Menschen begeben. Wie schlimm es auch sei. Selbst wenn er normalerweise im Anzug unterwegs ist, mit Pomade im Haar. Jetzt muss er runter und sich einsauen, holt sich vielleicht auch Blessuren dabei ab.

Der Vergleich kam ganz plötzlich. Wenn wir zum Beispiel an einem neuen Ort unterwegs sind, dann haben wir ja unser eigenes Niveau, welches wir dort hineintragen in die Gemeinschaft. Da brechen dann manchmal erstmal Dämme, oder Mauern werden eingerissen; andere vielleicht sogar aufgebaut. Da kann es edle Menschen geben genauso wie Menschen, die, auf gut Deutsch, am Rande der Gesellschaft unterwegs sind oder sonstwie anders sind.

Auf jeden Fall muss man zusehen, dass man diese Stufe irgendwie erreicht. Oder den Menschen. Die Menschen vor Ort.

Da kann es sein, dass man, möchte man einige Menschen erreichen, sich zuerst auf ihre Stufe begeben muss. Wenn es eine niedrigere Stufe ist, muss man erstmal herunterkommen, um diese zu erreichen, um dann *vielleicht* aufwärts *helfen zu können*.

Auch wenn wir auf Menschen treffen, die eine höhere Stufe als wir selber haben funktioniert das so; nur umgekehrt. Wir können dem Menschen bis zu einer gewissen Grenze begegnen. Wir können schauen, was er macht, uns in seine Nähe begeben und entweder wird sich dieser Mensch dann uns nähern, so dass wir aufsteigen können und das Niveau erreichen, oder aber wir lernen und erfahren es durch Nachahmung. Den Aha-Effekt.

Darüber lohnt es sich heute, nachzudenken.

Also nicht immer gleich einen Deckel auf den Topf tun.

83

Du sollst nicht stehlen

Es geht nicht nur darum, dass wir dem Nebenmann seine Geldbörse stehlen oder sein Rad. Irgendein Ding.

Das Gebot sagt viel mehr und es ist, wie alles, was von Gott kommt, viel höher zu betrachten. Offener.

Du kannst einem Menschen auch die Ehre rauben. Ihm die Nachtruhe stehlen. Ihn um die Glaubwürdigkeit bringen, so dass er dadurch Verluste haben wird.

Nehmen wir einmal an, in einem kleinen Dorf leben dreihundertfünfundsechzig Menschen auf engstem Raum. Jeden Tag hat ein anderer Geburtstag. Der soll natürlich gut begangen werden. Da wird die ganze Nacht gefeiert und gelärmt. Wie wäre es mit einer Trommel? Ist doch wurscht, wie schräg es klingt, Hauptsache mir gefällt es! Schließlich habe ich doch nur den einen Tag im Jahr Geburtstag…

Die Nachbarn liegen bis morgens um vier Uhr wach. Völlig ermattet schlafen sie dann irgendwann ein.

Das sagt sich auch der Nachbar drei Häuser weiter, der am nächsten Tag Geburtstag hat. Da wird gegrillt, gesungen und laut Musik gemacht.

Und auch in dieser Nacht kommt kein Mensch zur Ruhe und in den nötigen Schlaf. Einer ruft schließlich die Polizei, der den Radau auflöst.

So geht es jeden Tag weiter, bis dann eines Tages ein Mensch Geburtstag hat und sich sagt: Als Geschenk feiere ich heute nicht. Auf jeden Fall nicht laut oder spät und wir können einfach einmal alle schlafen, denn lange genug wurden wir der Nachtruhe beraubt.

Das spricht sich herum und nach und nach begreifen die Menschen, dass sie selbst es waren, die den Nachbarn den Schlaf geraubt haben.

In diesem Sinne überprüft Euer Verhalten, bevor Ihr Euch beim nächsten Mal über den Nachbarn ärgert, ob Ihr nicht genauso handelt zu anderer Zeit.

Mutig voran – Gott wohl getan

„Man muss eine Aufgabe vor sich sehen
und nicht ein geruhsames Leben."

Leo Tolstoi

 oder ... Wer hinter der Ofenbank sitzt, kann sich kein Bein brechen.
 oder ... Mutig voran – Gott wohlgetan

Im Prinzip sagen all diese Sprichwörter dasselbe aus. Der Mensch ist ja auf der Erde, um sich zu entwickeln. Ein Samenkorn braucht auch äußere Anreize, oft unter widrigen Bedingungen, um aufzugehen, zu erblühen, zu reifen, um Menschen erfreuen zu können, um geerntet zu werden.

 Rückschläge gibt es immer. Jedes Hinfallen ist ein Stillstand, in dem der Mensch innehalten und in sich schauen soll, den weiteren Weg abwägen, ob es so weitergehen kann oder soll; er weitergehen oder Umwege gehen muss. Ob sich diese Umwege auch gegen Widerstände lohnen. Aus denen sich unter anderem auch ganz andere Ziele ergeben können als ursprünglich geplant.

 Oft wünscht man sich etwas von Herzen und später, im Rückblick, steht der Mensch dankend da und sagt:

Herr, danke, dass Du diesen Wunsch nicht hast in Erfüllung gehen lassen!

Das habe ich schon oft erlebt!

Das kennt Ihr sicher auch. Darüber sollten wir heute nachdenken.

Von Weihnachten und so

Es gibt sicher niemanden, der die Weihnachtsgeschichte nicht kennen würde. Ich könnte sie neu mit meinen Worten schreiben und vielleicht tu ich das auch eines Tages, aber darum geht es mir heute nicht.

Auch das, was die Menschen aus dem Weihnachtsfest gemacht haben, einen Konsumterror ohne Gleichen, dem aber langsam immer mehr Menschen zu entfliehen suchen, soll nicht so ganz das Thema sein.

Nein, es geht hier um die unbefleckte Empfängnis.

Schon des Öfteren hatte ich Gelegenheit, mit Theologen ins Gespräch zu kommen und alle waren so neugierig auf meine Worte, dass es meist bei einem Gespräch nicht blieb, aber... ich wundere mich immer wieder über die Starrheit, dass die Theologen steif und fest bei dieser Annahme bleiben:

Die unbefleckte Empfängnis und dass Jesus von einer Jungfrau geboren werden sollte würde bedeuten, dass Maria den Samen direkt vom Heiligen Geist empfangen hätte, ohne dass ein Zeugungsakt stattgefunden hat.

Das ist aber ein großer Nonsens. Wenn eine Frau schwanger wird, muss zuvor ein Zeugungsakt stattgefunden haben, wenn man mal von den heutigen künstlichen Befruchtungen absieht, aber ich spreche hier nur vom Normalfall.

Wenn es heißt, dass Jesus, der Heiland, von einer Jungfrau geboren werden würde und dass es eine unbefleckte Empfängnis sei, so bedeutet dies, *dass Maria zuvor Jungfrau war.* Dass sie noch nie zuvor ein Kind zur Welt gebracht hat. Das der Zeugungsakt dazu der erste war und in reinster Liebe stattgefunden hat *und ihre Organe jungfräulich waren.*

Das ist doch viel Größer und Hehrer als sich vorzustellen, dass es durch Zauberhand passiert sein könnte. Sollte.

Wenn eine Frau nicht eine unbefleckte Empfängnis haben könnte, oder eine jungfräuliche Geburt, so hieße das ja im Umkehrschluss, dass jeder Zeugungsakt auf Erden eine Beschmutzung darstellen würde.

Eine Sünde, aber das ist falsch, denn ohne Zeugungsakt gibt es keine Vermehrung der Menschheit. Keine Kinder. Und es wäre eine Herabsetzung jeden Weibes, denn nicht jeder macht sich zum Sklaven des Geschlechtstriebes. Wenn er aus Liebe stattfindet, dann ist er auch rein und unbefleckt.

<u>Jesus wurde also in einem Moment der reinsten Liebe gezeugt von einer (bis dahin) Jungfrau. Die Zeugung war deshalb unbefleckt.</u>

Wohl dem, der heuer an Weihnachten an den wahren Grund des Festes denkt. IHM gedenkt. Und nicht nur an diesen Tagen, sondern das Licht und den Segen daraus aufnimmt und weiterträgt in das nächste Jahr.

Friedwald und Ruheforst

Gehören Sie zu den Menschen, die mit Angst vor dem Sterben leben? Nicht daran denken wollen oder auf keine Beerdigung gehen! Die lieber nichts davon hören wollen, weil es ja gar so schrecklich sei?
  Dann besuchen Sie doch einfach einmal einen Friedwald! Oder einen Ruheforst. Dort werden die menschlichen Überreste als Asche in zersetzbaren Urnen rund um einen Baum beigesetzt.

Symbolisch wird hier zur Andacht die Urne in der Mitte des Baumes abgestellt.
  In einem Fenster, quasi vom Diesseits ins Jenseits.
  Sie verlassen einen Raum und betreten einen anderen.
  Lediglich in einem anderen Gewand.

Einen friedlicheren Ort habe ich niemals gefunden als einen Ruheforst.
  Ich gebe Ihnen die Hand. Greifen Sie einfach zu.
  Ein Ort, an dem Sie schweigen können. Einfach so sein und nach einiger Zeit merken Sie, dass sich das Denken verändert. Dass Sie ruhiger werden. Dass Sie das annehmen können. Diesen Ort.
  Es gibt keine Toten, die wie Gespenster hinter Ihnen herlaufen und Ihnen das Gruseln beibringen. Es geht lediglich um die letzte Ehre und

weil der Mensch einen Ort zum Trauern braucht und einen Ort, an welchem er mit seinem verstorbenen Menschen sprechen kann. Kommunizieren. In welcher Form auch immer.

Sicherlich kann man das an jedem Ort tun, aber es ist auch ein Akt der Würde und Achtung dem Verstorbenen gegenüber, ihm für eine Zeit ein sichtbares Andenken zu bewahren.

Gut sein ist doch so einfach

Sähe und pflanze,

baue immer auf,

nehme Niemandem

den Mut und die Zuversicht

durch ein liebloses Wort.

Sei nie ohne Liebe,

aber auch nicht schwach

oder weich.

©Sinngemäß aus einem Beitrag der Gralsbotschaft

Das Buch Ephesus

Beim Lesen kam ich ins Straucheln -

Aus dieser Reihe *Verwehte Zeit erwacht* habe ich schon zwei andere Bücher, die mich sehr gefesselt haben.
  Zu Beginn dieses Buches war auch alles schlüssig für mich.

Wenn jemand auf eine „Menschenrasse" trifft, bei denen es weder Frauen noch Kinder gibt, geben soll, da fragt man sich doch, ob die einfach vom Himmel gefallen sind!?
  Dass die ein drittes Auge haben sollen zwischen den Brauen, welches so hell wie eine Taschenlampe leuchtet... mag ja sein. Es gibt ja auch fluoreszierende Fische. Aber wenn es in einem Ort, Dorf oder was auch immer keine Kinder und Frauen gibt und diese Menschen nicht mal ein Verständnis dafür haben wollen, da hört bei mir die Logik doch auf.
  Das sogenannte dritte Auge gibt es ja, aber es ist eher ein geistiges Sehen durch dieses, weil diese Stelle zwischen den Augenbrauen mit dem Chakra für ein geistiges Sehen steht.

Als Leserin und Bekennerin der Gralsbotschaft kann ich mir beim besten Willen nicht vorstellen, dass der Verfasser der Gralsbotschaft diesen Inhalt abgesegnet haben soll. Es widerspricht jeglicher Logik und Folgerichtigkeit. Im Laufe der Jahre wurden Abdrushin immer mehr Worte und Taten untergeschoben, die mit der Wahrheit nicht in Übereinstimmung stehen. Abdrushin hätte niemals den Inhalt dieses Buches so abgesegnet. Das ist gewiss!
  Ein Geschehen, welches unabdingbar ist in den Urgesetzen des Weltalles und der Gesetze Gottes.
  Einige Inhalte des Buches sind, egal, ob sie so geschehen sind oder nicht, gut und hilfreich. Ich will also nicht den ganzen Wert des Buches herabsetzen.

Das Fazit lautet: Wir sollten alles prüfen, was an uns herangetragen wird.

Sicht und Einstellung

Wir neigen oft dazu, uns mit zu vielen Gedanken herumzuschlagen.
Wir müssen dies und jenes noch zu Ende denken. Wir könnten etwas verpassen.
Das macht nervös und unrund.

Ich habe eine ganz bestimmte (innere) Einstellung für mich gefunden, die mich das alles im Augenblick vergessen lässt. Es ist so, als würde ich meinen Blick nach innen richten, aber ohne das Geschehen um mich herum aus den Augen zu verlieren. Denn gerade im Straßenverkehr müssen wir hellwach sein.

Ich schau nach innen, habe aber meine Antennen ausgefahren. Denke halt nichts nach sondern bin nur im Augenblick.
Es ist ein entspanntes Sein, habe ich für mich festgestellt.
Manchmal dauert es lange, bis man den richtigen Weg für etwas gefunden hat.

Den möchte ich Euch gerne zeigen.

Es sind die vielen Feinheiten des Seins und auf Erden Lebens, die sich immer mehr zu einem Puzzle zusammensetzen oder zu Teilen eines Motors werden. Eines Getriebes, welches wir anzuwenden lernen müssen im Guten.

Tatsachen

Wenn ein Mensch Fähigkeiten besitzt,
die über das Verstehenkönnen der Mitmenschen hinausgehen,
so wird dieser unschädlich gemacht.

© Johanna Amo

Das innere Drängen loswerden

Jeder kennt das wahrscheinlich. Etwas drängelt im Hinterkopf.

Etwas, was Ihr immer mal tun wolltet. Egal, was Ihr tut, der Gedanke daran lässt sich nicht abschütteln.

Dann gibt es nur Eines: Einfach anpacken die Sache, selbst, wenn es sich als Fehlgriff herausstellt.

Würdet Ihr es nicht probiert haben, würde Euch bis ins Grab der Gedanke, die Sehnsucht, die Empfindung darnach nachhängen: *Ach, warum habe ich dies oder jenes nicht getan? Wer weiß, wie schön das gewesen wäre. Das war immer MEIN Traum. MEIN größtes Glück.*

Als Ihr es getan habt, stelltet Ihr fest: Das war der größte Reinfall aller Zeiten. Das war schlecht und absolut nicht den Vorstellungen, Versprechungen, entsprechend.

In diesem Moment habt Ihr damit abgeschlossen und könnt auf neuen Wegen weitergehen. Das innere Drängen ist verschwunden und kann Euch nicht mehr anhängen.

Anmerkung: Dennoch solltet Ihr auf ein Zögern oder Zaudern in Euch hören, denn gemäß dem Spruch: *Wenn Du Dir bei einer Sache nicht sicher bist, dann heißt die Antwort NEIN!*

Die Grenzen der Moral, der körperlichen und damit auch seelischen Unversehrtheit sollte bei solch einem inneren Drängen niemals überschritten werden.

Willkür und der freie Wille

Wir fragen uns oft, warum Gott uns in dieser oder jener Situation nicht geholfen hat. Wo wir ihn doch so angefleht haben.

Das Problem liegt im Anbeginn und den Gottgesetzen selber, denn Gott hat Gesetze erschaffen – in die Welt gestellt – auf denen alles aufgebaut ist.

Es wäre unlogisch, von Gott zu verlangen, Willkürakte durchzuführen, denn er hat nunmal dem Menschen den freien Willen mitgegeben. Dem Menschengeist. Nur durch die Betätigung des freien Willens in der Schöpfung kann der Mensch reifen und erstarken, um so, voll gereift, eines Tages wieder in das Paradies eingehen zu können.

Gott und seine Helfer, die Wesenhaften, können vielleicht leicht auf eine Menschenseele einzuwirken versuchen, aber nie so drängen, dass er nicht mehr selber entscheiden kann.

Der Mensch kann, soll und muss immer selber entscheiden, wie er handelt. Leider. Aber auch unabdingbar.

Der einzige Trost, wenn wir hier auf Erden leiden müssen ist der, dass dies nur in der Stofflichkeit passieren kann. Dass im Paradies dieses Leiden, Wehtun, diese Ungerechtigkeit... nicht mehr stattfindet. Weil jeder, der wieder dorthin zurückkehrt, muss alle dunklen Hüllen, alles Schlechte an sich, in sich, erst abgelegt, abgelebt haben, um dort eingehen zu können.

Dieses Leben kann schön sein.

Das Sein im Paradies aber ist des Menschen höchstes Glück und Ziel.

Das tiefe Erleben

Es ist manchmal nicht so einfach, hinter die Kulissen der Geschehnisse zu schauen.

Ein Beispiel zum Versuch, es zu erklären:
Eigentlich weißt du genau, dass du etwas Bestimmtes tun solltest. Es ist mit etwas Aufwand verbunden, aber du findest (vor dir) immer wieder Ausreden und Erklärungen, weshalb du das grad nicht tun kannst.

Dann tritt eines Tages etwas in dein Leben, welches dir jeden Tag alles abverlangt. Etwas, was du nicht einfach ablegen oder beiseite schieben kannst. Es trifft dich hart und schwer in deinem Innersten. Es erschüttert dich von Zeit zu Zeit bis auf das Mark.

Irgendwann kommt dir die Erkenntnis, was du versäumt hast, als du nicht tatest, was du solltest. Denn auch bei dieser Aufgabe, die du hast liegen lassen, wäre dir ein großes Erleben gekommen, welches deine Seele stark berührt hätte.

Vielleicht auf eine andere Art und Weise. Eine nach deinem Empfinden schönere Art der Erschütterung. Des Erlebens.

Das Erleben hattest du. Die Tiefe des Erlebens. Nur auf eine andere Art und während dir, wenn du dich freiwillig aufgerafft hättest, das zu tun, was du solltest, ein freudiges Erschüttern gekommen wäre, so hast du nun oft Traurigkeit in dir über das Versäumte.

Dir ist klar, dass du die Zeit nicht zurückdrehen kannst. Die tiefe Reue, die dann in dir aufsteigt, kann dann aber eines Tages alles sich wieder zum Guten wenden lassen, weil mit der Reue und Einsicht sich der Menschengeist so ändern kann, dass die alten Fäden abfallen.

Mit dem Glauben an Gott hadern

und Gott erkennen

Viele Menschen hadern mit Gott, ob es ihn überhaupt gibt, wenn jemand stirbt, von dem man es nicht erwartet hätte. Wenn einen jemand verlässt, den man liebt. Der Partner. Das Kind.

Es gibt eine gewisse Lebenserwartung, die mit den Jahrhunderten offenbar gestiegen ist. Das ist das Alter, welches ein Mensch oder ein Tier bei guter Gesundheit und ohne Unfall oder dgl. erreichen kann. Wenn dann jemand früher stirbt, hadern sie mit Gott. Fragen nach dem Warum?

Eines Tages erfuhr ich, dass meine Hündin unheilbar erkrankt ist.

Natürlich habe auch ich mich erst einmal gefragt: Warum? Warum gerade sie? Und ja, ich muss weinen, wenn ich sehe, wie sie leidet, wenn sie wieder an einer Begleiterscheinung leidet.

Bei einem Waldspaziergang trug ich Gott meine Fragen und Gedanken dazu vor und ich habe auch innerliche Antworten gefunden. Die ich hier aber nicht in Worten wiedergeben möchte. Worte würden nicht beschreiben können, was ich aufgenommen habe.

Es ist, wie es ist. Jeder Mensch und jedes Tier hat seine Zeit und alles hat (s)einen Sinn. Ich werde meiner Hündin das Leben, welches sie hat, so schön wie möglich machen, sie dennoch, soweit als möglich, fördern und fordern. Damit sie, solange wie möglich, ein kleiner, mehr oder weniger, selbstbewusster Hund sein kann.

Ich liebe diesen kleinen Hund von ganzem Herzen und über Grenzen hinaus. Für nichts und niemanden würde ich sie in andere Hände geben (können). Erst recht jetzt nicht, wo ich um ihre Erkrankung weiß.

Erziehen erzieht. Das gilt auch für einen Hund. Meine Hündin hat mich so einiges gelehrt. Die Zeit mit ihr will ich so intensiv leben, wie es eben geht. Ich will nicht herumlamentieren, dass und warum sie sterben muss, denn die Zeit ist kostbar. Jede Sekunde davon. Und je intensiver wir diese Zeit leben, desto mehr Gewinn haben wir als Mensch davon.

Da ich gekommen bin, alles auszukosten, was es an Unglücken und Katastrophen gibt (geben kann), um einen Ausweg daraus zu finden, so musste schlussendlich auch dies geschehen.

Auch wenn meine Hündin stirbt. Ihre Seele ist ja nicht verschwunden.

Für einen Menschengeist ist die Erde ist nur ein Sprungbrett auf dem Weg zurück ins Paradies.

Für eine Tierseele der Gang ins Wesenhafte hinein. Je bewusster sich solch ein Tier war, desto länger bleibt ihm seine Form und sein Wesen erhalten.

Als ich erkannte, wie groß GOTT als Einzig Wesenloser in Wahrheit IST, raubte es mir zuerst die Sinne.

Je öfter ich in stiller Stunde mich bemühe, GOTT näher zu kommen; mich ihm zu nähern in der Empfindung, je deutlicher wird er in mir.

Wobei Ihr Euch niemals ein Bild von ihm werdet machen können, aber Ihr könnt Euch ein Auge in vollster Vollkommenheit vorstellen, in das Ihr blickt.

Wichtigkeit der Sinne in ihrer Reihenfolge

Schon oft fragte ich mich, welcher unserer Sinne wohl der Wichtigste sei.

Im Prinzip sind alle Sinne mit gleicher Wichtigkeit zu betrachten, aber...

Sehen: Ein Bild kann per Internet, im TV, Smartphone, als Foto übertragen werden.

Hören: Worte, Töne, Geräusche können ebenso übertragen werden.

Riechen: Kein Geruch, Duft, kann per Smartphone, Internet, TV übertragen werden. Alles, was über den Äther bei uns ankommt, ist geruchlos.

Schmecken: Ebenso ist es umgekehrt mit dem Schmecken. Niemand kann uns einen Geschmack via Äther übertragen.

Tastsinn, Gefühle, Emotionen: Auch die Gefühle, Emotionen, oder wie es sich anfühlt, eine bestimmte Berührung, können nicht dargestellt oder übertragen werden.

1. Wir können weiterleben, wenn wir unser Augenlicht verlieren. Es ist sehr hinderlich und vielleicht seelisch schmerzlich, nicht mehr sehen zu können, aber es lässt Leben dennoch zu. Durch die Sinne Riechen, Schmecken, Fühlen kann der Verlust komprimiert werden

2. Wir können (weiter)leben, wenn wir taub sind oder taub geboren wurden. – Ebenso hier kann der Verlust durch des Hörsinnes durch Riechen, Schmecken, Fühlen komprimiert werden.

3./4. Nicht riechen zu können, nicht schmecken zu können, ist ein großes Manko und kann auch gefährlich werden, wenn wir dadurch giftige Stoffe in der Luft oder im Essen nicht wahrnehmen können. Es kann durch Sehen und Hören aber zum Teil komprimiert werden.

5. Der Tastsinn, das nicht Fühlen, Spüren können, ist wohl der Sinn, ohne den der Mensch nicht weiterleben könnte. Nicht leben könnte. Mit dem Fehlen dieser Sinne können wir unsren Körper weder wahrnehmen noch bewegen. Nicht Freude und Leid empfinden zu können.

Keine Regung zu haben, käme dem sicheren Tod gleich.

Somit ist klar, welches der wichtigste Sinn überhaupt ist. Wobei ich noch unterscheiden würde zwischen denjenigen Sinnen, die übertragbar sind und denen, die nicht übertragbar sind, da sie feiner stofflich sind. Quasi unsichtbar.

Der Körper, der einer Menschenseele zur Verfügung gestellt wurde, ist ein wahres Meisterwerk. Ein kleines Abbild des Universums, wie ich finde.

Worst-Case und Frieden

Wir ärgern uns darüber, dass die Nachbarländer keinen Frieden halten können.

Dann taucht bei uns der schlimmste, anzunehmende Umstand auf in einer Sache und wir gehen in die Luft. Schreien Zeter und Mordio.

Ja, aber so geht es nicht, meine Lieben!
Das muss ich mir sogar selber sagen.

Erstens treten solche Dinge so lange auf, bis wir daraus gelernt haben. Gelernt und verstanden, mit diesen Dingen, Szenarien, Unglücken, umzugehen. Und zwar in Frieden.

Diplomatie scheint mir ein Zauberwort zu sein.
Schlimme Worte in Humor einpacken.
Dem Gegenüber eine Brücke bauen, dass er einem entgegenkommen kann in seinem Handeln und nicht durch Worte die Brücke abschlagen und dann noch draufhauen.

Es wäre leicht, Frieden zu halten. Für jeden von uns.
Leider steckt aber in vielen Menschen irgendwas im Kopf drin, was man „ich habe Angst, meine Würde zu verlieren, mein Ansehen, etwas zugeben zu müssen" nennt, welches ihn hart macht und auf seinem Standpunkt bestehen lässt.

Da müsst Ihr dann eine Brücke bauen, auch wenn Ihr quasi die Opfer seid. Die Belämmerten. Die, denen etwas zu Schaden gekommen ist. Wie auch immer.
Dazu die richtigen Worte zu finden, wünsche ich Euch in der Zukunft. Fangt mit dem Frieden halten bei Euch selber an. Mich eingeschlossen.

Es ist ein Dienen, dem anderen, und sich selber, zur Reife zu verhelfen. Zur inneren Größe. Sich selbst zu überwinden. Denn das ist ein gutes Gefühl, wenn Ihr da durch seid.

Es ist leicht gesagt: Frieden machen und halten... wenn nicht einmal zwei Menschen miteinander kommunizieren können.

Du meinst, du hast einen besten Freund, der dir diese Freundschaft aus dir unbekannten Gründen einfach „storniert", ohne mit dir weiter zu reden. Ohne dir zu erklären, was Sache ist. Du wirst aus dem Leben eines Menschen gestrichen, ohne dass du weißt, was du seiner Meinung nach getan hast.

Und wenn man so ein Verhalten dann mal hochrechnet auf alle Menschheit... sagt selber, wie soll da Frieden entstehen können?

Die Menschen sind so voller Eitelkeit und kleinem Selbstbewusstsein, dass sie nicht in der Lage ist, einen Fehler einzugestehen. Nicht in der Lage, auf jemanden zuzugehen und die eigene Haltung zu korrigieren.

Für den Frieden der Welt sehe ich nicht grad rosig.

Mit Gemeinheiten umgehen

Jeder kennt das wahrscheinlich von Euch.

Menschen, die Euch gegenübertreten und Gemeinheiten, Bosheiten, Widerwärtigkeiten von sich geben, bei denen man selber am liebsten im Erdboden versinken möchte.

Solche Sachen, die einem seelische Wunden zufügen (können), wenn wir grad eine dünne Haut haben. Dazu gibt es ein schönes Sprichwort:

Bosheiten schnell runterschlucken – bloß nicht kauen.

Bittere Arznei schluckt man auch am liebsten schnell runter, damit man den Geschmack nicht im Mund und auf der Zunge hat.

Überlasst es Eurem Magen, Euren Gedärmen, Eurer Leber und den Nieren, diese Abartigkeiten zu verdauen, zu reinigen und auszuscheiden. Gemäß dem Sprichwort:

„Mein ist die Rache und ich will vergelten" (spricht der HERR).

In diesem Falle sind unsere Verdauungs- und Reinigungsorgane der Wille und die Rache Gottes. Überlasst es ihm, wie er Euch rächen will und wird und beschmutzt Euch nicht selber, indem Ihr Euch auf gleiche Stufe mit den Unholden stellt.

Beißt Euch lieber die Zunge ab und schweigt, als Euch über Bosheiten anderer Menschen auszulassen.

Das Beste ist sogar, wenn Ihr, trotz des momentanen Schmerzes, den Gedanken daran aus Eurem Herzen verbannt.
Denn dann kann das Urlicht und die Kraft Gottes in voller Stärke seine Arbeit tun.

„SEIN ist die Rache und ER wird vergelten."

Jeder im Voraus geschickte Gedanke über die Art, wie Gott Euch rächen wird wollen, schwächt die Auswirkung Seines Richtens.

Aber seid gewiss, dass es geschehen wird.
Wenn Ihr den Mut habt, es zuzulassen.
Nicht zu Säbel und Keule greift.

Beichte und Vergebung

„Wem Ihr seine Sünden vergebt, dem sind sie vergeben."
Dieses Sprichwort aus der Bibel kennt sicher fast jeder.

Vor einiger Zeit sprach ich mit einem jungen Mann, der mir am Telefon sagte, ich solle doch mal wieder zur Beichte gehen und es wäre ein so erhebendes Gefühl, wenn einem danach alle Schuld vergeben wäre.
Meist antworte ich auf solche Äußerungen nicht. Was soll ich auch sagen... denn das o. g. Sprichwort wird falsch interpretiert.
Du selber, Mensch, du kannst zu deinem Nebenmenschen sagen: Deine Sünde (Schuld) sei dir vergeben. Die Schuld, die der Nebenmensch dir angetan hat. Dann ist die Schuld gesühnt.
Du kannst aber nicht (genausowenig wie ein Priester) hingehen und sagen: *Das, was du jemandem angetan hast, ist dir hiermit vergeben...*

Nur immer derjenige, dem du etwas angetan hast, kann dir vergeben!

Wenn er dir nicht vergibt, kannst du aber dennoch Vergebung erlangen, indem du zutiefst bereust. Dann geht die Vergebung über Gottes Gesetz. Dann folgt die Lösung von der Schuld dadurch, dass du jemand anderem etwas Gutes tust. An einem Mitmenschen etwas Gutes tust. Das ist dann eine symbolische Ablösung der Schuld. Damit ist dir dann die Schuld vergeben, wenn... du dich im Inneren so gewandelt hast, dass du so etwas nicht wieder tun würdest.

Derjenige aber, der nicht zu Vergeben bereit war, wird es schwer haben, ins Paradies eintreten zu können, denn seine Härte legt sich wie ein dunkler Film um seine Seele. In diesem Zustand kann er nicht ins Paradies eintreten.

Deshalb ist Vergebung für jeden ein Segen. Für den, der vergibt und ebenso für den, der Vergebung erlangt.

Die Lebensaufgabe

Manche Erkenntnisse brauchen lange.

Manche Erkenntnisse entsprechen nicht unbedingt der Realität.

Es gibt da so Tage, an denen ich grundlos verzagt bin. Ja geradezu verzweifelt.

Wo ich Rotz und Wasser heule und einen unbändigen, innerlichen Schmerz fühle.

Es gibt doch keinen Grund, traurig, verzagt oder verzweifelt zu sein!, denke ich mir.

Mal abgesehen von den körperlichen Erkrankungen, die mich behindern.

Dann such(t)e ich nach Gründen dafür.
Für die Traurigkeit.
Die Verzagtheit.
Diesen unbändigen Schmerz in mir.

Das sind Tage, an denen ich denke: *Wenn ich nun heute stürbe, war ich dann gut genug für diese Welt? Oder nicht gut genug in den Augen Gottes?...* Dachte ich und werde ich sicher immer denken.

Die Sorge, nicht gut genug zu sein für Gott.

In seinen Augen.

Aber wenn mir dann mit einem Schlag die Erkenntnis erwächst, dass dieses Leid in mir; die Schmerzen, Tränen, die Verzagtheit, Traurigkeit... nichts mit mir persönlich zu tun haben.

Dass es meiner Aufgabe auf Erden geschuldet ist, dies zu ertragen. Mitzuleiden.

Das Mitleiden.

Ein Aufnehmen der unsichtbaren Ströme meiner seelischen Gleichgesinnten.

Oder wie immer man das nennen mag.

Dass es an mich herantritt. Auf Eintritt wartet. Dass ich diese Ströme aufnehme, durch mich hindurch lasse. Und durch dieses *Durchmichhindurch* verändert sich etwas. Löst sich etwas aus. Bei den anderen.

Eine Auslösung, ein Anstoß für eine Änderung, oder wie immer Ihr das bezeichnen wollt.

Schon früher, und die Erkenntnis kommt auch dazu, habe ich bei vielen Menschen, die mir begegnen, genau deren momentane Stimmung gespürt.

Wie sie sich fühlen.

Wie sie grad empfinden.

Was sie empfinden.

Ich habe es körperlich und seelisch nachempfunden.

Und dennoch hatte es nichts mit mir zu tun.

Das ist die Erkenntnis. Dass das, was auch unsichtbar, ohne dass ich die Personen grad zu Gesicht bekomme, an mich herantritt, ich aufnehme, empfinde, durch mich hindurch lasse.

Und mit dieser Erkenntnis habe ich auch den Grund meiner Zappeligkeit gefunden.

Die Wurzel dieses Dranges, dass man aus dem eigenen Körper springen möchte.

Am Liebsten…

Wenn dann diese ganzen Anliegen über mir schweben.
  Um mich herum.
  Ich mich aber gesperrt habe, sie aufzunehmen.
  Ich aber dennoch meine Aufgabe erfüllen muss.
  Das ist eine ständige Nervosität. So in der Art.
  Es setzt unter Druck.
  Das Innere vibriert und brodelt wie kochendes Wasser.

Und wenn ich mich nun darauf einstelle; das so hinnehme,
  das Erledige, was ich erledigen muss,
  es einlassen, durchlassen, wieder rauslassen,
  gleich einer Linse fungiere,
  einem Posten, den man wo aufstellt…
  dann ist endlich Ruhe in mir eingekehrt.

Nur muss ich mir immer dessen bewusst bleiben.

Ihr könnt Euch das vorstellen mit Euren Smartphones.
  Die Vernetzung.
  Wenn Ihr Empfang haben wollt von dem Satelliten, von dem die Strahlen ausgehen, dann müssen auf Erden überall Posten sein, die diese Strahlen aufnehmen und weiter verteilen.

So ist das auch bei mir.

Ich bin einfach nur ein Menschengeist, der eine Aufgabe empfindet und diese auch erfüllen möchte.

Erkenntnisse lebendig halten

Wenn ich eine Erkenntnis gewonnen habe, so darf ich nicht einfach weitergehen, und diese Erkenntnis dort zurücklassen.

Sie muss gehegt und gepflegt werden. Mit einem Faden mit mir verknotet, so dass ich sie im Weitergehen nicht verliere.

Dann muss ich sie hegen und pflegen.
Sie immer im Bewusstsein haben.
Sie leben.
Sie muss in Fleisch und Blut übergehen.

So kann sie stark und immer stärker werden, aus dem Universum, wie aus einer Cloud, weitere Energie der gleichen Art, wie magnetisch, anziehen.

Bis mich diese Erkenntnis eines Tages so ausfüllt, dass sie Teil meiner Selbst geworden ist und auch von mir auf andere ausgehen kann.

Hilfe und hilflos

Ich bin sehr lange unterdrückt worden. Weil ich etwas zu sagen hatte, ohne viel zu sagen.

Weil ich etwas zu geben hatte, ohne einen großen Hermann darum zu machen.

Egal wohin ich kam und was ich tat, wurde ich von den Menschen blockiert.

Auch dann, wenn es Vielen hätte helfen können.

Man hat(te) Angst, dass ich jemandem den „Rang ablaufen" könnte, obwohl sowas niemals in meiner Absicht lag und auch jetzt nicht liegt.

Man hatte Angst, ich könnte zu groß werden.

Warum sollte man mir eine Tür offen halten oder öffnen, wenn man dann selber im Schatten stehen würde?

Sicherlich wird sich das irgendwann rächen, solch ein Verhalten an den Tag gelegt zu haben.

Nicht von mir, denn Rache liegt mir fern.

Mit... es wird sich rächen, meine ich etwas ganz anderes.

Die eigene Art, Entwickelung, die durch so ein Verhalten, ständig jemanden zu unterdrücken, runter drücken zu wollen, macht ja nicht grad die Seele hell.

Was glaubt denn dann so ein Mensch? Dass er von Gott mit offenen Armen empfangen wird?

Das meine ich damit.

Das ist alles.

Ich wollte das hier nur einmal zur Sprache bringen.

Der Schritt in die andere Welt

Ich gehe gern öfter mal auf dem Friedhof spazieren. Dort fahren keine Autos und in der Regel auch keine Radfahrer. Ruhe...

Manchmal, da hat man so Eingebungen. Es sind oft nur Bruchteile von Sekunden, aber die haben es in sich. Der Versuch, diese Empfindung/Eingebung wieder zurückzurufen, um es weiter nachzuempfinden, scheitert oft.

So war es heute Vormittag auf dem Friedhof. Wir waren fast wieder am Ausgang und auf einmal sah ich es so, wie es war: Es kommt der Augenblick – und das kann eben jeden Augenblick geschehen – an dem wir aus dieser in die andere Welt abtreten. Wechseln.

Ich sah mich diesen Schritt getan zu haben und empfand mit voller Wucht, wie es ist, plötzlich alles zurücklassen zu müssen. Alles zurückzulassen. Und in diesem Bruchteil der Sekunde war mir auch klar, dass es besser wäre, nicht so viel zu haben, an das man seine Sehnsucht hängt hier auf Erden. Dass es besser ist, seine Sinne und Sehnsüchte auf das Weiterkommen zu lenken.

Zumindest zu gegebener Zeit.

Und da bin ich sicher, dass ein jeder Mensch zu bestimmter Zeit diesen Augenblick erlebt, empfindet, so wie ich ihn heute erlebt und empfunden habe.

Du stehst plötzlich in dieser anderen Welt und blickst kurz zurück. In meinem Falle war es nur kurz, aber es hat doch einen leichten bitteren Nachgeschmack gegeben. Kein Festhalten wollen. Eher die Ungewissheit, ob man genügend darauf hingearbeitet hat, auf diesen Schritt, und sich bemüht hat, wirklich ein guter Mensch zu sein. Nicht nur nach außen hin.

Wir Menschen leiden oft unter einer gewissen Selbstüberschätzung, was unseren tatsächlichen Charakter, unsere tatsächlichen Eigenschaften, betrifft. Die meisten Menschen geben nicht einmal vor sich selber zu, falsch gehandelt zu haben. Wie sollen sie da Unrecht einsehen und wieder gutmachen können?
Eben...

Also habt den Mut, Fehler einzugestehen. Lebt nach dem Grundsatz, niemandem mit Absicht etwas Böses zu tun und wenn ihr einen Fehler gemacht hat, gesteht ihn ein. Entschuldigt Euch. Versucht, es wieder gut zu machen, denn... „Eure Fehler folgen Euch nach" – heißt es schon in der Bibel. Mit dem Ableben ist nicht einfach alle Schuld vergeben und vergessen. Du musst auch in dieser anderen Welt weiter an dir arbeiten, um aufsteigen zu können. Um eines Tages eingehen zu können ins Paradies.

Wer aber felsenfest glaubt – und auch auf keinen Fall darin umgestimmt werden möchte – dass das Paradies hier auf Erden sich befindet oder es dieses gar nicht gibt... der möge hingehen und sein Ding machen.

Möge er sich dann von den eintretenden Tatsachen einholen lassen.

Drei Tage sollst du warten

Manchmal braucht es Jahre, unter Umständen Jahrzehnte, bis man eine Lektion gelernt hat. Es stellt sich die Frage, warum das so ist?

Ich habe die Erfahrung gemacht, dass, beginnend bei einem Vorkommnis, eine Entscheidung drei Tage braucht, um zu reifen. Heißt, erst nach drei Tagen hat sich alles so sortiert, dass die Entscheidung ein Bild gibt.

Ihr könnt Euch das so vorstellen, dass z. B. Euer Körper aus lauter Puzzleteilen besteht. Dieses Ereignis, welches auf Euch zugekommen ist, schwirrt wie Puzzleteile in Euch herum. Und alles ist magnetisch. Das eine hat einen Pluspol, das andere einen Minuspol. Das eine Teil ist stärker magnetisch als das andere.

Und nun kommt die Arbeit des Universums, welche, je nach Stärke des Magnetismus, die Teile, verstärkt durch Anziehung gleicher Art, stärkt oder aber abschwächt. So setzt sich dann das Puzzle Stück für Stück zusammen, bis es, Euch im Geiste sichtbar, ein Bild ergibt.

Es gibt Momente, in denen eine sofortige Entscheidung nötig ist; kein Abwarten möglich ist… so müsst Ihr auf Bauch und Kopf hören.

Dabei gibt es aber auch eine Entscheidungshilfe, denn:

Wenn Du dir bei einer Sache nicht sicher bist, heißt die Antwort Nein!
Damit fahrt Ihr richtig, auch wenn es vielleicht erst ein wenig später sichtbar und sicher wird.

Gerade hatte ich selber wieder so eine Entscheidung, die ich fällen musste. Ich hätte mich gegen Etwas entscheiden können und wäre, vor dem Gesetz sozusagen, auf der sicheren Seite gewesen.

Da ich Zweifel hatte, etwas zu tun, was ich vorhatte, kam mir dann dieser Spruch wieder (und je öfter Ihr das praktiziert, desto leichter kommt diese Frage ganz allein auf) und ich entschied mich also dagegen.

Erst ein paar Stunden später stellte sich heraus, dass es sogar zu meinen Gunsten war, so entschieden zu haben und dass ich damit ehrenhaft gehandelt hatte. Ja, und das freut dann auch ein Herz wie mich.

In diesem Sinne Allen ein allzeit gutes und gerechtes Handeln.

Frage Dich vorher

Wer kennt das nicht: Wir haben etwas getan und sind in die Bedrängnis gekommen.

Dann bitten wir Gott um Hilfe, dass er uns da raushelfen möge.

Ist es nicht besser, Gott vorher zu fragen, ob diese oder jene Aktion die Richtige ist?

Gott zu fragen, ob es sein Wohlwollen habe, wenn wir dies oder jenes tun?

Wenn wir Gott fragen, was er in unserer Situation tun würde?

... und wenn wir dann in uns hineinhören, werden wir auch eine Antwort finden. In der Stille, denn im Lärm um uns herum können wir unsere innere Stimme nicht (mehr) wahrnehmen.

Auf diese Weise können wir dann die eine oder andere Handlung unterlassen, die uns Ärger und Unmut gebracht hätte.

Oder anders handeln, so dass sich die Dinge zum Guten wenden können.

Den Weg Richtung Osten gehen

O-Stern – Was einfach sagt, dass mit Ostern (auch) ein besonderer Stern am Himmel aufgegangen ist.

oder

Ost-Ern – wobei *Ern* ja so viel wie *Flur* bedeutet, was heißen könnte, den Weg Richtung Osten gehen…

oder einfach nur

gen Ostern?

Ehrlich gesagt, kann ich diese Halli-Galli-Veranstaltungen zu Ostern nicht nachvollziehen. Riesen-Megapartys mit großer Leinwand, Bands und TamTam. Von – bis. Mit Saufgelage und Randale.

Was...? bitte schön, hat das noch mit Ostern zu tun? ... und ich weiß schon jetzt, dass mir diese Worte wieder viele Buh-Rufe einbringen werden.

Auch wenn man nicht an Gott glaubt, so sollte man doch diesen Tag nicht derart verunstalten und andere Suchende mit runterziehen. Mehr und mehr Menschen verlieren den Sinn für das Wesentliche im Leben. Den Glauben an Gott. An die Sendung von Jesus. An seine Kreuzigung und Auferstehung.

Eine Auferstehung, die NICHT im Fleische war, denn nicht jeder konnte Jesus damals erkennen. Nur die Menschen, die vom Ereignis bewegt waren, sahen seinen feinstofflichen Körper. Damit wollte Jesus uns zeigen, dass es ein Leben nach dem irdischen Tode gibt.

Zuerst in diesem feinstofflichen Körper (nach dem Ableben) und erst dann, wenn der Mensch vollkommen gereift und rein geworden ist, ist er so leicht und licht, dass er wieder eintreten kann ins Paradies, aus dem er nie wieder auf diese Erde zurückkehren muss.

Dass Jesus aus dem Grab verschwunden war bedeutet einfach, dass Menschen ihn, den Leichnam, damals dort herausgeholt und an einen sicheren Ort gebracht haben, um ihn vor weiteren Übergriffen zu schützen.

Balanceakt und Gleichgewicht

Das Leben im Gleichgewicht zu halten ist ein ewiger Balanceakt.

Es gibt Tage, da denkt man: Oh, es geht mir grad richtig gut. Ich bin so richtig im Gleichgewicht und im Reinen mit mir.

Genau da beginnt das Seil dann zu wackeln, denn sobald wir anfangen zu denken, geraten wir aus dem Gleichgewicht.

Es ist im Kleinen so wie im Großen. Versuchen Sie einmal, auf einem Band zu balancieren. Oder einem Mauervorsprung; einem Balken. Es kann ruhig kurz über dem Boden sein. Sie sollen ja nicht wirklich fallen.

Solange Sie sich konzentrieren und nichts denken, funktioniert das Balancieren gut, aber sobald sie einen Gedanken *fassen*, lässt die Konzentration nach und sie kommen ins Trudeln.

Und das ist ja ein Naturgesetz. Es lässt sich, wie alles, auch auf das Leben übertragen.

Natürlich kann man nicht in jeder Sekunde des Lebens hochkonzentriert oder gedankenleer sein. Dafür hat ein Seil, ein Mauervorsprung oder ein Balken ja auch meist zwei Enden. Eine Zeit, in der Sie loslassen können. Neue Kraft schöpfen und das gute Gefühl, es geschafft zu haben.

Es geht darum, dass wir den Kopf, das „Rationale" öfter ausschalten sollten und nach der Empfindung handeln. Sich einfach dem Inneren zuwenden.

Schauen Sie also, dass Sie in den richtigen Momenten loslassen, um sich zu sammeln, vielleicht neu zu überdenken oder sich zu sagen: Ich bin im Gleichgewicht.

Austreibung

Alles was reif ist, muss hinaus.

Es wird sozusagen ausgetrieben. Es drängt darnach.

Das ist ein Naturgesetz.

Es ist auch beim Körper so. Die Ausscheidungen. Achten Sie einmal darauf (ich weiß, Mensch spricht nicht gern darüber), aber jede Ausscheidung kommt dem Vorgang einer kleinen Wehe gleich. Bei der Geburt ist damit sogar noch ein großer Austreibungs-Schmerz verbunden.

Aber alles ist Austreibung.

Sobald eine Sache, ein Mensch, Lebewesen, Pflanze, Saat... reif ist, kommt sie in die Austreibungsphase. Wird, auf Deutsch gesagt, geboren. Kommt zum Leben.

Können Sie das als ein Naturgesetz erkennen?

Anerkennen?

Und dass dieses Naturgesetz für alles gilt, was in der Natur vorkommt?!

Und wenn Sie das erkennen und anerkennen, dann verstehen Sie vielleicht auch, dass es so mit der Menschenseele ist. War. Als sie eines Tages aus dem Geistigen (Paradies) ausgetrieben (vertrieben) wurde.

Da wurde von den Schreibern der Bibel etwas vermischt, was die Sache für das Verständnis der Menschen erschwert. Dazu später vielleicht mehr.

Ein Menschengeist, der hier auf Erden wandelt, war sich im „Geistigen Reich" unbewusst. Wollte aber zum Bewusstsein kommen. Und als er soweit war, dass es ihn darnach drängte, kam es zur Austreibung daraus.

Der Menschengeistkeim wurde in die Stofflichkeit gesetzt, gleich einem Samen in die Erde. Den Acker.

So wurde er hier geboren und kann sich (soll sich und muss sich) zu vollem Bewusstsein entwickeln.

Ohne Demut läuft das Leben nicht

Ohne Demut läuft das Leben nicht.

Womit ich nicht eine devote Grundhaltung meine, denn die wäre kriecherisch, und das ist nicht das, was Gottes Wille ist. Dessen bin ich sicher.

Gott will aufrechte, freie und fröhliche Menschen haben. Das freut Ihn.

Es ist ja nicht nur das eigene Leben, welches man beobachten kann. Meist rückblickend, und mit ein bisschen Übung später auch sehr zeitnah. Auch mal ganz auf den Punkt bei einer Handlung.

Ich verfolge in gewissem Sinne das Leben vieler Menschen. Menschen, mit denen ich auf irgendeine Weise verbunden bin. Freunde, Bekannte, Familie oder auch Menschen, die in der Nachbarschaft wohnen. Leben.

Und so fällt es auf, dass die Menschen, die eine gewissen demütige (Gott und dem Leben gegenüber) Grundhaltung an sich haben, besser durch das Leben kommen als Menschen, denen Demut völlig abgeht. Die immer nur mit einer Mäkelstimme verkünden, wie schlecht doch die Anderen wären... und dann wird aufgezählt.

Je stärker diese fehlende Demut ist, desto mehr sind diese Menschen zum Scheitern verurteilt. Alles, was sie anfangen, geht schief. Sie landen immer wieder auf der gleichen Stelle bis... sie eines Tages entweder ihre Lektion gelernt haben, oder aber es zu spät ist für eine Umkehr. Aus welchen Gründen auch immer.

Ich musste auch schon mit anhören, dass mir dann in einem persönlichen Gespräch gesagt wurde: *Ich kann einfach nicht verzeihen! In mir ist so viel Hass! Mir ist soviel angetan worden!* und dergleichen Aussagen mehr.

Aber da beginnt die Umkehr. Mit dem Einzug der Demut blickt der Mensch ganz anders auf sein Leben (zurück) und steckt *fremdes* Verschulden an seinem Zustand erstmal weg, bemüht sich dann, Einsicht zu finden in das Verhalten der Anderen ihm gegenüber und sich auch anders anderen Menschen gegenüber zu verhalten.

Niemand will jemanden um sich haben, der ständig mit einer koddrigen Stimme über Alles und Jedes herzieht und anprangert. Da besteht eine gewisse, natürliche Abwehr bei Menschen, die noch Demut in sich tragen.

Halte an, gehe in Dich und verzeihe erstmal, was dir angetan wurde, denn deine Erlebnisse sind Folgen deines eigenen Tun. Entweder aus einem früheren Leben noch, wobei du dich meist nicht daran erinnern kannst (auch wenn du jetzt noch nicht daran glauben kannst) oder aber Folgen von Taten aus *diesem* Leben.

Und wenn Du nun verzeihst; die Menschen annimmst und ihnen gegenüber eine milde und demütige Grundhaltung entwickelst, dann wird das Gleiche auch zu Dir zurückkommen.

Sei gewiss, dass es so ist!

In diesem Sinne allen einen wunderschönen und besinnlichen Sonntag.

Was du nicht willst...

... Was man Dir tu, das mut` auch keinem andren zu.

Was sagt uns dieses Sprichwort?

Eigentlich bedarf es keiner Worte, aber dem ist noch etwas hinzu-zufügen, zum besseren Verständnis vielleicht.

Wer sich fragt, warum ihm immer und immer wieder *scheinbar* Unrecht getan wird, der sollte innehalten und beginnen, das Unrecht, welches er selber anderen Menschen angetan hat, wieder gutzumachen. Wobei es keine Rolle spielt, ob der Andere die Entschuldigung annimmt oder nicht, denn das ist dann *sein* Problem.

Du musst bereuen können, was du jemandem angetan hast, wozu gehört, dass du das nicht nur erkennst, sondern auch selber eingestehst.
Wenn du selber diesen Weg eingeschlagen hast, wirst du sehen, dass es Stück für Stück leichter und *gerechter* läuft in deinem Leben.

Berührter Morgen

Unruhe lässt die Nacht mich wälzen
der Schlaf bleibt nicht bei mir
und obschon der Körper müde wär
pulsiert ein unaufhörlicher Strom
durch diesen hier.

Mein geliebter Freund legte den Kopf auf meine Hand
doch auch darin ich keine Ruh fand.

So folge ich dem Ruf des inneren Dranges
schiebe meinen Körper lautlos
durch die halbdunklen Räume,
und während meine Hand die Türklinke ergreift
erreicht der erste Vogelgruß am Morgen meine Ohren.

So trete ich denn vor die Türe – zaghaft noch –
die Nacht hat die Natur getränkt
und genüsslich gibt der Boden Düfte frei
im Verein mit dem anschwillenden
Gesang der gefiederten Freunde.

Gleich einem Born sprudelt es empor
ich brauche mich nur zu laben
wundere mich über die Vögel
welche trotz widriger Umstände
mit gleicher Kehle ihre Chöre erheben.

So sollst auch Du an dem Platz, der Dir gegeben ist
aus vollem Herzen singen
so dass das Echo möge
in allen Herzen erklingen.

Denke nicht, die Umstände seien schlecht
wünsche nicht andere herbei
denn nur wer ganz und gar lebt im hier und jetzt
wird in seiner Seele frei.

(C) Johanna AMO

113

Wenn der Kuckuck ruft

Es gibt Momente, die man mit einem Foto nicht einfangen kann.

Wenn ich, durch unbestimmtes Drängen geweckt, morgens gen Sonnenaufgang vor die Türe trete – so wie heute Morgen.

Still war es. Kein Auto fuhr. Aromatisch und fruchtig dampfte es vom Boden her hoch. Die Vögel hatten ihr Morgenlied angestimmt. Durch die Ruhe hallte der Gesang in der ganzen Straße wider. Vom Wald her rief ununterbrochen der Kuckuck und ich fragte mich, ob ich ihn jemals hier gehört hätte!

Ein wunderbarer Moment voller Trost und Kraft und Frieden, den ich genoss. Einfach so dastehend.

Ohne den Wunsch, eine Kamera zu holen, um den Moment einzufangen.

Er wäre verloren gewesen, dieser besondere Moment, wenn ich zurückgekommen wäre. Dessen bin ich sicher.

Diese Momente… wenn sie kommen, sollten wir sie mit offenen Armen und Sinnen empfangen. Ohne irgendetwas darüber zu denken oder zu wollen. Sondern einfach nur diese Gnade in uns aufnehmen, es genießen zu können, denn nicht jedem Menschen ist so etwas beschieden. Es gibt genügend Menschen, deren Tage in Leid beginnen und auch so enden.

Im Dreck und ohne richtige Nahrung.

Darüber sollten wir heute mal nachdenken.

Was ist Dienen?

Stellt Euch vor, Ihr begegnet einem Menschen auf der Straße, dem Ihr ein herzliches Lächeln schenkt. Einfach so und ganz spontan. Wahrscheinlich wisst Ihr gar nicht, dass dieser Mensch gerade ein Leid mit sich trägt, sich traurig und verlassen fühlt. Dann lächelt Ihr ihn an. Dankbar lächelt er zurück, empfängt dieses Lächeln wie eine Gabe von Euch. Er spürt, es gibt Menschen, die mich mögen, schöpft wieder Hoffnung... Auch das ist Dienen.

Gott und Jesus Christus dienen darf sich nicht nur auf den Gottesdienst beschränken. Es sollte sich in jedem Wort, jedem Blick und jedem Handeln von uns widerspiegeln.

Jesus aß mit den Zöllnern und Sündern. Gerade den Menschen, die damals sehr verachtet waren in der Gesellschaft. Als eines Tages die Schriftgelehrten sahen, dass Jesus mit den Sündern und Zöllnern aß fragten sie die Jünger, warum er mit den Geächteten beisammen säße?

Jesus hörte dies und antwortete: Die Starken bedürfen des Arztes nicht, sondern die Kranken. (zu lesen bei Mt. 9,12)

Die Menschen haben viele Begriffe derart verbogen, dass manchmal die eigentliche Bedeutung arg verschleiert oder gar nicht mehr zu erkennen ist.

Mein Eindruck in der heutigen Zeit ist, dass das Wort *Dienen* eine eher negative Bedeutung angenommen hat. Viele Menschen verbinden mit dem Wort *Dienen* die Vorstellung dass sich derjenige, der dient, quasi wie ein Sklave aufopfern muss. In unserer Gesellschaft ist kaum noch jemand bereit, füreinander da zu sein – kurz: dem Anderen zu dienen ohne persönlichen Gewinn.

Wegschauen ist heute die Devise. Es könnte gefährlich werden! Nicht anders zu erklären sind die vielen Fälle von Kindesmisshandlungen, Verwahrlosung, jahrelange Qual oft bis zum Tod.

Auch da setzt das Dienen an. Den inneren Schweinehund überwinden, Gleichgültigkeit dem Leid gegenüber anderen Mitmenschen ablegen, nicht nach dem Motto leben: jeder ist sich selbst der Nächste.

Der Mensch ist verpflichtet zu tun, was in seiner Macht steht. Das sollte er freiwillig und aus Liebe zu Christus tun, der da sagte: Was Ihr getan habt einem von diesen meinen geringsten Brüdern, das habt Ihr mir getan. (Zu lesen in Mt. 25,40). Und mit diesen bedeutungsschweren Worten: *was Ihr getan habt...* sind sowohl die guten als auch die schlechten Taten gemeint, zu welchen die Unterlassung einer Hilfeleistung zählt.

Was Ihr also Gutes tut den Geringsten unter Euch: Auch das ist Dienen! Dieser Satz von Jesus verdeutlicht ganz klar, dass es unser aller Auftrag ist, für unseren Nächsten da zu sein. Sind wir es nicht, stören wir unsere Beziehung zu Gott. Wir zer-stören sie! Das Nicht-Erfüllen führt zu Gleichgültigkeit der Menschen untereinander, was nur den Niedergang eines ganzen Volkes bedeuten kann.

Jesus einst identifizierte sich völlig mit denen, zu deren Erlösung er gekommen war (Markusevangelium). Von den Menschenmengen wurde er ausfindig gemacht. Er hätte sich unter denen bewegen können, die großen Reichtum und großes Ansehen besaßen. Er entschied sich stattdessen, mit den Zöllnern und Sündern zu essen; diejenigen zu heilen, die krank waren und denen zu helfen, die hungerten. Sein Dienst war ein Dienst aus Liebe, ein Dienst der Tat für die Menschen in der Not.

Und mit seinem Vorleben zeigte er eindeutig, wie der Mensch zu leben und handeln habe, um eingehen zu können in das Paradies. Er gab uns den Auftrag zur Nächstenliebe und den Dienst an unseren Nächsten – wir sollten in diesem Sinne weiter handeln.

Ein Spruch, den ich neulich fand, lautet: „Es gibt viele böse Menschen auf der Welt, aber am schlimmsten ist für mich die Gleichgültigkeit guter Menschen."

Deshalb: Lasst es niemals zu, dass Gleichgültigkeit in Euren Herzen die Oberhand gewinnt.

Wenn Du nicht sicher bist - abwägen

Wenn du dir bei einer Sache nicht sicher bist, dann heißt die Antwort: NEIN! Damit fährst du immer richtig, auch wenn durch hin und her denken erst einmal etwas anderes dabei herauskommt.

In der heutigen, schnelllebigen und kopflastigen Zeit ist es fast oder kaum noch möglich, seine innere Stimme, das eigentliche Ich, zu hören. Darauf zu hören, denn zu viel Beeinflussung ist um uns herum, als dass wir Zeit oder Muße oder den Mut hätten, darauf hören zu können. Auch wenn uns eine Situation erst einmal erstrebenswert vorkommt, so werdet Ihr am Ende sehen, dass diese erste Unsicherheit und ein NEIN richtig gewesen wären.

Andersherum: Ihr kennt das sicher, dass Ihr Euch etwas – Dinge, eine Veränderung, einen bestimmten Partner – mit aller Kraft gewünscht, herbeigesehnt habt. Über kurz oder lang verändert sich alles und eines Tages steht Ihr da und denkt: Ein Glück, dass es damals nicht damit geklappt hat, denn der Mann ist zu einem Ekel mutiert. Die Stadt, in die ihr wolltet, ist zu einer Hochburg von Vandalen geworden oder sonstwas.
Ich selber habe das mehr als einmal erlebt.
Zum Reifen der Seele gehört ja auch, die entsprechende Lebensstufe voll und ganz zu erleben, damit sie damit abschließen kann. Ein Wegrennen lässt die Sache nicht zur Reife gelangen. Also kommt das gleiche Problem an anderer Stelle wieder auf. Nur in anderer Form und Fassung.
Ein sogenanntes Problem erledigt sich nur, wenn wir die Sache ausgelebt haben und daran gereift sind. Wenn wir dann eines Tages darüberstehen. Uns nicht mehr aufregen darüber. Damit umgehen können.
Dann, danach, kann auch mal ein Weggehen sinnvoll sein. Ein Umbruch. Eine Veränderung. Und wenn es dann so sein soll, werdet Ihr es spüren, da dann alle Tore dafür geöffnet sind. Alles haut hin ohne Anstrengungen. Alles zieht dann geradewegs zum neuen, nächsten Ziel.

Vermischung und Gleichmacherei der Völker

In diesem Text geht es um die Gleichmacherei und Vermischung aller Völker. Das Ende wird schrecklich und nie wieder umkehrbar sein und zur Folge haben, dass wir uns letztendlich selber ausrotten. Die Werte untereinander gehen verloren.

Ein bisschen könnt Ihr Euch das so vorstellen, dass verschiedene Völker einen anderen Wissensstand haben, wobei ich nicht den Verstand meine, sondern das Wissen im Geiste (Seele, Empfindung, Erfahrung).

Für jedes Volk stellt Euch nun einen großen See vor, jeder in seiner eigenen Farbe. Im Ursprung sind die Seen im Austausch mit kleinen Kanälen verbunden, aber das spielt für dieses Beispiel keine Rolle.

Nun kommt es vor, dass ein See höher gelegen ist als ein anderer. Einer liegt in den Bergen, ein anderer im Tal. Jeder dieser Seen ist von unglaublicher Schönheit und Reinheit und Einzigartigkeit, denn auch jedes Seewasser hat seine eigene Quelle und Besonderheit. Ebenso wie die Farbe.

Nun kommen Menschen daher, und reißen die Wände ein. Mit schwerem Gerät wird das Land, die Erde zwischen den Seen, weggerissen. Nur hat niemand bedacht, dass das Wasser aus den höher gelegenen Seen mit Urgewalt nun zu Tale fließt, dabei Schlamm und Geröll mit sich führend. Beide Wasser vermischen sich, verlieren ihre ursprüngliche Farbe und Eigenschaft.

Diejenigen, die auf den oberen Seen gelebt haben, verlieren alles, weil sie austrocknen. In den unteren Seen wird man nun plötzlich mit Macht weggerissen. Der einstmals reine See ist zu einer braunen Suppe geworden, alles, was der Mensch dort aufgebaut hat, wird durch die Gewalten vernichtet.

Es scheint doch vom Universum gewollt, dass es verschiedene Sprachen, Völker gibt, da jedes Volk auch einen anderen Entwicklungsstand, eine andere Mentalität und Kultur hat. Es ist wichtig für die Menschen, in Ruhe reifen zu können. Sicherlich brauchen sie dazu auch immer neue Anreize, aber eine fast gewaltsame *Umstimmung* kann niemals zu einer echten Entwicklung führen. Es wäre so, als wenn Ihr ein kleines Kind (einige Völker sind halt in ihrem Wesen eher wie Kinder, um mal ein krasses Beispiel zu nehmen) mit Gewalt unter die Welt der Erwachsenen stellt. Von ihnen das fordert, was ein Erwachsener tun soll. Ihm die Verantwortung auferlegt, die ein Erwachsener tragen soll und muss.

Daran *muss* dieses Kind zerbrechen. Im harmlosesten Falle wird dann ein frühreifes Kind daraus, welches sich wie ein Erwachsener benimmt. Jeder hat schon einmal solch ein Kind gesehen oder kennengelernt und weiß, wie unnatürlich es wirkt. Wenn diese Kinder dann größer werden, geraten sie nicht selten auf die schiefe Bahn und kommen mit ihrem Leben nicht mehr zurecht. Eben weil ihnen die Kindheit, diese bestimmte Zeit der Entwickelung und Reife, geraubt wurde.

Das kann kein Mensch mehr trennen. Es gibt kein Zurück. Es sei denn… du kehrst um.

Vergeben, vergessen und verzeihen

Die wenigsten Menschen sind in der Lage, zu verzeihen. Zu vergeben. Auch wenn sie zuvor behauptet haben, dein Freund zu sein. Auch wenn sie dich durch ihr Verhalten dazu gebracht haben, einmal die Nase voll zu haben und die Meinung zu sagen. Die Wahrheit will dann doch keiner hören.

Hinterher denkst du, du hättest es auch anders formulieren können, um deinen Freund nicht zu verletzen, denn du suchst bei Zerwürfnissen die Schuld immer zuerst bei dir.

Dann gehst du zu deinem Freund und sagst, dass es dir leidtut, dass du ihm verzeihst, weshalb er dich auf die Palme gebracht hat und für dein eigenes Verhalten würdest du dich auch entschuldigen.

Nun denkt mal nicht, dass die Sache damit aus der Welt wäre. Es geht ja nicht, dass der Freund dir verzeiht. Müsste er ja zugeben, auch Fehler gemacht zu haben. Falsch reagiert zu haben. Also ächtet er dich. Verachtet dich. Will nichts mehr „mit dir zu tun haben".

Die meisten Menschen haben so wenig Selbstbewusstsein, sind so von innerer Kleinheit, dass sie nicht in der Lage sind, die Größe nicht besitzen, eigene Fehler zuzugeben und anderen zu verzeihen. Sie verschanzen sich hinter einem unmoralischen Recht.

Eines Tages stehen sie vor ihrem Schöpfer, der sie dann darnach fragt und sie nicht einlassen will ins Paradies, weil sie nicht in der Lage waren, zu vergeben und sich so selber geschadet haben, denn wer ohne Schuld ist, Liebe in sich trägt, Größe, der kann dies alles tun. Wer aber hart ist, nicht verzeihen kann, der hat noch dunkle Stellen an sich, die verhindern, dass er eingehen kann ins Paradies.

Hofft nicht darauf, dass Gott Euch verzeihen wird, wenn Ihr nicht Eurem Nächsten verziehen habt.

Selbst wenn das damalige Opfer vergeben hat. Solange derjenige diese unnachgiebige Härte an sich trägt, solange besitzt er nicht diese Leichtigkeit und Reinheit, um eingehen zu können ins Paradies.

Der Herr sprach

Es soll kein Mensch den anderen richten; es soll auch kein Mensch von dem anderen etwas verlangen! Ein jeder Mensch soll seinen Weg gehen und seine Sprache sprechen, damit er nicht das Abbild seines Nebenmenschen werde!

Niemand schaue auf den, den er schöner findet als sich, und ahme ihn aus diesem Grunde nach; denn es ist kein Mensch erschaffen, der nicht auch Schönheit in sich trage in irgendeiner Art.

Hohe Ideale werden dem Menschen gegeben. Sie liegen schlummernd in der Tiefe seiner Seele. Lasst sie erwachen! Drängt nicht jede Regung zurück, die euch beseligen will.

Helft und fördert euren Nächsten, damit erfüllt ihr das an ihm, was ihr im schuldig seid! Es nützt euch nichts, wenn ihr keinem ein Leid antut, weil ihr euch abschließt und die Menschen flieht. Ihr versäumt damit eure Pflicht!

Segensreich aber wird sich *dem* der Himmel der Erkenntnis auftun, der mit den Menschen sich verband, und wieder lösen konnte, weil er wechselwirkend alles daran erleben konnte, was ihm nottat, und dem anderen ebenfalls zum Fortkommen gereichte.

Nehmt die Gaben, die euch mit auf die Wanderung gegeben wurden und lasst sie erblühen. Und solltet ihr sie auch gering finden im Vergleich mit denen eures Nächsten; sie haben alle gleiche Rechte! Es kommt nur darauf an, wie ihr sie fördert, segen- oder schadenbringend! Sie können, auch wenn sie noch so unbedeutend erscheinen, in eurer Hand richtig angewandt, weit mehr Nutzen tragen, als größer erscheinende, die nicht voll genutzt werden.

Jede ungenutzte Gabe oder Kraft wird aber dem Menschen zum Verhängnis! Ein Mensch, der seine Pflicht erfüllt, hat allein das Recht, in dieser Schöpfung zu leben! Er allein hat Daseinsberechtigung!

Pflege die Schönheit. Natürlichkeit und Schönheit sind eins! Überall tritt sie euch in den Weg, und ihr Menschen sollt euch daran freuen, davon lernen, sie in euch genau so erstehen lassen, wie sie in jeder Pflanze, jedem Tier, lebt. Ihr sollt schön sein, eurem Schöpfer zur Ehre!

Gehet nicht an euren Nächsten vorüber, so sie hässlich sind in ihrer Art, und denkt: „Von dir kann ich nichts lernen." Seht sie nur ruhig einmal an, und Ihr werdet erkennen, dass sie gerade das zur Entstellung gebracht haben, was dazu bestimmt gewesen wäre, sie schön zu machen!

Seid so in allem wach, was sich auch euren Augen bietet!

Ich will euch keine Richter setzen, die darüber entscheiden sollen, ob ein Mensch Recht oder Unrecht habe; ob er Ansprüche an einen anderen stellen kann, oder Verzicht leisten müsse. An euch selbst sollt ihr eure Fehler feststellen! Ihr selbst sollt ermessen können, wo ihr Rechte und wo ihr Pflichten habt.

Denn es soll keiner nehmen, der nicht geben kann! Lebendig sind die Gebote, und sie dürfen nie in starre Formen gepresst werden, darum setze ich euch keine Richter.

Es soll euch nichts erlassen sein, das ihr tun könntet; denn es wäre damit der Grundstein allen Übels gelegt. Schlaffes Versinken in Bequemlichkeit.

(Text entstammt einer persönlichen Ansprache von Abdrushin. Er wurde mir als Loseblatt zugeführt).

Der Garten Gottes

„Dumme rennen,
Kluge warten,
Weise gehen in den Garten"

(*R. Tagare – Dichter/Philosoph*)

Nun ist es so, dass, wenn ein Mensch nicht weiter weiß, ihm etwas oder ein jemand das Leben gerade schwer macht… es ihn *stresst*, auf deutsch gesagt, so sollte er nicht gleich wie eine Schlange, von der man den Deckel des Korbes abgehoben hat, drauflosgehen und zubeißen oder um sich schlagen. Nennt es, wie Ihr wollt.

Es ist besser – wenn du siehst, dass gerade kein Fortkommen besteht, kein Verstehen deines Gegenüber, keine Entspannung – dass du dich aus der *Schusslinie* entfernst. Auch aus dem Grunde, damit du dich nicht selber (weiter) verletzt.

Um mit dir und der Situation ins Reine zu kommen, solltest du dich, wenn möglich, in Ruhe zurückziehen (können) und noch besser, wenn du einen Garten hast. Nehme deine Gartengeräte, kann auch was Kleines sein; Harke oder Hacke; oder jäte ein wenig. Schnuppere an den Blumen, sehe dir die Tiere, Vögel, Bienen und Hummeln an, fühle die Erde und dann spürst du langsam, wie du *runterkommst*. Deine Gedanken beruhigen sich. Du gewinnst Abstand und indem du deine eigenen Gedanken „ruhen" lässt, können wahre Gedanken Einzug halten, die dir den weiteren Weg weisen.

Sei es, dass du eine Mitschuld von dir findest. Sei es, dass du die Situation in einer anderen Art und Weise aufrollst; ansprichst. Oder sei es, dem Gegenüber die Gelegenheit zur eigenen Einkehr zu geben, so dass er sein Unrecht erkennen kann.

Und dann vergib deinem Gegenüber, denn niemand auf der Welt ist ohne Schuld. Indem du vergibst, kannst du ganz anders mit deinem Gegenüber umgehen (lernen).

Wenn er/sie etwas falsch gemacht hat, dann sage es einfach sachlich, ohne es wie eine Anklage klingen zu lassen. Schnell wirst du dann erkennen, dass dein Gegenüber eher gewillt ist, seinen Fehler zuzugeben, als wenn du ihm laut kommst oder zurückhaust.

Es ist der Garten Gottes – und alles, was blüht und grünt, ist ja Sein. Aus Gott hervorgegangen. Es ist für dich ein Ort der Genesung. Und wenn du dir das vorstellen kannst, dann empfinde den Satz:

(Gott spricht): *Mein ist die Rache und ich will vergelten.*

Das bedeutet nicht, dass Gott rachsüchtig ist, sondern nur, dass er dir entweder durch das innere Ruhigwerden eine Antwort gibt, oder aber dem Gegenüber eine Antwort gibt. Einen Weg vorgibt. Oder ihm in Folgerichtigkeit seines Tun etwas „auferlegt", was ihm dann als Strafe dünkt.

In diesem Sinne allen Lesern einen guten Tag.

Seelen und Geister

Wenn man vom Innersten des Menschen nur von Seele spricht, dann hat das seine Ursache darin, dass der Geist des Menschen sich nicht genügend regt, um zu zeigen, dass er auch vorhanden ist.

Mit Vorliebe bezeichnen die Menschen den Geist als das Produkt ihres Verstandes.

Der eigentliche innere Kern, der Menschengeist, musste sich seit langer Zeit mit einer Nebenrolle begnügen, indem man ihn mit einem Gespenst gleichsetzte. Es heißt dann: jemand geistert herum (besser wäre zu sagen, jemand spukt herum).

Lässt man die Ausdrücke *durchgeistet* und *beseelt* auf sich wirken, so sollte beim ersten Ausdruck der Mensch vor dem *geistigen* Auge erscheinen, wie er quasi von innen heraus strahlt. Bei den meisten Menschen aber entsteht als Begriff ein Mensch, der es im Kopf „zu etwas gebracht hat".

Der eigentliche Kern des Menschen ist Geist.

Wenn ein Mensch eingesperrt wird, denkt bald niemand mehr an ihn. Maximal die Menschen, die unmittelbar mit ihm zu tun haben, oder weil er im großen Stil aufgefallen ist. Auch ein Mensch, von dessen Existenz wir keine Ahnung haben, an den denken wir nicht. Dennoch können wir Formen seiner Empfindungen wahrnehmen. Auch aus einer weiten Entfernung heraus.

So geht es auch dem Geist im Körper des Menschen, welcher schon seit langem eher einer Gefangenschaft gleicht. Er ist vergraben im Erdenkörper, also kennt ihn niemand. Niemand nimmt seine Existenz bewusst wahr.

Es ist aber so, dass der Geist – das eigentlich Lebendige, das eigentliche Ich, welches sich hier auf Erden eines Körpers bedienen muss, um wirken zu können und zu erstarken – sich einen Körper bildet. Darin kann und muss er durch Erleben, Freude und Leid, erstarken und zur Reife gelangen. Der Geist des Menschen drückt sich in seinem Gemüt aus.

124

Gedanken zu Karfreitag –

Werfet auf IHN alle Schuld?

In aller Stille suchte ich am Morgen im Internet eine Andacht zu Karfreitag... und stieß auf die Seite „Christliche Autoren". Anfangs angetan, änderte sich dies schlagartig, als ich lesen musste, dass der Verfasser der Meinung ist (die er wohl sogar mit Pastoren und Bischöfen teilt), dass man alle Schuld auf Jesus werfen soll, da man ansonsten nicht ins Paradies kommt. Unter anderem sind folgende Zitate aus der Heiligen Schrift aufgeführt:

Römer 3, 10-12: „Es gibt keinen, auch nicht einen einzigen, der ohne Sünde ist...da ist keiner, der Gutes tut, wirklich keiner. "Römer 6, 23: „Die Sünde wird mit dem Tod bezahlt!" Johannesbrief 1, 8: „Freilich wird es immer wieder Leute geben, die behaupten, sie hätten keine Sünde. Doch wer so etwas behauptet, in dem ist kein Fünkchen Wahrheit!" Apostelgeschichte 4, 12: „Es gibt niemanden anderen, durch den wir gerettet werden können, als allein durch Jesus!

Der Verfasser des Artikels *erklärt* es so, dass also kein Mensch ohne Schuld ist und nur dadurch, dass Jesus alle Schuld auf sich genommen hat, der Mensch ins Paradies eingehen könne, egal, wie schuldig er sei.

Was ja hieße: Das Leben auf Erden ein Freifahrtschein für jedwedes Tun und jegliche Schlechtigkeit. Und alle diejenigen, die sich um ein ehrenhaftes Leben bemüht haben, niemandem mit Absicht Böses getan, was ist mit denen? Müssen diejenigen mit Mördern, Banditen und Vergewaltigern zusammen ins Paradies einkehren? Ohne dass diese ihre Schuld selber gesühnt haben?

Jedem wird dies als absolut unverständlich und nicht in Ordnung aufstoßen. Vielfach kommt dieser fatale und falsche Kult durch die unrichtige Deutung der Bibel zustande. Einmal nimmt der Verfasser die Texte wortwörtlich, ein anderes Mal betrachtet er es im übertragenen Sinne, also bildlich. Also so, wie es ihm grad am besten hinpasst. Und das ist nicht nur bei diesem Verfasser so.

Wenn dort steht, dass die Sünde mit dem Tod bezahlt wird, so ist damit gemeint, dass, wer nicht von seinen Sünden, schlechten Taten Abstand nehmen kann und will, wer sich nicht als Mensch weiterentwickeln und zu geistiger Reife kommen will, der hat Dunkles und Schweres an seiner Seele heften, so dass ihm dadurch der Eintritt ins Paradies verwehrt bleibt. Erst wenn das letzte Stäubchen von ihm abgefallen ist, dann kann er nicht nur ins Paradies eintreten, dann wird er aufgrund der Gesetzmäßigkeit der Naturgesetze vom Paradies aufgenommen.

Mit dem Tod bezahlt heißt nichts anderes, als dass derjenige nicht ins Paradies einkehren, zurückkehren kann, der in Sünde lebt!

Und wenn da geschrieben steht, dass wir durch niemand anderen als durch Jesus gerettet werden können, dann ist damit gemeint, dass wir sein Wort aufnehmen und darnach leben sollen. Nicht, dass wir allen unseren Dreck auf ihn werfen und dann ins Paradies eingehen können. – Jesus kam doch, um den Menschen *den Weg zu zeigen*, wie sie leben müssen, um heimkehren zu können ins Paradies, dem Ursprung des Menschengeistes.

Glaubt einer von Euch, Gott wäre so ungerecht, dass er bis in alle Ewigkeit Jesus dafür leiden lässt, dass wir uns hier aufführen wie die Vandalen, unseren Mitmenschen das Leben schwer machen? – Eben!

WENN Gott so wäre, wäre er willkürlich und wenn Gott willkürlich wäre, dann bräuchte es keinen Gott. Dann wäre alle Hoffnung verloren.

Wer also an diese falschen Auslegungen glauben will, weil er sich nicht traut, selber zu denken, in dem kann nur große Hoffnungslosigkeit zurückbleiben.

KARFREITAG soll daran erinnern, dass Jesus für uns gestorben ist, aber nur, um seiner Wahrheit einen Stempel aufzudrücken. Um das zu unterstreichen, was er gesagt und vorgelebt hat. Denn hätte er sich vom Kreuz befreien und heimlich verdrücken können, wäre das, was er gesagt und gelebt hat, schnell in Vergessenheit geraten.

Durch die Kreuzigung hat er seinem Wort den Stempel der Wahrheit aufgedrückt.

In diesem Sinne wünsche ich Ihnen allen ein gesegnetes Osterfest und dass Sie nicht nur Jesus, Gottes, sondern auch Ihrer eigenen Verhaltensweisen gedenken.

Osterfest und Pfingsten

Was für ein hanebüchener Unsinn, Ostern, Himmelfahrt und Pfingsten jedes Jahr an einem anderen Tag zu feiern.

Auch wenn Kirchenoberhäupter, das selbsternannte Bodenpersonal, es so *bestimmt* haben. Pfingsten ist und wird immer der 30. Mai eines jeden Jahres sein; ganz egal, was irgendein Kirchenmensch darüber bestimmen möchte.

Ich frage Sie: Wenn Sie nun Ihren Mann am 1. Vollmond nach Herbstanfang verloren haben und das wäre meinetwegen der 5. Oktober. So gedenken Sie doch in jedem Jahr den Todestag am 5. Oktober und nicht immer am 1. Vollmond nach Herbstanfang, oder?! Was wollen Sie dann auf den Grabstein schreiben?

Mit der Geburt ist es nicht anders. Wenn ich genau zum Frühlingsanfang geboren wurde und an diesem Tage Neumond war, so feiere ich doch meinen Geburtstag jedes Jahr am 20ten März und nicht einmal eine Woche früher oder später! Auch hier gilt... was sollten die Behörden denn in die Geburtsurkunden hineinschreiben?

Am 30. Mai eines jeden Jahres ist Pfingsten – der „Tag der Heiligen Taube" und jährliche Krafterneuerung für die Schöpfung.

Und genau sechs Wochen zurückgerechnet war dann Ostern. Also der Todestag von Jesus. Der Tag, an dem er gekreuzigt wurde. Bzw. sein Wiederauferstehungstag. Also ziemlich genau der 18. April eines jeden Jahres.

Wer weiß heute noch, was Ostern, Himmelfahrt und Pfingsten bedeutet? Dass *Himmelfahrt* nicht das Himmelfahrtskommando für Todgesoffene ist und Pfingsten die jährliche Krafterneuerung für die Schöpfung?

Am Tage vor Jesus Kreuzigung versprach er, den Heiligen Geist zu senden. Von *Sehenden* konnte die Ausgießung des Heiligen Geistes damals über den Häuptern der Jünger in Form einer Flamme gesehen werden. Es ist aber, entgegen der weitläufigen Meinung so, dass zum einen nicht nur über die Jünger damals der Heilige Geist ausgesandt wurde, sondern es ist ein Vorgang, der sich jährlich wiederholt und eine

Krafterneuerung für die ganze Schöpfung bedeutet. Bliebe diese jährliche Ausgießung einmal aus, würde alles nach und nach vertrocknen. Gottvaters Kraft - Atem - kann man sich als eine riesige Ellipse vorstellen, welche von IHM ausgeht und wieder bei IHM endet.

Bei einem Jünger allerdings bleibt diese Flamme über seinem Haupt bestehen zum Empfang und zur Weitergabe höherer bzw. verstärkter Kraft.

Lasst Ostern nicht zu einem Fest für gegenseitiges Beschenken von (oft Unnützen) Dingen werden. Was tun wir damit auch unseren Kindern an, für die Ostern eine Art Weihnachten oder zweiter Geburtstag (welch Doppeldeutung!) geworden ist.

A M E N (heißt auf deutsch: SO SEI ES)

Man soll weder annehmen
noch besitzen,
was man nicht wirklich
zum Leben braucht.

(Mahatma Ghandi)

Nachdenken über...

Vor einigen Jahren hatte Herr B. vom Vomperberg den Versuch unternommen, durch einen Gerichtsbeschluss mein Buch verbieten zu lassen, was aber vom Gericht abgeschmettert wurde.

Alles geschah, ohne dass ich damit behelligt wurde.

Erfahren habe ich damals davon durch eine Kreuzträgerin, die mein Buch gelesen hatte und mir eine Art Rezension schrieb, die ich in einer Neuauflage hinten auf dem Cover abdruckte.

Davon bekam Herr B. Kenntnis, so erzählte sie mir und er forderte sie damals auf, sich komplett vom Inhalt meines Buches loszusagen und sich nur zu ihm zu bekennen...

...was natürlich völliger Unsinn ist, denn *niemand* soll sich *zu mir bekennen*! Ich habe mein Werk herausgegeben, damit Menschen den Weg zur eigentlichen Gralsbotschaft finden können. Punkt!

Jedenfalls hatte Herr B. damit das Gegenteil erreicht, denn die Kreuzträgerin (sie hatte mich seinerzeit angeschrieben per Post) fühlte sich durch das Gebaren so unter Druck gesetzt und wollte überlegen, ob sie überhaupt noch zum Vomperberg fahren solle.

Warum ich gerade jetzt auf das Thema komme, möchten Sie wissen?

Es gibt so eine Art Stoßzeit, in denen mitunter plötzlich mehr Bücher als gewöhnlich verkauft werden. Und seit diesem Vorfall kommen mir Gedanken, ob es wieder Gegner gegen mein Buch gibt. Menschen, die es unter allen Umständen verbieten wollen!

Aber warum? Haben diese Menschen nicht selbst genug zu bieten, dass sie das nötig haben? Könnten sie nicht unter Umständen mit mir Kontakt aufnehmen, um Fragen zu klären? Offene...

Solch eine Zeit ist jetzt und ich lasse es einfach auf mich zukommen. Ich habe das Buch durch eigenes Erleben geschrieben und u. a. durch Zitate aus der Gralsbotschaft hinterlegt. Diese Zitate habe ich alle genauestens gekennzeichnet. Ich habe niemanden diffamiert. Keinen Menschen zwinge ich zu irgendetwas. Wer das Buch findet, ist gut; und wer es nicht lesen möchte, nichts davon wissen möchte, der kann es gerne lassen.

Es ist kein Phänomen der Zeit, denke ich. Dieses Gebaren hat es wohl schon immer gegeben, seit die Menschen sich dem Verstande ergeben haben und durch das jetzige Dasein komplett den Zugang zum eigentlichen Leben, zu Gott, zu sich selbst, verloren haben.

Der Vergleich von einem völlig von Dornen und Rosen zugewachsenen Schlosse ist da bildlich gesehen und zu verstehen. So ungefähr ist es mit dem Zugang zum eigentlichen Leben.

Wen interessiert es heute schon, wenn man von Gott spricht? Es kommt immer wieder vor, dass man mitunter als krank hingestellt wird, wenn man sich „an sowas klammern muss!c"

Die Wahrheit werdet Ihr *dann* erkennen, wenn Ihr diese Erde verlassen müsst.

Meinungsfreiheit und Gerechtigkeit

Meinungsfreiheit. Wessen Freiheit ist das? Leider steckt nicht immer das Aufdecken der Wahrheit dahinter und oft, sehr oft, wird die Würde des Menschen dabei mit Füßen getreten. Oft geraten dabei Unschuldige ins Visier. Denen hilft dann alles Zappeln nichts. Zwar versuchen sie, um Hilfe zu rufen oder angehört zu werden, aber… NICHTS! Mit den Küchenabfällen der Woche werden sie in der Mülltonne beseitigt.
 Habt *Ihr* nur im Entferntesten eine leise Ahnung davon, wie sich ein Mensch fühlt, der gar keine Chance auf Anhörung hatte? Welchem Taten untergeschoben wurden, die er so niemals begangen hat? Und wenn, aus welchem Hintergrund? Könnt Ihr den Schmerz und die Verzweiflung nachvollziehen? Spüren? Sobald dieser Mensch sich aus dem Loch herausarbeiten möchte, steht oben die *würdige, unschuldige, saubere Westen anhabende, noch niemals Schuld auf sich geladene* Menschheit da, um *dem so Verrufenen* auf die Finger zu treten; ein großes Plakat mit neuen Demütigungen aufzuhängen. Was meint Ihr? Wie lange kann ein Mensch so etwas aushalten?
 Es heißt: *Gottes Mühlen mahlen langsam, aber sicher.* Ich glaube, dass der derart gequälte Mensch von Gott den Menschen vorgesetzt wurde, um wieder die Empfindung in ihnen wachzurufen. Bei welchen noch

Hoffnung besteht. Sie aufzurütteln. Ihnen zu sagen: Jetzt habt ihr noch eine Chance, Euch zu bessern, bevor...

Aber nein! Und ich glaube, dass DIEJENIGEN, die so grausam und mit hoch erhobenem Haupte selbstgerecht derart handeln, von Gott als abschreckendes Beispiel für den Rest der Menschheit hingestellt wurden. Deshalb einen Trost an alle diejenigen, die leiden müssen:

Lasst die Rache Gottes sein. Der Sturz und das Ende der sog. Feinde (denn in sich gute Menschen können keine Feindschaft empfinden) wird umso fürchterlicher sein.

Die Erfüllung einer Prophezeiung

Was ich hier jetzt schreibe gilt nur für jene, die überhaupt an Gott und eine Aufgabe im Leben glauben. Nach dem Motto: Nomen est Omen. Der Name ist Vorhersehung.

Andere Menschen sagen, dass der Beruf für sie eine Berufung ist. Dass sie daran glauben, dass es so etwas wie eine Berufung gibt, die, als Tätigkeit ausgeführt, ein Beruf wird. Ein Dienst oder Dienen ist es dann.

Und wer daran nicht zweifelt, der wird vielleicht auch davon überzeugt sein, ohne gleich als Pharisäer zu gelten, dass ein Mensch mit einer bestimmten Berufung, einem Ruf, bereits zur Welt kommt.

Schon allein der Ausdruck: *Zur Welt kommen* drückt ja deutlich das Wissen darum aus, dass eine Menschenseele nicht erst mit der Zeugung entsteht. Das einmal nebenher.

Wenn also ein Mensch eine gewisse Berufung in sich trägt, die einem Ruf gleicht, so hat dieser Mensch auf Erden ausreichend Gelegenheit, sich bis zu diesem Ruf zu entwickeln. Es wird ihm bis dahin alles dazu Nötige gegeben. Von Gott. Andere nennen es – vom Schicksal.

Dann tritt eines Tages die Zeit an – das kann mal früh im Leben sein oder auch spät im Leben – in der er fertig sein muss. In der er seinem Ruf folgen und in seine Berufung eintreten muss. Das muss nicht immer von außen spektakulär zu sehen sein. Es betrifft doch nur diesen einen Menschen.

Nun ist es so, dass das Leben eines Menschen einem Teppich gleicht. Dem Muster eines Teppichs. Die Lebensfäden laufen hin und her und eines Tages muss der Mensch in seine Berufung eintreten, ganz gleich, ob er fertig ist. Dazu bereit. Er hätte auf jeden Fall bereit sein können, was aber in der heutigen Zeit – zugegeben – sehr schwer zu sein scheint.

Diese Zeit, in der sich von einem Jahr auf das andere alles so dermaßen schnell verändert. Wo einem Schlechtigkeit von allen Seiten vorgemacht wird. Zum Beispiel durch das Niederreißen aller Schranken. Ein Mensch, der sich überall und immer quasi nackt in aller Öffentlichkeit darstellen kann, wobei dieses mehr oder weniger von der Obrigkeit, der irdischen, toleriert und schöngeredet wird.

Dem Reinen ist alles rein, heißt es dann. Ein Mensch wird mitgerissen, wenn er sich nicht mit aller Macht an seinen Glauben, seine Überzeugung, an Gott hält. Diese einzelnen Menschen stehen dann da wie ein Fels in der Brandung. Oft verlacht und verspottet von anderen.

Wenn ein Mensch, der in seine Berufung eintritt, geistig also noch unreif ist, so kann es vorkommen, dass er durch den Druck des Lichtes sich von Gott geschlagen fühlt. Dann kommt ihm der Gedanke auf, dass er nicht Gottes Kind sein kann, wenn es so zugeht. Ein Menschengeist, der von seinen Eltern ständig geschlagen wird, kann ja kaum aufsehen zu den Eltern. In diesem Falle zu Gottvater.

Ist der Mensch gut und fühlt seine Berufung, dann sucht er die Stille, die Einsamkeit, und dann wird er auch Antworten finden und es mit Gottes Hilfe schaffen, seine Richtung zu ändern. Auch wenn er Federn lassen muss, so lebt er ja in der Gewissheit, dass dieses Federn lassen irdisch ist.

Da ein Mensch, der in eine Berufung eintritt, einen gewissen Grad von Reinheit und Demut in sich trägt, so ist er sich auch bewusst, dass, bedingt durch das Niedersausen der Moral der Menschheit, es nicht ausbleiben kann, dass Anfeindungen an ihn herantreten.

Wenn das geschieht, dann gehe so: *Mein ist die Rache und ich will vergelten* – spricht der Herr... und dieses Wort gilt allen Menschen!

Macht Euch nicht die Hände, die Seele, schmutzig durch Gedanken der Rache oder des Hasses, sondern überlasst es Gott, wie er die Sache zum Guten führen mag. Denkt nicht zu viel über alles nach und vertraut auf die Gerechtigkeit Gottes. Er wird Euch immer und zu jeder Zeit genau das geben, was Ihr wirklich im Leben benötigt.

Alles auf Anfang - ins Off springen

Ein sehr emotionaler Traum

Es war eine Zeit; eine andere Zeit als diese? Jetzige? Zumindest war es anders und so, dass alles ziemlich verderbt war und es war klar: Alles würde untergehen. Eine Frage der Zeit, wann auch ich dran wäre!

Ich sagte zu meinen Freunden (waren es welche?), dass ich selber ins Off springen würde. Sie wollten mich abhalten, aber ich sagte, dass mir etwas Schlimmeres nicht passieren könne als das, was ich jetzt gerade hätte. Vielleicht war das Warten auf das Ende in dieser Gomorrha-Zeit viel schlimmer.

Es war, als würde man in ein aufgetanes Loch in der Erde springen. Quasi ins Nichts, weil man nicht sehen konnte, wohin die Reise geht. Für die, die mir abgeraten hatten war es fraglich, ob es ein Danach geben würde. Irgendetwas geben würde, aber darauf hatte ich Vertrauen, dass, egal was, etwas folgen würde.

Ich sprang hinein in dieses Off – fiel und fiel und es war, als würden einem die Sinne schwinden. Einer nahenden Ohnmacht gleich.

Als ich erwachte, zu mir kam, war ich auf einer neuen Erde. Es dauerte aber auch hier nicht lange und es stellte sich wieder Verderbtheit ein. Es war klar, dass auch hier bald Schluss sein würde.

Also sprang ich ins Off…

Als ich zu mir kam, war ich wieder auf einer neuen Erde. Oder einfach in einer neuen Zeit. Ich tat dies und jenes, sagte dies und jenes und nach einiger Zeit war klar, dass einiges davon nicht gut war. Die Strafe würde auf dem Fuße folgen.

Wiederum sprang ich ins Off…

Wiederum kam ich auf einer neuen Erde zu mir. Diesmal wollte ich alles richtig machen. Meine Seele wandte sich nun an Gott, er möge mir kleine Fehler verzeihen und ich würde mich bemühen, tadellos zu werden. Die ganzen Sprünge ins Off, auf die ich zurückblicken konnte, hatten mich gelehrt, dass die Strafe *immer* folgen würde. Wenn nicht hier, dann im Jenseits und immer würde ich wieder neu anfangen müssen!

In diesem Geschehen – ich erkannte, dass es eine neue Zeit sein musste – erkannte ich eine große Liebe. Die Liebe Gottes, die eine große Strenge war. Eine Strenge, die darauf beruhte, dass ich einen freien Willen hatte, mit dem ich Gutes oder Schlechtes tun konnte, was aber immer und ohne Ausnahme geahndet wurde.

Nach einiger Zeit wurde ich sehnsüchtig nach dieser Liebe von Gott. Wollte alles in seinem Sinne tun. Fragte nach, ob dies und jenes wohl richtig wäre und entschuldigte mich, wenn ich, rückblickend gesehen, einmal nicht so gut gehandelt hatte.

Immer war ich Bange, wieder ins Off springen zu müssen, aber ich sah plötzlich ein Bild vor mir: Das Bild zeigte mir Winter und Schnee, was ich dahingehend deutete, dass ich es dieses Jahr schaffen und in einen neuen Frühling starten würde.

Dann erwachte ich.

PS: <u>Das ist keine Aufforderung, sich das Leben zu nehmen!</u>

Die unbekannte Insel

An unser Grundstück angrenzend, hinter einem Dickicht, dass ich all die Jahre übersehen hatte, fand ich, als ich durch das Buschwerk ging, ein Gewässer sowie ein Land. Sprich: Eine Insel, und dort herum ein Wasser fließend.

Ich sah einen Mann und eine Frau. Der Mann sang und machte Musik, und zwar so wunderschön, dass ich immer weiter zuhören musste. Immer wiederkommen musste.

Nachdem ich öfters dort war, erlaubten die beiden mir, immer näher zu kommen. Das alles geschah im Traum ohne Worte. Der Sinn ergab sich aus den Handlungen. Nur die Musik war Ton. Das Singen und die Musik.

Eines Tages sah ich auch die Frau. Erst von der Ferne. Sie hatte lange schwarze Haare. Sie erlaubten mir dann irgendwann, dass ich in einem Boot, auf meiner Seite bleibend, auf dem Wasser rudern dürfe; um die Insel herum.

Die Frau wurde dann immer klarer und ich bekam ihr Wesen mit; war zutiefst erschüttert, dass ich so lange hier gelebt und nichts von diesen wundervollen Nachbarn gewusst hatte. Mit solch einer Frau von überaus gutem Herzen.

Ich sah die Frau, ihr Wesen, hörte den Mann Musik machen, singen, und ich ließ sie wissen, dass ich nicht mehr weggehen wolle.

Alles war so wunderbar, dass ich, zutiefst erschüttert, in Tränen ausbrach und mit diesem Weinen erwachte. Ich hoffte, dass sie mir eines Tages erlauben würden, zu ihnen auf die Insel zu kommen, um nahe bei ihnen sein zu dürfen. Ihrer wunderbaren Musik lauschen zu können und der Wohltat ihrer guten Herzen.

Lebenssprossen

Das Leben leben ist, wie eine Leiter zu besteigen.
  Sprosse für Sprosse. Wer zu große Sprünge macht, kann abrutschen und sich etwas brechen. Außerdem sollen wir vor jedem Schritt schauen, ob die Stufen noch heile sind und je höher wir steigen, desto mehr müssen wir darauf achten, keinen Unachtsamkeiten anheim zu fallen.

Wir sehen ein Ziel und rennen oft drauflos. Wer einen Berg besteigt, braucht eine gute Vorbereitung. Nicht nur von der Kondition her, körperlich sowohl als auch mental, auch von der Ausrüstung her.

Im übertragenen Sinne würde ich sagen, dass wir erst einmal kurz anhalten, auf das Ziel schauen sollten, es wirken lassen in uns.
  So als schauten wir einen Berg hinauf. Wir lassen den Blick einfach eine Weile ruhen auf unserem Ziel. Ohne etwas Bestimmtes darüber

denken zu wollen. Leermachen im Kopf. Die sortierenden Gedanken kommen dann von ganz allein. Sogar das „was wäre wenn..." kommt dann bildlich zur Sprache.

Unser Geist (von den Menschen auch Seele genannt) kennt ja den Weg. Diese Erkenntnis darüber muss nur zu uns durchdringen und uns wie ein unsichtbares Licht durchfluten.

... und dann können wir an die Vorbereitung gehen, um unser Ziel zu erreichen. Mit Bedacht und Achtsamkeit. Mit Rücksicht und Vorsicht.

In diesem Sinne wünsche ich allen einen schönen Samstag.

Es kann der Frömmste nicht in Frieden leben

... Wenn es dem Nebenmenschen nicht gefällt. Das ist so wahr wie das Amen in der Kirche. Da ist es egal, ob da jemand Pastor ist, ein Jünger oder ein Prophet.

Wenn ein Mensch, der eine Botschaft hat und den Menschen diese Botschaft vermitteln, übermitteln möchte, in einem Umfeld lebt, in dem ihm täglich neue Knüppel vor die Füße geworfen werden... wo bewusst oder unbewusst alle Bürden des Lebens auf diese Person geworfen werden nach dem Motto: *Du machst das schon!*

Wenn immer wieder Unwahrheiten verbreitet werden, gegen die sich diese Person zur Wehr setzen müsste... ich sage bewusst *müsste*, denn wenn sie es täte, würde sie sich mit der Schlechtigkeit auf eine Stufe stellen, also muss das Ganze ausgehalten werden ...dann zehrt das an den Nerven und der Substanz.

Das alles ergibt letzten Endes ein Bild, in dem diese Person, die Gutes tun wollte, die Wahrheit und Vorleben bringen sollte und wollte; nicht nur in einem schlechten Licht dasteht, wo ein jeder sagt: Das ist aber kein Vorbild, so etwas! Diese Person ist letzten Endes dann so erschöpft vom ständigen Ringen, mit dem Kopf an der Wasseroberfläche zu bleiben, dass sie ihre Aufgabe nicht oder nur in einem geringeren Umfang wahrnehmen kann.

Ein Pfui also denen, die nichts anderes im Sinn haben, dem Nebenmenschen das Leben schwer zu machen. Egal, wer dahinter steckt.

Schlimm ist es, wenn es Euch nahestehende Menschen sind, welche noch einen Hang zum Dunkeln haben. Welche nicht selber genug dem Lichte zustreben. Sie lassen sich aus dem Hintergrund von dunklen Strömen beeinflussen, Euch zu drangsalieren. Hinterher stehen sie da und spüren dumpf, dass sie das eigentlich nicht gewollt haben.

Nur harte Arbeit und das nicht Loslassenwollen des Lichtfadens kann letztendlich helfen, durch diese Zeiten zu schreiten und zu überwinden, ohne vom eigentlichen Wege abzulassen.

Jeus sprach: *Wer versucht, sein Leben zu erhalten, wird es verlieren.*

Würde sich die Person verstecken, um in „Ruhe" leben zu können, würde sie in Wahrheit ihr Leben verlieren, weil sie nicht zu Gottes Wort gestanden hat.

Ins Unrecht setzen

Es gibt Menschen, die permanent ins Unrecht gesetzt werden. Denen niemals Gerechtigkeit widerfährt.

Und hätte ich nicht selber die Zusammenhänge hautnah erleben müssen, könnte ich es Euch nicht erklären.

Wenn Ihr also meint, dass Ihr immer zu Unrecht behandelt werdet, dass Euch nie Gerechtigkeit widerfährt... dann überlegt doch einmal, ob es Menschen gibt, denen *Ihr* Unrecht getan habt. Denen *Ihr* bei Zwistigkeiten nicht verzeihen könnt, auch wenn beide daran Schuld haben. Wenn der andere um Verzeihung fleht und Ihr ihn links liegen lasst. Wenn Ihr jemandem Unrecht getan habt, weil Ihr meintet, das wäre seine Schuld... wenn Ihr nicht eingestehen wollt (könnt), dass Ihr unrecht gehandelt habt.

Dann... geht hin und macht alles Unrecht gut, soweit es noch gut zu machen ist. Das bedeutet aber nicht, dass man jeden Schabernack durchgehen lassen soll, dass man sich alles gefallen lassen soll. Es geht hier nur um das eigene Unrecht, dass wir jemandem angetan haben. Das Ihr jemandem angetan habt. Dass dieser Jemand darunter leiden muss. Immer und immer wieder.

Geht hin, bringt das in Ordnung und dann kommt das Wunder: Euch wird Gerechtigkeit widerfahren.

Gehirn als leblose Masse

Unser Gehirn ist ja eigentlich eine leblose Masse.

In der letzten Zeit wurde ich immer wieder auf dieses Thema gestoßen.

Wenn wir sterben, verlässt unser Geist (von den Menschen Seele genannt), diesen Körper.

Ohne diese Belebung durch uns ist das, was bleibt, eine leblose Masse, die selber nichts tun kann und zerfällt, nachdem wir aus ihr entwichen sind.

Wenn ich morgens über meinem Rätsel sitze und darüber nachgrübele, wie wohl dieses oder jenes Wort heißen soll, dann höre ich oft in mir die Antwort.

Da könnt Ihr natürlich sagen: Ja, unser Gehirn weiß das… aber das Gehirn ist nichts ohne uns. Ohne seinen zeitweiligen Bewohner.

Dieser Menschengeist, der wir ja sind, weiß nach Verlassen des Körpers mehr, als wir uns in der Zeit des *im Körper sein* uns vorstellen können.

Was wir dann manchmal hören, ist u. a. unsere innere Stimme.

Es kann in wichtigen Situationen des Lebens auch jemand im Jenseits sein, der uns nahesteht oder einfach da ist, uns weiterzuhelfen. Auch dieser Jemand kann uns etwas zurufen... aber niemals zu etwas zwingen.

Manch ein Mensch kann es dann und wann hören. Ob er dann darauf hört, bleibt ihm selber überlassen.

Und... es ist gut, dass dem Menschen in der Zeit, in der er auf Erden weilt zur Reife seines Geistes (nicht Verstand!), eine Art Binde vor die Augen gelegt wird, denn er würde wohl vor Angst vergehen, wenn er stets auch das Jenseits sehen/einsehen könnte.

Dass wir den Sinn dafür verloren haben, über das Erdenleben hier hinaus zu schauen, liegt an uns selber. Auch daran, wie wir von den selbst ernannten Regierungsvertretern und Machthabern gezwungen werden sollen, in diese oder jene Richtung zu denken oder eben auch nicht.

Und nun könnt Ihr den Faden ein wenig weiterspinnen, so Ihr wollt.

Wirrwarr im Leben

Wenn im Leben grad Wirrwarr herrscht und du nicht weißt, wo entlang lang es gehen soll. Wohin? Sollst du gehen oder doch lieber nicht? Und wenn ja... wohin?!

Wenn du jeden Tag, tagein und tagaus, darüber nachgrübelst und niemals zu einem Ergebnis kommst, dann ... solltest du dich zu einer Maßnahme entschließen, die dir weiterhelfen kann.

Beschließe doch einfach einmal, für eine bestimmte Zeit von Tagen (die dann aber auch einhalten), dein derzeitiges Leben nicht mehr in Frage zu stellen.

Wem das schwer vorkommt, der kann ja mit einem Tag beginnen. Das kann man immer hinbekommen... Um es dann zu steigern, denn einen Wandel *kann* es an einem Tag geben, das ist aber selten.

Wenn du schon so viel Zeit damit vertan hast, über dein Leben, dein Verhalten und alles nachzugrübeln, dann hast du auch die Zeit, es für eine Weile nicht in Frage zu stellen, denn damit machst du dich leer und etwas Neues kann einziehen, denn... das Leben duldet kein Vakuum.

Das bedeutet im Klartext, dass du für einen Tag, oder für eine Woche, nicht darüber nachdenken sollst! Es nicht in Frage stellen heißt ja auch, nicht darüber nachdenken. Es *außen vor* lassen. So wird dieser Platz, der das Denken eingenommen hat, geleert. Leergefegt. Gereinigt... und etwas Neues kann Einziehen.

Gutes Gelingen wünsche ich.

30. Mai - Ausschüttung des Heiligen Geistes

Auch wenn Sie nicht daran glauben können (wollen), dass es so ist, findet am 30. Mai jeden Jahres die eigentliche Ausschüttung des Heiligen Geistes statt.

Die Krafterneuerung für die Schöpfung, welche jährlich stattfindet. Von den Menschen als Pfingsten gefeiert, nur jedes Jahr an einem anderen Tag.

Die Antwort auf diesen Unsinn, jedes Jahr an einem anderen Tag zu feiern, finden Sie in den Beiträgen über Ostern.

Wie gesagt, auch wenn Sie nicht dran glauben, so versuchen Sie doch einfach mal, sich an diesem Tag bewusst auf diese Kraft einzustellen. Sie aufzunehmen.

Gehen Sie in den Wald oder gönnen Sie sich anderweitig ein paar Minuten in der Natur, wenn das mit dem Wald nichts werden kann aus irgendwelchen Gründen.

Es kann auch zuhause sein, nur nicht abgelenkt durch Blicke auf ein Telefon, Smartphone, Facebook oder den Fernseher. Geben Sie dem Schicksal eine Stunde Ihres Lebens. Sie werden es sicher nicht bereuen.

Anekdote über Platz und Freiheit

Der HERR, als Mensch auf Erden wandelnd, kam eines Tages an ein kleines Häuschen und klopfte, da er eine Herberge für die Nacht und etwas zu essen suchte. Die Frau des Hauses ließ ihn ein. Sie hätten zwar nicht viel, aber sie würden es gerne mit ihm teilen.

Als sie beim Essen saßen, beklagte sich die Frau, wie eng es in dem einen Raum wäre. Sie, Ihr Mann und die drei Kinder. Das wäre kaum auszuhalten.

Der Herr empfahl ihr am anderen Morgen, ihre Hühner mit ins Haus zu nehmen. In einer Woche würde er wiederkommen.

Als er nach einer Woche wiederkam, sagte die Frau, dass es kaum auszuhalten sei. Die Hühner gackerten den ganzen Tag herum und beschmutzen zusätzlich den Boden.

Da sagte der Herr, sie solle auch ihre Ziegen mit ins Haus nehmen. In einer Woche würde er wiederkommen. Also holte die Frau auch die Ziegen ins Haus.

Nach einer Woche kam der Herr wieder. Die Frau sagte: „Herr, das ist grauenhaft. Das ganze Haus stinkt und die Ziegen, die meckern den ganzen Tag. Zum Schlafen kommen wir gar nicht mehr!".

Da sprach der Herr: „Jetzt bringe alle Hühner und Ziegen wieder raus. In einer Woche komme ich wieder."

Als der Herr nach einer Woche wiederkam, empfing ihn eine strahlende Hausfrau. „Herr, Ihr glaubt ja gar nicht, was für ein herrliches Leben wir haben. Diese Ruhe und dieser Platz im Haus. Vielen Dank dafür."

(Verfasser unbekannt)

Und die Moral von der Geschicht?
Es gab Zeiten, da fühlte ich mich gebunden.
Heute sehe ich, dass ich in genau dieser Zeit frei war wie nie zuvor.

Saat und Ernte

Nicht nur die Saat und Ernte von Pflanzen und Getreide gibt es. Dieses (Gott)Naturgesetz gilt auch für unser Leben an sich.

Es heißt, was man bis in den Herbst (ich zähle dafür immer den Oktober) nicht in trockenen Tüchern hat, daraus kann im nächsten Jahr keine Frucht kommen. Das gilt auch für Beschlüsse. Entschlüsse. Was jetzt nicht in Arbeit ist, daraus kann im nächsten Jahr nichts werden.

Entschlüsse, die jetzt erstehen und reifen, können im nächsten Jahr geerntet werden. Alles, was wir im vergangenen Jahr beschlossen haben,

Dinge, die innerlich in uns gereift sind, können nun auch in vollem Umfang geerntet werden. Je nach der Art der Reife, wobei Ihr bedenken müsst, dass Gleiches immer Gleiches anzieht, wird das Ergebnis evtl. auch anders aussehen, als Ihr es Euch vorgestellt habt.

Und es gilt das Naturgesetz, dass, wer Gutes säht, auch Gutes ernten wird.

Und umgekehrt natürlich auch.

Der letzte Aufschrei - Verletzungen

Es gibt Menschen, deren Art ist so verletzend, so dass Ich Euch nur raten kann:

Zieht Euch einfach zurück. Versucht nicht, diese Person umzustimmen, denn es ist wie bei einer Giftschlange, bei der man den Deckel abgenommen hat. Sie wird nach Jedem und Allem schnappen und zubeißen.

Ganz gleich, ob Ihr an einem Debakel unschuldig seid und darum Leid tragt. Haltet Euch einfach fern und lasst das Schicksal (sprich Gott) machen. Er macht´s schon richtig.

In meinem Leben habe ich immer wieder den Satz gesagt:
Ich kann mich nicht wehren!
Ich darf mich wohl nicht wehren!

Bis mir dann eines Tages das Licht ganz aufging... In der Bibel steht, dass Gott sagt:

„Mein ist die Rache und ich will vergelten!"

Und so haltet es auch. Vertraut darauf, dass ER es recht macht und macht Euch selber nicht die Hände und auch nicht die Gedanken schmutzig.

In diesem Sinne allen Menschen einen schönen Sonntagabend und einen guten Start in die neue Woche.

PS. Das bedeutet nicht, dass der Mensch sich alles gefallenlassen muss. Manchmal sind wir auch das Werkzeug Gottes.

Den Seinen gibt 's der Herr im Schlafe

Eine gehbehinderte Frau war unterwegs in einer Art Bus. Irgendetwas Fahrendem mit weiteren Passagieren.

Aus irgendwelchen Gründen stand sie kurz auf und eine andere Frau setzte sich einfach auf den Platz der Frau mit der Gehbehinderung. Als die behinderte Frau zurückkam, bat sie die Frau, die sich einfach auf ihren Platz gesetzt hatte, wieder aufzustehen. Als diese nicht freiwillig ging, wollte sie etwas schieben, aber die andere Frau blieb stur sitzen.

Die behinderte Frau fragte, warum sie ihr, einer Behinderten, den Platz weggenommen hätte. Diese antwortete: Wieso? Ich habe doch bezahlt!

Die behinderte Frau bekam einen Platz gegenüber der Frau. Sie wurde plötzlich von Licht und Kraft durchstrahlt und vor den Augen aller anderen Passagiere hob sie plötzlich die Hände, sagte, dass sie dies in ihrem ganzen Leben noch nicht getan hätte, aber:

„Du wirst dieses Leben verlieren und nichts wird dich halten können. So wahr mir Gott helfe!"

Damit hob die behinderte Frau nochmals die Hände nach oben in die Höhe. Sie sprach mit einer Stimme, die nicht die ihre zu sein schien. So voller Kraft und Macht! Alle spürten: Es war richtig so, wie es war. Wie es gesagt wurde.

So wie in einer Fabel Gott, verkleidet als armer Mann, von Tür zu Tür zog und bei den Reichen keinen Einlass fand, so war es mit der behinderten Frau. Sie war geboren, um als Jüngerin das Licht und die Wahrheit von Gott durch sich leiten zu lassen auf die Menschen. Damit diese sie aufnehmen, erkennen konnten.

Und wenn sie etwas sagte, so wie zu dieser bösen Frau im Bus, oder was immer es war, dann kam es unter dem Drucke des Lichtes zustande. Sie war sozusagen das ausführende Organ.

Sie gab für Menschen verständlich wieder, was Gottes Wille war, denn *den* zu verstehen hatten sie verlernt. Nur einige wenige, in diesem Falle alle anderen, die mit im Bus saßen, konnten den Willen Gottes verstehen. Das war zu deren Rettung.

Und wenn die Frau zurückschaut, jetzt, so erkennt sie, dass am Ende des Lebens sie mit einer Handvoll Menschen zurückkehren wird in ihre geistige Heimat.

Niemand, und hätte er noch soviel Geld, dass er an Kirche und andere verschenken würde, kann sich den Eintritt in den Himmel erkaufen.

Es liegt allein an unserer inneren Haltung und Einstellung, ob wir eines Tages rein und reif genug sind, um in das geistige Paradies zurückkehren zu können.

Vor Gott sind alle Menschen gleich

Immer wieder finde ich hierzu anders lautende Interpretationen.

Die Einen sagen, dass vor Gott alle Menschen gleich sind in dem Sinne, dass sie eh alle ins Paradies kommen, weil Jesus ja für sie und ihre Sünden ans Kreuz genagelt wurde.

Die Anderen meinen, dass es heißt: Wenn wir vor Gott stehen, also quasi schon im Paradies sind, dann sind wir alle gleich.

Gemeint ist damit aber Folgendes: Vor Gott sind alle Menschen gleich bedeutet, dass Gott alle Menschen *gleich* behandelt.

Schon bedingt durch seine „von Urbeginn an" geltenden Gesetze in der Schöpfung.

Und ja, wenn wir es zurück ins Paradies geschafft haben, sind auch wir alle gleich in dem Sinne, dass wir dann ohne Schuld sind.

Das heißt, dass die Menschen alle den gleichen Gesetzen unterworfen sind, diese für sich nutzen können, ohne durch einen Stand oder Geld hervorstechen zu können, denn vor Gott zählt nur der Menschengeist (nicht Verstand gemeint) und ob er gut ist oder nicht.

Die Gesetze sind von Gott gemacht

Wer sich ein wenig umschaut in dieser Zeit, in die Zeitung schaut, im TV oder auch in allen sozialen Medien, dann ist da von einer lange nicht gekannten Gewalt in unserem Land zu spüren, die ungeahnte Ausmaße annimmt. Da zieht sich sogar die Polizei zurück, um nicht selber zum Opfer zu werden.

Sind wir auf dem Weg zu einem sich selbst überlassenden Volk?

GEWALT!!! BOSHEIT!!! HÄME!!! MORD!!!

Niemand scheint es zu wollen, aber immer mehr Menschen werden davon beherrscht; führen sie aus, diese Gewalt.

Legt doch einmal die Messer und die Keulen beiseite und fragt Euer Herz, wo die Sache enden soll?
Bedenkt doch, dass Ihr in gleicher Weise das Ruder zum Guten herumreißen könntet, anstatt Euch zu bewaffnen.

Das Geheimnis ist das Schöpfungs-Urgesetz, welches bewirkt, dass alles, was Ihr aussäht, in gleicher Art vielfach geerntet wird.
Und da ist es unerheblich, ob es sich um Getreide, Blumen oder Gras handelt.

BEACHTE: Deine GEDANKEN und TATEN gehören auch dazu.

Was Du denkst und tust wird – um ein Vielfaches verstärkt – eines Tages auf Dich zurückfallen.
Dann erntest Du, was du einst ausgesäht hast.
Das Problem der Jetztzeit ist ja auch – und in hohem Umfang dafür verantwortlich – dass der Mensch gerne denkt, mit dem Tode ist alles aus und er wird schon nicht zur Rechenschaft gezogen.
Vom wem auch?, fragt er sich. Einen Gott kann es nicht geben bei der ganzen Ungerechtigkeit auf der Welt – so sagt er sich.
Aber GOTT führt halt keine Willkürakte aus. Er hat die Gesetze, seinen Willen, in die Welt gesetzt, die für alle Ewigkeit gültig sind. Ebenso hat er dem Menschen den freien Willen gegeben, weshalb er für seine Taten eines Tages zur Verantwortung gezogen wird.

Denkt daran: Auch wenn Ihr heute nicht daran glauben wollt, aber spätestens in der Minute Eures Ablebens hier auf Erden wird es Euch mit Schrecken klar, dass NICHTS für Euch zuende ist und Ihr jetzt ernten müsst, was Ihr in die Welt gesetzt habt.

Das Vater unser

*I*ch sehe schon die Gesichter und höre die Stimmen, wenn die Überschrift gelesen wird!
Es bleibt jedem Menschen überlassen, ob er nun weiterlesen möchte oder nicht!
Erst, wenn Ihr bis zum Ende zu lesen Euch bemüht wird Euch verständlich, was damit ausgedrückt werden soll. Ich werde hier nicht einfach das Vater Unser herbeten.

Selbst ich stehe manches Mal da und frage mich: Was genau soll ich nun tun? Soll ich überhaupt etwas tun? Und wenn ja... was genau? Und warum hat Gott mir scheinbar nicht geholfen?

Die Antwort – *eine* Antwort – finde ich – findet auch Ihr – nur in der Stille. In einem Moment der totalen inneren Einkehr. Und es war so, dass ich am Morgen in unserem gerade vereisten Garten unterwegs war und schon am Morgen mit Fragen aufwachte. Draußen dann wollte ich das Vaterunser beten. So ganz spontan, aber mir fiel plötzlich nicht mehr der „Einstieg" ein.

Dann kam der Einsatz :-) ...Vater unser, der Du bist im Himmel. Mit diesem ersten Satz bezeuge ich, dass ich überhaupt an die Existenz Gottes glaube, von ihr überzeugt bin.

Geheiligt werde dein Name! – Damit bekräftige ich, dass ich mich bemühen werde, immer nach dem Willen Gottes zu fragen.

Dein Reich komme. Wie im Himmel – so auf Erden. Damit erkenne ich an, dass die Gesetze von Gott nicht nur im Himmel gelten, sondern auch auf Erden und dass die Erde ein irdisches Abbild des Paradieses sein könnte. (das führe ich hier nicht weiter aus).

Unser täglich Brot gib uns heute und vergib uns unsere Schuld, wie auch wir vergeben unseren Schuldigern. – Und schon war ich rein emp-findungsmäßig an der Stelle angelangt, die für mich heute wichtig war. Das Vaterunser soll nicht einfach nur so dahergebetet werden. Jeder Teil davon hat eine tiefe Bedeutung, der nachzugehen ein jeder Mensch bestrebt sein sollte.

WIR erwarten, wenn wir einen Fehler gemacht haben, dass Gott uns verzeiht. Und wenn einer verzeiht, dann ist es Gott. Oder hat von Euch schon einmal jemand nachhaltig erfahren, dass ein Mensch verzeiht? Dass nichts mehr bleibt von dem, weswegen Groll oder Wut da war?

Vergib uns unsere Schuld, wie auch wir vergeben unseren Schuldigern... das heißt auch heute für mich, dass ich den Menschen, die mir Schlimmes angetan haben, vergeben werde. Dass ich nicht mit einem Anwalt oder Gericht dagegen vorgehen werde. Nicht durch Rufmord oder sonstiges, so wie ich es am eigenen Leibe erleiden musste.

DANN wurden mir Episoden aus meiner Kindheit gezeigt, dass Gott mich immer dann getragen hat, dass er mir immer dann Bärenkräfte verliehen hat, wenn ich nicht anders konnte, als mich zur Wehr zu setzen. Immer gerade in dem Moment. Nicht aus einer Vorausschau, indem ich planen würde, mich zu wehren. Nein, immer nur im momentanen

Angriff. Und immer dann, wenn in meinen jungen Jahren so eine Situation entstand, verlieh Gott mir solche Kräfte, die alle erstaunt hat! Und zutiefst beeindruckt. So sehr, dass man ohne Weiters von mir abgelassen und mich nie wieder angegriffen hat.

Und das Fazit der Geschicht?...

Ohne, dass wir einem Menschen vergeben, und zwar so, dass wirklich kein Groll mehr bleibt; kein einziges Stäubchen, werden wir niemals Zugang zum Paradies erhalten können, weil dieser Groll, die Wut, was auch immer, eine Art dunklen Nebel um uns legen wird und eine Art Schwere erzeugt, auch wenn diese minimal ist, die dann den Eintritt ins Paradies verhindert.

Deshalb sei Euch zum ernsten Rat gegeben, den Rat Gottes zu befolgen, der da lautet:

„MEIN ist die Rache und ICH will vergelten!"

Richtet Ihr Euch stets darnach, ohne Wenn und Aber, dann bleibt Ihr frei von Dingen, die Euch niederhalten.
   Auf Erden kann der Mensch noch vieles kaschieren. Vor den Mitmenschen verbergen, aber sobald die Seele den Körper verlassen hat, wird sie prompt ihrer Schwere oder Leichtigkeit entsprechend dorthin gezogen, wo nur Gleichgesinnte sind. Das kann Gutes sein, aber auch eben für manch einen Menschen die Hölle.

Die Hölle ist keine Erfindung Gottes. Der Mensch hat sich diese Hölle selber geschaffen durch Empfindungsformen im Wollen.

Das hier Gesagte bedeutet aber nicht, dass Ihr devot werden sollt Euren Mitmenschen gegenüber. Zieht einfach weiter, wenn Ihr vergeben habt, ohne weiter darüber nachzudenken. Ihr müsst (und sollt) mit den betreffenden Menschen nicht verbunden bleiben.

Darüber lohnt es sich heute nachzudenken.
Einen gesegneten Sonntag Euch allen.

Über das Gottvertrauen, Mattheus 6.7

Nun stellt Euch vor, da ist ein Mensch, dem ständig alles schief geht. Obwohl er augenscheinlich niemandem etwas Böses will und tut.

Er fragt sich, weshalb ihn Gott so hart „bestraft", wo er doch alles gut und richtig zu machen gewillt ist...

Die Antwort lautet: Es fehlt ihm an Gottvertrauen... und jetzt könnt Ihr gehen, wenn Euch der Rest schnuppe ist, oder aber eine logische und erklärbare Antwort anhören, wie Ihr die Lage ändern könnt.

Der Mensch hat eine Sache gerade mal wieder überwunden, schon ist etwas Neues vor seinen Füßen. Innerlich aufgebracht aus Angst und Sorge und warum das alles setzt er sich, um ein Beispiel zu nennen, mit einer Behörde, einer Firma o. Ä., in Verbindung und lässt schmerzhaft verärgert (eigentlich ja verängstigt) seinen Schmerz und Frust los.

Das macht auf der anderen Seite keinen guten Eindruck, auch wenn man es eigentlich gut meint.

Nach einiger Zeit geht die Geschichte aber doch gut aus und... der Mensch könnte daran gelernt haben.

Dann beginnt der Mensch, in der Bibel zu lesen. Mattheus 6.7 zum Beispiel, wo es um das sich Sorgen um die Dinge des Alltags und des Lebens geht, und so geht ihm eines Tages ein Licht auf und er bemüht sich, Vertrauen zu der Allmacht Gottes zuzulassen.

Er handelt anders. Der Mensch also, der fragt sich nun vorher: Wie würde Jesus auf diese Sache reagieren? Wie würde er handeln?

Und als dann das nächste Problem vor seine Füße gelegt wird, erinnert er sich daran und noch im Schreiben eines Textes als „Antwort" macht er eine Kehrtwende, dreht jedes Wort zweimal um und vertraut auf das Gute und dass Gott es schon richten wird.

Und siehe da. Das Unglaubliche tritt ein. Der Fall klärt sich ruckzuck auf, löst sich in Frieden, ohne beim Gegenüber einen üblen Nachgeschmack zu hinterlassen.

In der Folge stellt sich heraus, dass die Dinge immer „geschmierter" Laufen, je öfter er sich darin übt, und schon bald darauf wird es weniger mit diesen unangenehmen Fallenstricken und Stolpersteinen, die Gott nämlich nicht aus Bosheit dem Menschen vor die Füße legen lässt, sondern weil er ihn „liebt"!

Heißt es nicht auch: *Wen Gott liebt, den züchtigt er?*

Ihr bekommt all diese Dinge zum Erledigen vor die Füße gelegt, weil Gott Euch liebt. Weil er Euere nötige Reife auf Erden vorantreiben will, so dass Ihr zurück ins Paradies kommen könnt, welches „nicht" auf dieser Erde liegt, wie fälschlich von vielen Menschen, sogar Kirchenvertretern, angenommen wird.

Es kostet den Menschen enormes Gutseinwollen und Demut, bis er es eines Tages schafft, über den irdischen Horizont schauen zu können. Sein Blick der inneren Augen, der Seele, kann nun weiter wandern bis in die geistigen Gebiete, wo auch seine Heimat liegt. Das Paradies. Aus dem er, wenn er eines Tages voll gereift dorthin zurückzukehren schafft, er niemals wieder zurück auf diese Erde muss.

Humorvolle Diplomatie

Einem Mitmenschen etwas Prekäres erklären zu wollen ist immer ein Vabanquespiel, denn es ist schon so gewesen, dass, wenn ich zu einem Thema geschrieben habe, ich sofort danach genau mit dieser Problematik (wieder) konfrontiert wurde.

Um die Wege daraus freizuhalten vielleicht! Damit der Weg – auch für mich – nicht überwuchert.

Wenn es schwierig ist, in allen Lebenslagen, die richtigen Worte zu finden, dann hilft meist humorvolle Diplomatie. Das möchte ich Euch heute an die Hand geben.
   Einfach einmal versuchen.
   In diesem Sinne wünsche ich Euch, bis zum nächsten Mal, eine gute Zeit.

Die Versuchung

UND VERTREIBUNG AUS DEM PARADIES

Gewissermaßen... ist der Mensch selbst schuld, dass er heute nichts mehr von Gott und dem Gotteswillen weiß! So dass er Gott zu leugnen müssen meint.

Es kam der Geist Gottes (der Gotteswille) zur Erde in Abdrushin. Ich kam, um das Weibliche hinzuzufügen zum besseren Verständnis.

Die Gralsbotschaft habe ich in der Essenz mit dem Weiblichen versehen in meinem Werk: Die Brücke zur Gralsbotschaft.

Nehmen wir einmal Adam und Eva und „das essen" von der verbotenen Frucht vom Baume der Erkenntnis.

Die Bibel ist ja überwiegend metaphorisch geschrieben. Selbst Jesus sagte, dass das so gewollt ist, so dass am Ende nur *diejenigen* ihn verstehen werden, die es wert sind, gerettet zu werden.

Adam und Eva also wussten, dass sie nicht von diesem einen Baum essen durften. Der Teufel kam und meinte: Sollte Gott gesagt haben? Luzifer versprach ihnen das Blaue vom Himmel und die Erkenntnis über alles, wenn sie von diesem Baume essen würden.

Übersetzt bedeutet das nun dies: Luzifer selber ist ein Erzengel der in der Entfernung vom Licht meinte, die Macht an sich reißen zu müssen und er führte das Prinzip der Versuchung ein. Wer dieser Versuchung erlag, der war es seiner Meinung nach nicht wert, gerettet zu werden.

Der Mensch hätte das Dunkel, wie es heute sich zeigt, niemals kennenlernen müssen. Gott gab den Menschen die Möglichkeit, sich auf der Erde zu inkarnieren, um sich zu einem voll bewussten Menschengeist entwickeln zu können, um so wieder ins Paradies zurückkehren zu können.

Er sagte, wir dürfen alles tun und uns an allem erfreuen, nur nicht von dieser einen Frucht naschen. Das Nehmen der Frucht und das Naschen daran ist die Versuchung, der der Mensch dann (erlag) erliegt. Der Beginn der Zugroßziehung des Verstandes, der seinen Sitz im Großhirn hat.

Wann immer sich im Menschen die Frage stellt, ob es von Gott gewollt sein könnte und sich darum bemüht, es sich im "Kopf" nach seinen Wünschen und Ansichten zurecht zu legen, ist er in der Gefahr, der Versuchung, also dem Luziferprinzip, zu erliegen.

Sollte Gott gesagt haben...?
Aber...

"Wenn Du dir bei einer Sache nicht sicher bist, so lautet die Antwort NEIN!"

Diese Entscheidung ist in letzter Instanz immer die richtige für Euch! Versucht es nur. Nehmt dies zum Maßstab über Euere Entscheidungen!

Luzifer selbst ist für tausend Jahre gebunden, aber die Wellen tragen sich noch fort im Verstand, der seinen Sitz im Großhirn hat. Dieses lässt sich nicht von heute auf morgen wieder ausgleichen. Es ist ja im Laufe der Evolution entstanden und zu groß geworden und kann nicht von heute auf Morgen wieder *normal* werden.

Luzifer wird selbst nie auf diese Erde kommen in *Person*. Er hockt im Gehirn des Menschen, welches sich in aufdrängenden Gedanken und dem Gefühl bemerkbar macht.

Empfindungen kommen vom Geist (auf Erden Seele genannt).

Gefühle entstehen durch Gedanken im Gehirn. Genauer gesagt im Großhirn, dass der Mensch im Laufe der Evolution zu groß gezüchtet hat.

Ein normaler Mensch wäre heute derjenige, der ein ausgewogenes Verhältnis zwischen Groß- und Kleinhirn hat.

Das Kleinhirn ist heute fast umschlungen vom Großhirn (Verstand) und wird von diesem gedrückt, unterdrückt. Im Kleinhirn spielen sich die Emotionen ab. Es ist der Sitz der Empfindung und der Gott-gewollten-Entscheidungen.

Wohl dem, der dies versteht.

ALSO: Luzifer selber ist für 1000 Jahre gebunden. Seine Macht, besser – sein Wirken – besteht nur durch die Möglichkeit des Sturzes fort durch den hochgezüchteten Verstand.

Stehenbleiben...

Wenn Ihr etwas verloren zu haben scheint, oder Ihr wisst, dass Ihr auf Eurer Wanderung etwas Wichtiges verloren habt, dann werdet Ihr doch zurückgehen, oder?

Dazu müsst Ihr anhalten und langsam ein Stück zurückgehen. Mal weiter und mal näher dran. Je nachdem, wann (und ob) Ihr das Verlorene wiederfindet.

Genauso ist es im Leben. Wir hasten vorwärts und eines Tages spüren wir, dass wir etwas Elementares verloren haben. Die Verbindung zu Gott. Nie nahmen wir uns Zeit nur für Ihn, um uns in Ihn zu versenken. Immer waren andere Dinge wichtig(er).

Erst muss ich dies noch tun und dann das – und am Abend seid Ihr erschöpft und müsst Euren Körper schlafen legen. Euch erholen. Für das Elementare muss dann der neue und nächste Tag auf dem Plan stehen. Da sind dann Erledigungen und soziale Medien. Gespräche hier und da. Ihr wollt es auch jedem recht machen. Auch in den sozialen Medien. Jede Nachricht last Ihr und natürlich wurde ausführlich geantwortet.

Da blieb dann für das, was Ihr eigentlich geben wolltet, gar keine Zeit mehr.

Eines Tages erwacht Ihr und spürt, dass Euch die Kräfte verlassen. Die Beine wollen Euch nicht mehr tragen und auch sonst ... ständig seid Ihr müde und erschöpft. Ausgelaugt. Am Ende Eurer Kraft.

Dann fällt es Euch wie Schuppen von den Augen! Habt Ihr nicht genug geheult und gejammert darüber, dass Euch die Zeit für Gott fehlen würde?

Nun ist sie da, die Zeit! Aber zuerst müsst Ihr zurückgehen und den Zeitpunkt aufsuchen, wo Ihr falsche Wege gegangen seid. Wo Ihr Gott verloren habt. Um dann, Meter für Meter und Stufe für Stufe, alles so auszufüllen und zu erleben, wie es wichtig und richtig ist. Das Fehlen der Verbindung zu Gott kann <u>durch nichts</u> ersetzt werden. Seine Kraft ist für Euch das Wichtigste im Leben.

Haltet einfach einmal an, geht in Euch, geht ein Stück zurück. Ganz allein. Nur für Euch. Schaut, was auf der Strecke geblieben ist.

Und mit diesen Gedanken lasse ich Euch heute wieder zurück.

Der inneren Stimme folgen

Dass man seiner inneren Stimme folgt, merkt manch einer nicht oder nicht sofort oder später... vielleicht.

Ganz eindrücklich war dies bei mir in Sachen Umzug und Ortswechsel. Ich kann meine Umzüge gar nicht mehr so einfach aufzählen, aber es waren mindestens fünfundzwanzig.

Eines Tages war es wieder so weit, dass mein Leben an einem Ort, in einer Wohnung, Lebenssituation zum Stillstand gekommen war.

Es ging nicht vor und zurück und egal, was ich versuchte zu Denken, wie es weitergehen würde oder sollte, endete im Nichts. In einem schwarzen Loch. Und genau dieses Empfinden drückte ich auch immer wieder sprachlich genauso aus.

Bis mir dann auffiel, dass dies das Zeichen für Aufbruch und Neuanfang, Veränderung war.

Und quasi ohne mein Zutun war irgendwie immer alles geregelt. Das Große und Ganze klappte immer. Von Wohnungssuche, Umzug an sich und allen Dingen, die damit zusammenhingen.

Ich sage nicht, dass das immer ein Zuckerschlecken und einfach war! Die Arbeit blieb schon noch an mir kleben, die eben auf der Erde so nötig war, aber es war im Prinzip immer alles geregelt und ich musste die Dinge nur noch abarbeiten.

So wie im Großen, so war es auch immer im Kleinen.

Schließt sich eine Tür, so öffnet sich eine neue. Nicht immer war die Verweildauer an einem Ort lange. Ich hatte eben meinen Auftrag erfüllt, sagte ich mir später immer.

Sicher hätte ich auf Biegen und Brechen immer an einem Ort bleiben können, aber der Drang der inneren Stimme war immer stärker und ich musste ihr folgen.

Da ich mich als Vermittlerin des Wortes Gottes sehe und empfinde, war es für mich auch nie eine Frage, mich diesen Dingen zu verschließen.

Manchmal tu ich Dinge, die andere Menschen nicht verstehen können, aber ich muss manchmal Menschen in bestimmte Situationen bringen, damit sie eine Entscheidung treffen können, bzw. müssen sogar.

Das geht nicht immer glatt für mich ab, weil... wie soll ich das erklären, aber in letzter Instanz hat Gott immer seine Hand über mich gehalten.

Mir ist bewusst, dass ich diesen Schutz nicht ausnutzen darf! In der heutigen Zeit so zu leben, dass man voll und ganz untadelig ist, das ist eine Kunst, aber dennoch bin ich jeden Tag darum bemüht.

Das solltet Ihr auch!
Darum bemüht sein!

Korinther 15 ff –

DAS ZEUGNIS DER AUFERSTEHUNG CHRISTI –
GOTT ZUR EHRE MÜSST IHR EUCH SELBER REGEN

Im 1. Korinther 15 ff – Das Zeugnis der Wiederauferstehung Christi – ist im Folgenden auch der Mensch in der Wieder-Auferstehung genannt.

Ich frage mich schon, ob all die Kirchenmänner jemals die Bibel wirklich ganz und innig für sich gelesen und inhaliert haben. Sich die Worte zu Eigen gemacht. So, dass sie sie verstanden haben... oder wurde denen im Studium nur alles vorgekaut und sie lernten es auswendig?

Denn wer die Bibel wirklich für sich nicht nur gelesen hat... immer und immer wieder (insbesondere das NT), der *kann* gar nicht anders, als an die Wiederauferstehung zu glauben. Davon überzeugt sein.

Und dem ist auch klar, dass das, was auf dem Friedhof von einem Menschen übrig ist, nur sein auf Erden nötiges Werkzeug war und seine Seele nicht mehr dort herumhängt. Es sei denn, die Menschenseele, die abgeschiedene, wollte nichts von einem Fortbestehen nach dem Tode wissen und klammert sich nun an die Erde.

Und dem ist auch klar, wohin die Reise des Menschengeistes geht (Seele genannt) und dass das Paradies NICHT auf Erden sein *kann* und der versteht auch, in was für einem Körper der Menschengeist weiter besteht und dass er NICHTS, aber auch gar nichts Stoffliches nach seinem Ableben wird mitnehmen können. Ob es ihm passt oder nicht!

Auch ich habe erst sehr spät begonnen, in der Bibel zu lesen. Dafür dann aber umso intensiver.

Nicht, weil mich jemand dazu genötigt hätte. Nein, weil es mir dann ein sehr dringendes Bedürfnis geworden war, auch den Anfang der Geschichte in allen Einzelheiten kennenzulernen. Wer ein Haus baut, der muss ja auch einen guten und festen Grund gelegt haben. Sonst fällt am Ende ja alles bei der kleinsten Erschütterung wieder zusammen.

So ist es auch mit dem Wissen. Ein Mensch, der nur oberflächlich mal an einer Stelle einsteigt und nach Gott fragt, der wird schnell beim leisesten Windhauche wieder abfallen, weil er in sich keine eigene Überzeugung trägt.

Sobald diese Sehnsucht nach Gott wie ein Same in seine Seele gefallen ist, muss er diesen hegen und pflegen, sich darum bekümmern. Denn sonst verdorrt der Same wieder und kann nicht zu schönster Blüte sich entfalten.

Ich wundere mich so sehr über all die Irrungen, die von der Kirche gelehrt werden.

Nehmt einmal Euren Mut zusammen und vertieft Euch selber in das Wort. Denn dann wird schnell allem Grund für Angst vor dem Sterben oder den vielen Fragen nach dem Sinn des Lebens abgeholfen. Folgt nicht dem blinden Glauben der Kirchen. Das ist das Verkehrteste, was Euch überhaupt passieren kann.

Tut das Gott zur Ehre...

Ein Pastor, der wird Euch sicher nicht weiterhelfen, wenn Ihr eines Tages diese Erde verlassen müsst und Ihr Euch fragt, wie es wohl weiter geht.

Aus gegebenem Anlass

Den Kirchen laufen die Gläubigen davon. Nicht nur wegen der Missbrauchsfälle, die vertuscht wurden.

Von allen Seiten kommen Forderungen von Menschen, wie Kirche ihrer Meinung nach sein sollte und was sie alles zuzulassen hätte. So die Trauung von gleichgeschlechtlichen Paaren etc..

Ich sehe schon die erhitzten und erbosten Gesichter, wenn sie diese meine Worte lesen, aber... Kirche baut sich auf dem auf, was Jesus an Wahrheit gebracht hat!

Genau daran hat sich die Grundlage der Kirche auszurichten. Die Wahrheit, die von Gott kommt, kann man nicht einfach modernisieren und ständig den Menschen anpassen, damit der Zulauf erhalten bleibt.

Was mir aufgefallen ist in den letzten beiden Jahren: Seit diesem ganzen Coming-Out, dem Gegendere und der Gleichmachung aller Geschlechter bin ich von so vielen Menschen mehr als überrascht, dass sie einen gleichgeschlechtlichen Partner haben!

Nein, ich habe kein Recht, das zu verurteilen. Darüber zu urteilen steht nur Gott zu, aber Jesus sagte eindeutig, dass ein Mann nicht bei einem Mann liegen sollte! (und das gilt auch für die Frau) ---

Viele erheben dann die Stimme und ziehen Vergleiche zum Tierreich, aber wollt Ihr Euch mit einem Tier gleichsetzen? Die Tierseele hat einen ganz anderen Ursprung als der Menschengeist und trägt deshalb auch keine Verantwortung in dieser Schöpfung.

Dies hier ganz abzuhandeln würde jeden Rahmen sprengen.

Da aber die größte Zahl aller Menschen von ihrem Gott, seinen Geboten und Gesetzten, nichts mehr wissen will, wäre auch jedes weitere Wort überflüssig. Ich schreibe nur für diejenigen, die sich nach Wahrheit sehnen und einen Ausweg suchen.

Das unsichtbare Drum-Herum

Durch Freude und Leid wird der Mensch sehr oft gelöst von jeder Nichtigkeit des Alltages und empfindet ahnungsvoll den Geist Gottes, der alles Lebende durchströmt.

Wir können mit den irdischen Augen das Jenseits nicht sehen, aber empfinden.

Das Jenseits ist jenseits der Erkennungsfähigkeit der körperlichen Sinnesorgane. *Eine* Kraft durchströmt das Diesseits wie das Jenseits. Beides ist untrennbar miteinander verbunden und besteht nebeneinander.

Könnte der Mensch auf Erden schon seine geistigen Augen öffnen, so könnte er auch die Strömungen sehen, welche unsere Willensakte durch Empfindungen aussenden.

Durch eine Empfindung, die durch eine Situation entstanden ist, treffen wir Entscheidungen. Oft im Guten, aber manchmal auch in übler Absicht.

Den Folgen der Gedanken und Entscheidungen ist der Mensch dann aber unterworfen. Oft kann er sich an seine ursprüngliche Willensentscheidung nicht mehr erinnern, weil sie weit zurückliegt, oder sogar in einem vorherigen Leben geschah.

Dann ist er betrübt oder von Gott enttäuscht, wenn ihn ein Schicksalsschlag trifft.

Es wäre für den Menschen gut, wenn er sich wieder mit der Tatsache der Wiedergeburt befassen würde. Viele Lebenslagen können dadurch auch für einen selbst erklärt und *ge*klärt werden.

Kirchenoberhäupter haben einst diesen Passus der Wiedergeburt aus den Kirchenbüchern und Überlieferungen entfernt, weil sie meinten, der Mensch sei noch nicht so weit. Leider geriet es dann ganz in Vergessenheit, bzw. erhebt die Kirche sich darüber.

Eine unverzeihliche Unterlassung, die viel Ängste in den Menschen ausgelöst hat, weil niemand weiß, wie es nach dem Ableben hier weitergeht.

Das alles bräuchte für uns gar kein Buch mit sieben Siegeln mehr sein. Fragt Euere Empfindung. Sie wird auch die Richtigkeit bestätigen.

Habt vor allem Mut, zu hinterfragen, was die Kirchenmänner lehren.

Jetzt trennt sich die Spreu vom Weizen

Wer sich ein wenig umschaut in dieser Zeit, privat wie in den Medien, so ist da eine lange nicht gekannte Gewalt in unserem Land zu spüren, die ungeahnte Ausmaße annimmt. Da zieht sich sogar die Polizei zurück, um nicht selber zum Opfer zu werden.

Niemand scheint es zu wollen, aber immer mehr Menschen werden davon beherrscht; führen sie aus, diese Gewalt.

Legt doch mal die Messer und die Keulen beiseite und fragt Euer Herz, wo die Sache enden soll?

Bedenkt doch, dass Ihr in gleicher Weise das Ruder zum Guten herumreißen könntet, anstatt Euch zu bewaffnen.

Das Geheimnis ist das Schöpfungs-Urgesetz, dass alles, was Ihr aussäht, in gleicher Art vielfach geerntet wird.

Und da ist es unerheblich, ob es sich um Getreide, Blumen oder Gras handelt.

BEACHTE: Deine GEDANKEN und TATEN gehören auch dazu. Deine Gedanken SIND schon Taten!

Was Du denkst und tust wird – um ein vielfaches verstärkt – eines Tages auf Dich zurückkommen. Dann erntest Du, was du einst ausgesät hast.

Das Problem der Jetztzeit ist ja auch – und in hohem Umfang dafür verantwortlich – dass der Mensch gern denkt, mit dem Tode ist alles aus und er wird schon nicht zur Rechenschaft gezogen. Vom wem auch?, fragt er sich. Einen Gott kann es nicht geben bei der ganzen Ungerechtigkeit auf der Welt, so sagt er sich.

Aber GOTT führt halt keine Willkürakte aus. Er hat die Gesetze, seinen Willen, in die Welt gesetzt, die für alle Ewigkeit gültig sind. Ebenso hat er dem Menschen den freien Willen gegeben, weshalb er für seine Taten eines Tages zur Verantwortung gezogen wird.

Ein ganz entscheidender Punkt bei diesem Aspekt ist, dass immer mehr dunkle Seelen zur Geburt angezogen werden, die eigentlich nicht auf diesen Erdenplan gehören…

Denkt daran: Auch wenn Ihr heute nicht daran glauben wollt, aber spätestens in der Minute Eures Ablebens hier auf Erden wird es Euch mit Schrecken klar, dass NICHTS für Euch zuende ist und Ihr jetzt ernten müsst, was Ihr in die Welt gesetzt habt.

3. Buch Der Auferstehungsmorgen

Das dritte Buch enthält Beiträge aus meinem Werk:

Glockenläuten – Der Auferstehungsmorgen.

Aufmerksame Leser können damit die Veränderung des geistigen Geschehens verfolgen.

Lange habe ich mit mir gerungen, ob ich eine in neue Veröffentlichung gehen soll, und so hatte ich dann einige Zeit alle Werke kostenlos zum Download zur Verfügung gestellt. Leider wurde damit auch Schindluder betrieben, so dass ich mich doch wieder für diesen offiziellen Weg entschieden habe.

Glockenläuten –

DER AUFERSTEHUNGSMORGEN

Lilian Rose

Auf verlorenem Posten?

Ergänzend zu früheren Beiträgen kommt hinzu, dass Abdrushin quasi von seinem Team, wenn man es in Menschenworten ausdrücken will, versetzt wurde. Von seinem Heer, seiner Mannschaft.

Stellt Euch meine Worte einmal simpel vor in einfachen Beispielen: Was ist ein Heerführer ohne sein Heer; die Soldaten? Sie können noch so gut ausgebildet sein, aber wenn diese im letzten Moment entscheiden, nicht zum Kampf anzutreten, dann ist auch der Heerführer verloren (und blamiert). Dieser kann ein noch so guter Mensch sein.

Oder eine Fußballmannschaft. Ein erstklassiger Trainer hat die Mannschaft ausgebildet, aber hinter seinem Rücken lassen sich die Spieler mit Geld oder anderen Verlockungen schmieren und verlieren dadurch gewollt – und das hat es alles schon gegeben.

Die Beispiele können hier endlos fortgeführt werden und wenn ich im Vergleich meine eigenen Gedanken, Erwartungen, mein Vertrauen und all das ziehe, dann setze ich dieses auch in noch höherem Maße bei einem direkten Lichtgesandten voraus – ABDRUSHIN.

Er hat auf die Menschen, die zum Dienst am Licht berufen wurden, gesetzt und darauf vertraut, weil er gar nicht anders konnte... und ist zutiefst erschüttert und ernüchtert zurückgeblieben, als er erkennen musste, dass diese Berufenen – seine Mannschaft sozusagen – nicht angetreten sind oder sich durch andere Verlockungen haben davon abbringen lassen.

Und NUR DARUM sind viele Ereignisse nicht eingetreten!
KONNTEN viele Ereignisse nicht sofort eintreten.!

Wenn ich an meine eigene Traurigkeit denke, die ich in solchen Fällen habe; wieviel größer muss *sein* Schmerz gewesen sein?

UND nun stehen wir an dem Punkt, wo es mit dem *nur füttern* der Menschen mit neuen Informationen vorbei ist. ---

Ja, sie sollen das Wort sicher behalten, aber ich habe diese neue Aufgabe, eine Brücke dafür zu bilden.

Eine schwere Aufgabe.

Besessen und Alzheimer

*B*esessen in der Art, dass nicht unbedingt ein fremder Geist ganz darinnen wohnt, sondern... aber das erkläre ich hier kurz. Sicher gibt es auch andere Art von Besessensein, so wie bei der Krankheit (deren Name mir gerade nicht einfällt, aber wo Menschen Laute, Worte, Beschimpfungen und Gesten von sich geben, die sie nicht wollen).

Wenn ein Mensch allen Regungen des Lebens aus dem Wege geht, so als würde man einen Baum, eine Pflanze in eine Ecke pflanzen, ohne dass Sonne, Wind und Wasser daran kann, dann wird der Geist schwach. Er kann nicht zum Leben kommen. Nicht reifen und erstarken und hat dann auch Jenseitigen nichts entgegenzusetzen.

Das können Jenseitige sein, die in irgendeiner Weise ihren Bedürfnissen frönen wollen wie Rauchen, Jähzorn, Diebstahl, Lust an Brutalität – was auch immer. Dieser Jenseitige sucht sich dann ein "Opfer", also einen inkarnierten Geist auf Erden, der schwach genug ist, dass sie auf diesen einwirken können, damit dieser durch sein Handeln dann die gewünschte Emotion hervorruft.

Das ist tragisch.

Die Menschen werden dann weggesperrt und selbst die meisten Ärzte wollen davon nichts hören oder halten es für Humbug.

Je nachdem, wie alt dann nun diese sog. Besessenen sind und ob sie noch weitere Grunderkrankungen haben (z. B. Alzheimer), kann man durch Gespräche und Verhaltenstraining, durch das Augen öffnen für das Leben an sich, das Woher und Wohin und schlussendlich eben auch über die Ernährung sehr gut einwirken.

Hat ein Mensch Alzheimer und ist diese Erkrankung schon über den Zenit, kann ich der Regel nur noch etwas über die Ernährung darauf eingewirkt werden, dass dieser Mensch nicht unangefochten in Beschlag genommen werden kann.

Wohl dem, der Weisheit greifen kann.

Wir sprechen hier nicht von irgendeiner Austreibung oder sonstigen Verschwörungstheorien.

Es gibt Menschen, die besessen sind. Zeitweise oder ganz.

Ich schreibe Euch hier aus jahrelanger Beobachtung.

Punkt 1: Wenn Sie das Empfinden haben, dass jemand, den Sie kennen, besessen oder teilweise besessen ist, indem er von einer Sekunde auf die andere quasi ein anderer Mensch wird, mit anderer Stimme spricht und auch vom Wesen ganz plötzlich verändert ist – anstatt sanftmütig zu sein plötzlich zu einer Furie mutiert – dann können Sie davon ausgehen, dass dieser Mensch eine schlechte Verbindung zu seinem Ursprung hat. Zum geistigen Reich. Zur Quelle aller Kraft; ganz wie man es ausdrücken will.

Anstatt aber diesen Menschen für verrückt zu erklären, wie es häufig geschieht, sollten Sie versuchen, wenn Sie die Möglichkeit haben, durch seine Ernährung auf seinen Zustand einzuwirken.

<u>Der erste und wichtigste Punkt ist: Nehmen Sie diesem Menschen jeglichen Zucker weg!</u> Gerade habe ich es erst bei einem Menschen erlebt, der offensichtlich auf dem Wege wieder ins Hier und Jetzt war, als ein Verwandter ihm, weil er im Krankenhaus war und sich allein fühlte, eine Tüte Bonbons mitbrachte mit dem Ergebnis, dass der Menschengeist im Hintergrund wieder auf diese Person einwirken und von ihr Besitz ergreifen konnte.

Was die Ernährung anbelangt, so weiß im Prinzip jeder Mensch, was gesund oder ungesund ist. Wie gesagt: Das Wichtigste ist der Entzug von Zucker. Aber auch das ständige Weißbrotessen, weißes Mehl, Toastbrot, helle Brötchen, zu viel Fett, frittierte Sachen, Chips und dergleichen, gesüßte Säfte und auch Alkohol.

Wenn es Ihnen gegeben ist, darauf einzuwirken, dann probieren Sie dies bitte aus und ich versichere Ihnen, Sie werden ein Wunder erleben.

Auch in Kombination mit Alzheimer ist die Ernährung von immenser Bedeutung. Sie werden sehen, dass sich der Gesundheitszustand um Einiges verbessert, wenn die Ernährung wie oben angedeutet angepasst wird.

Warum hilft Gott nicht? - Die Gralsbotschaft

Hätte ich nicht diese überwältigenden Erlebnisse vor dem *zu mir kommen* der Gralsbotschaft gehabt... wer weiß, ob ich nicht auch heute zu den Zweiflern gehören würde.

Das, was mir geschehen ist und was mir gezeigt wurde, was ich erfahren habe, das ist von so gewaltigem und überirdischem Gehalt und nicht von dieser Welt, so dass für mich niemals Zweifel an der Wahrheit der Gralsbotschaft auferstehen können.

Dieses Geschehen ist nichts, was man jedem Menschen an jeder Ecke erzählen könnte. Ich würde es beschmutzen, aber die Wenigen, welche mein erstes, auf die Gralsbotschaft hinführendes Werk: "Der letzte Ruf aus dem Gral" gelesen haben, die wissen von diesem Geschehen und Erleben.

Wir sollen keine Perlen vor die Säue werfen, sagte schon Jesus. Was bedeutet, dass man genau abwägen muss, wer für diese Wahrheit überhaupt zugänglich ist. Für die Wahrheit an sich, denn sicher kennen das viele Menschen von Euch: Ihr wollt Eueren Mitmenschen etwas ganz Großes und Bewegendes mitteilen, aber Ihr spürt, dass Ihr – egal, was Ihr sagen würdet – gegen eine Wand sprechen würdet und so wollt Ihr dieses Erleben schützend verbergen, um es nicht zu beschmutzen.

Ich sehe viele Menschen, denen Ungutes widerfährt und oft fragen oder sagen sie erbost: Warum hilft Gott mir nicht? Warum lässt er das zu?

Das Problem ist, dass der Begriff von GOTT und seinem Wirken von den Menschen so verbogen wurde, dass sie den Vorgang der Hilfe und der Auswirkungen von allen Taten nicht mehr begreifen können und viele Menschen, ein Großteil dieser Menschen, ist so in dieses Falsche verstrickt (und das könnt Ihr Euch bildlich vorstellen, wie ein Mensch, um es mal grob zu sagen, sich in Schiffstaue eingewickelt hat immer und immer weiter, weil er sich drehte und drehte... und sich dann selbst, ohne Hilfe, nicht mehr daraus befreien kann), dass ein Erkennen des tatsächlichen Geschehen für sie fast unmöglich wird.

Gehindert durch das zu sehr ausgeprägte Verstandesdenken.

Immer wieder höre ich Menschen, die sagen: Ja, aber Abdrushin widerspricht sich doch so oft in dem, was er sagt!

Würdet Ihr die Gralsbotschaft ohne Vor-Urteile lesen und in Euch aufnehmen, dann würdet Ihr erkennen, dass Abdrushin die Dinge oft von verschiedenen Seiten beleuchtet, betrachtet und erklärt. Wie eine Münze zwei Seiten hat und Tag und Nacht anders beschrieben werden. Wie ein Teller von außen rund und von innen hohl sein kann, so scheint eine Situation, von einer Seite beleuchtet, nichts mit der anderen Seite zu tun zu haben. Es ist eine Sache des Blickwinkels darauf.

Wer das Schwert zieht...

...wird durch das Schwert sterben.

Da wo zwei Menschen es nicht schaffen, Konflikte zu lösen, sie sich nichts vergeben oder noch weniger verzeihen können, weil... es ist ja *immer* der andere schuld!

Sagt selbst, wie soll da Frieden auf Erden kommen? Gar zwischen Völkern?

Hochmut, Dünkel und die *verletzte Eitelkeit* der Menschen werden Frieden immer verhindern. Oder anders ausgedrückt, sind diese Menschen nicht zu Diplomatie in der Lage.

Diplomatie ist das Geheimrezept in allen Lebenslagen. Dem *Feind* entgegenkommen und in Demut (nicht Devot) mit ihm sprechen.

Die Regierenden maßen sich an, Kriege mit allen Mitteln zu bekämpfen, wobei die Waffen und Gerätschaften immer größer und gefährlicher werden im Einsatz.

Wo bleibt bei den Parteien, die sich doch christlich schimpfen, der Glaube an das Gebot Gottes (welches das Oberste überhaupt ist, um Frieden zu schaffen):

"Mein ist die Rache und ich will vergelten"

So spricht der Herr!

166

Wir könnten in Zeiten wie diesen vom Gericht Gottes sprechen, aber selbst Jesus sagte: *Den Tag und die Stunde kennt nur der Vater im Himmel!*

Wobei es aber so ist, dass das Gericht für den Einzelmenschen sich nicht an einem Tage vollzieht, sowie es nicht für alle Menschen gleichzeitig an einem Tage einsetzt.

Aus dieser Sicht heraus kommen wir dem Verständnis und der Tatsache des Gottes-Gerichtes schon näher.

Die Regenten fahren immer größere Geschütze auf. Jeden Ansatz von Lösungen der Konflikte ohne Waffen können oder wollen sie nicht mehr sehen... und übersehen dabei, dass sie auch andere Völker – namentlich das eigene – ins Verderben führen.

Es bedingt das diplomatische Geschick aller Länder, Frieden möglich zu machen. Dass diese Regenten – allein und unter Ausschluss der Öffentlichkeit, und ohne, dass etwas davon nach außen getragen wird – selbst nicht die Tatsache, dass es zu diesem Treffen kommen wird und kommt... genau das ist höchste Diplomatie, dieses einzufädeln.

In der Bibel steht geschrieben, dass Jesus sagte, dass diese Kriege kommen werden und müssen, um einige der Menschen noch aufzuwecken. Kriege im Großen wie zwischen Einzelmenschen. Katastrophen jeglicher Art. Das werden die Regenten mit politischen Maßnahmen niemals erreichen, das Frieden sein wird oder das Klima gerettet wird oder das alles gut wird... ohne vorherige Änderung des innersten Menschen im Kerne. Im Geiste.

Amen bedeutet, so sei es

Prüfstein gegen dich selbst

Wo immer Ihr Unduldsamkeiten findet, Gehässigkeit, oder Feindschaft sehet, Hetzereien gegen andere... wo man versucht, anderen Menschen zu schaden ... dort ist kein Licht, kein Glaube und keine Überzeugung zu Gott vorhanden.

Eine Lehre, die nicht verbogen ist, wird in der Reinheit der Gottgesetze schwingen. Sie erzieht nicht Menschen, die dem Nebenmenschen schaden wollen.

Damit dienet niemand Gott, denn Gott verbietet diese üblen Dinge, welche auch rein irdisch nur das unsaubere Sinnen dessen zeigt, wer solcherart zu handeln fähig ist, nicht aber den davon Betroffenen zu schädigen vermögen vor Menschen, welche noch geraden und reinen Sinnes sind.

Auffallend ist auch, dass besonders Menschen, welche vorgeben, Diener Gottes zu sein, von den Mitmenschen die tiefste Unterwürfigkeit unter sich verlangen.

Der Mensch *soll* demütig sein, aber nicht devot (kriecherisch). Das ist nicht im Willen Gottes. Wo immer man Euch als *nicht demütig* und *hoffärtig* bezeichnet, weil Ihr Fragen stellt in Bezug auf das Wort Gottes, dort sind nicht die Reinheit und der Wille Gottes vorhanden.

Wenn ich dann sterbe

Die einzige Sorge beim Hinübergehen in eine andere Welt, das Jenseits, sollte sein, ob wir gut genug waren!

Wir müssen uns klarmachen, dass wir das Paradies nur dann betreten können – und von diesem, wenn wir voll gereift sind, sogar selbsttätig angezogen werden – wenn wir jedes unserer Seele anhaftende Stäubchen hinter uns gelassen haben.

Wir müssen uns klarmachen… sobald wir diese Erde verlassen, haben wir nicht mehr das grobstoffliche Gehirn, mit welchem wir erklügeln können, wie wir dieses oder jenes umgehen können. Dort zählt nur noch das Wollen und die Empfindung des Geistes (Seele genannt).

Wir werden gemäß unseres Empfindungswollen an den Ort gezogen, der unserer Art des Wollens entspricht.

Wenn wir ein Laster haben, werden wir im Jenseits genau dorthin gezogen, wo diesem Laster gefrönt wird, bis wir es überdrüssig und satt haben, bis uns der Ekel davor kommt und der Wunsch in uns aufersteht, davon loskommen zu wollen.

Darüber können viele Jahre vergehen...

Und wenn wir dann diesen Ort verlassen durften, weil wir dieses Laster, eine bestimmte Art von Wollen, abgelegt haben, werden wir an den nächsten Ort gezogen... bis wir von aller Schuld, allen Anhaftungen, allem Dunkel... gelöst sind.

Nehmt Euch am Abend den Tag vor. Lasst ihn durch Euere Empfindung ziehen und beschaut schonungslos, wo Ihr nicht im Schöpfungsgesetz geschwungen und gehandelt habt.

Wahr sein bis ins Kleinste, das ist das Schwerste im Leben. Aber es ist auch wie Fahrradfahren: Wenn wir uns darin üben und es gelernt haben, dieses Gleichgewicht zu halten, dann geht es wie von selbst, denn ...

...nur aller Anfang ist schwer.

Das Leugnen des Heiligen Geistes

Es gab schon immer Eiszeiten und Heißzeiten. Wer von den Straßenfestklebern, Umweltaktivisten, Grünen, Friday for futures usw. hat sich ein einziges Mal mit der Bibel und mit der Offenbarung des Johannes auseinandergesetzt?

Hat nur EINER von Euch mal darüber nachgedacht, dass diese Wetterkatastrophen von Gott gesandt wurden?

Aus: Offenbarung 16/8/9
Und der vierte Engel goss aus seine Schale über der Sonne; und es wurde ihr Macht gegeben, die Menschen zu versengen mit Feuer.

Und die Menschen wurden versengt von der großen Hitze und lästerten den Namen Gottes, der Macht hat über diese Plagen, und bekehrten sich nicht, ihm die Ehre zu geben.

Ja, es gibt es zu viele Autos auf der Welt.
Besonders auch der Flugverkehr ist ein großer Umweltschädling.
Es sind…
… diese ganzen Kreuzfahrtschiffe schädlich für die Umwelt.
… alle produzierten Giftstoffe schädlich für Wasser, Erde und Luft.

ABER... solange der Mensch sich nicht auf Gott besinnt, sich bemüht, Jesus Worten nachzuleben, um stattdessen ein Leben in Saus und Braus zu frönen... werden diese Plagen kein Ende nehmen.

Ich sage nur (außer den schweren Sünden an der Umwelt):
Männer liegen bei Männern. Frauen liegen bei Frauen. Das Volk will sich gleichmachen, die Geschlechter abschaffen, und gendert. Freizügigkeit bis zum Abwinken. Das Wegreißen aller Schranken von Scham und Demut. Falschheit, Bosheit, Machtgier. Freude am Quälen und Demütigen. Missbrauch von Menschen.... die Liste kann lange fortgesetzt werden.
Diese Plagen werden bis zum bitteren Ende gehen, weil es leider abzusehen ist, dass der Mensch sich nicht an Gott halten will. Weil er GOTT, seinen Schöpfer, nicht anerkennt.

Letzter Ruf zum Jüngsten Gericht

Nun müsst Ihr nicht denken, dass Euch Pastoren, die Kirche an sich, die rechten und richtigen Antworten geben werden. Es werden da immer Fragen bleiben und was nicht erklärt werden kann von den selbst ernannten Vertretern Gottes, wird mit: Die Wege des Herrn sind unergründlich – abgetan.

Aber Ihr solltet zu guter Letzt doch noch etwas über das Gottesgericht wissen:
Ich will nicht bei Adam und Eva anfangen, aber zuerst ein paar hinweisende Erklärungen...
Es heißt in der Bibel: Zu richten die Lebenden und die Toten. Es gibt tatsächlich Menschen, und das habe ich hautnah und schmerzlich

erfahren müssen, welche glauben, dass zum jüngsten Gericht alle bisher gestorbenen Menschen aus den Gräbern wieder auferstehen werden.

Gemeint ist aber dieser Satz aus dem Geistigen, womit die *geistig Toten* gemeint sind. Diejenigen, die sich so dem Verstande unterworfen haben, dass sie weder ihre innere Stimme, sprich auch Botschaften von Gott, nicht mehr wahrnehmen können. Sie sind geistig tot.

Das Paradies ist auch nicht auf dieser Erde (dazu ausführlich im ersten Teil meines Werkes), denn wenn alle bisher gestorbenen Menschen aus ihren Gräbern wieder auferstehen würden... wohin sollten sie auf dieser Erde? (Auf der Erde sollte nach dem Willen Gottes ein *Abbild* des Paradieses erstehen).

Eine Frau meinte mal zu mir, es wäre doch genug Platz auf der Erde.

Wer das Paradies erkennen und begreifen will, der muss über diesen Erdenplan hinauszusehen fähig werden. Also über die gesamte Stofflichkeit. Meist geschieht so etwas aus tiefstem Schmerz und Leid heraus, dass eine Menschenseele dann so gelockert ist in Verzweiflung, und in dieser Verzweiflung dann Gott um die Wahrheit bittet. Es ist Leid und Schmerz quasi in heutiger Zeit der einzige Weg, Gott noch erkennen zu können.

DANN... die Bibelschreiber haben in oft kindlicher Einfalt die Begriffe Gottessohn und Menschensohn durcheinander gewürfelt und stellen es als eine Person (wenn man vom Gottessohn überhaupt von Person sprechen kann) hin. Aber Jesus sprach immer wieder davon, dass zum Ende der Zeit, also kurz vor dem Gericht, derjenige kommen wird, der die Menschen in alle Wahrheit führen wird.

Es war ja nicht Jesus selber, der die Worte der Bibel niedergeschrieben hat und so konnten sich diese folgenschweren Fehler einschleichen... und selbst, wenn Kirchenvertreter später einmal lichte Momente hatten, so sperrten sie dieses Wissen von den Menschen ab, um ihnen *keine Unruhe* zu bereiten.

Ganz falscher Weg...

DAS GERICHT – das jüngste bzw. letzte Gericht auf Erden... es geschieht nicht an einem Tage. Es passiert für jeden Menschen zu seiner Zeit und tatsächlich werden alle Seelen, die in der Vergangenheit abgeschieden waren (siehe dazu das Gesetz der Wiedergeburt), nach und nach wieder auf diesem Erdenplane inkarniert, so sie den Aufstieg noch nicht beginnen konnten. Wer nur wenige Fehler noch an sich hat, der muss nicht zwangsläufig wiedergeboren werden, sondern empfängt das Gericht im Jenseits.

So kommt es auch, dass nun gehäuft immer mehr dunkle Seelen auf dieser Erde inkarniert werden, die wiederum noch dunklere Seelen anziehen bei der Zeugung, so dass die Erde mit der Zeit immer schwerer und schwerer werden konnte; dem Licht immer ferner.

Manchmal würde man sich wünschen, das Gericht würde endlich kommen und einmal so richtig zulangen, aber es ist in der Tat so, dass nur eine Gottesliebe es fertigbringt, diese Zeit so lang werden zu lassen, damit auch der Letzte noch die Möglichkeit bekommt, sich aus dem Griff des Dunkel zu befreien, um aufsteigen zu können...

... denn *nach* dem Gericht wird die Erde angehoben werden in wieder hellere und leichtere Regionen, wo alles, was nicht mehr im Gotteswillen schwingen will, zurückbleiben muss!

Was in Kürze geschehen soll! Macht Euch klar, dass bei Gott tausend Jahre auf Erden wie ein Tag bei Gott sind.

Wenn Gott spräche: morgen... dann können darüber also tausend Jahre vergehen. Dessen seid Euch bewusst.

Viele Menschen stellen sich vor, dass, wenn sie nach dem Gotteswillen leben sollen, ein sehr freudloses Dasein führen müssten, wo sie den ganzen Tag in der Kirche hockten oder sonstwie sich kasteien müssten.

Aber das Gegenteil ist der Fall. Dazu mal ein kleines, wenn auch sehr menschliches Beispiel, an dem Ihr es aber festmachen könnt, so Ihr wollt.

Stellt Euch einen Raucher vor. Sein Ein und Alles sind die Glimmstängel. Nur wenn er dieser Sucht frönen kann, vermag er glücklich und heiter zu sein... redet er sich ein. --- Da sind die Schmerzen in der Lunge, der Husten, die Krebsgeschwüre, das Leid der Kinder von Rauchern, die zu Mitrauchern werden, die geistige Schwere, die dann in einem schweren Gang oder Schritt sich ausdrückt --- ein kleines Übel für ihn.

Aber wer von Euch früher einmal geraucht hat und wirklich davon losgekommen ist, der weiß, was für ein Glücksgefühl dann entsteht, wenn man *es* geschafft hat. Welche Leichtigkeit in einem aufkommt.

Mit diesen Worten lasse ich Euch heute erst einmal zurück.

Luzifer und seine Folgen

Zuerst einmal: Luzifer ist ein gefallener Engel, der in der Entfernung zu Gott seine eigenen Regeln geltenlassen wollte.

Das Prinzip Luzifers ist das Prinzip der Versuchung: Sollte Gott gesagt haben…?

Luzifer brauchte einen Helfer im Grobstofflichen, um hier sein Prinzip ausleben lassen zu können. Dieser Helfer heißt: Großhirn!

Somit ist das Großhirn, welches den Verstand beinhaltet, die größte Waffe Luzifers. Die Menschheit hat mit dem Großziehen des Verstandes immer mehr nur *auf diesen* gehört und sich verlassen, denn es könnte ja sein: Sollte Gott gesagt/gemeint haben…?"

Das, was heute Drüse oder Kleinhirn genannt wird ist in seiner ganzen Tatsache an Grausamkeit kaum zu überbieten, denn im normalen Verlauf hätten beide Gehirnhälften gleich groß sein müssen.

Der Mensch braucht den Verstand auf Erden als ausführendes Organ.

Merke: Nur im Grobstofflichen ist der Verstand nötig als ausführendes Organ.

Der VERSTAND sollte NUR das ausführende Organ sein!

Aber der tonangebende Teil sollte das Kleinhirn sein, durch welchen sich der Geist betätigt und die Richtung vorgibt.

Und hierbei entsteht bei den meisten Menschen schon wieder ein Fragezeichen vor dem geistigen Auge, denn die meisten Menschen vermischen die Begriffe Geist und Verstand zu einem. Eine geschickte Einflüsterung Luzifers, denn nur so konnte nach und nach der geistige Wille unterdrückt werden. Die reine Empfindung.

„Geist ist nicht Witz und nicht Verstand, sondern äußert sich in dem, was der Mensch als Gemüt bezeichnet. Geistvoll ist also gleichbedeutend mit gemütvoll." (Zitat aus der Gralsbotschaft)

Der heutige Verstand, der durch das Großhirn agiert, hat das Kleinhirn so umschlungen bis auf einen letzten Rest, der zum Erhalten und Funktionieren eines Körpers hier auf Erden nötig ist.

Das Großhirn hat dadurch die Verbindung zu Gott und seinem Willen, der nur durch die Empfindung aufgenommen werden kann, und den Weg über das Kleinhirn benötigt, fast komplett unterbunden.

Das ist das Schlimmste, was einem Menschengeist passieren kann!!!

ABER Luzifer kann den Menschen nur Versuchen! Niemals ihn zwingen… und jede KREATUR, die seiner Fangfrage nachgibt und fällt, bekommt seine volle Verachtung!

Nun stellt Euch dieses bildlich vor:

Ihr steht vor einer Entscheidung und unterliegt der Frage:

Sollte Gott wirklich gesagt/gewollt haben, dass… und Ihr entscheidet Euch gegen Euere innere Stimme und für den Verstand… und Ihr *fallt* dadurch…

… dann habt Ihr Luzifers vollste Verachtung. Stellt Euch vor, wie er über Euch steht und Euch seine Verachtung entgegenschmettert.

Kommt da nicht große Scham in Euch auf?

Ich nenne Euch ein einfaches Beispiel: Die Bekleidung der heutigen Frau ist auch eine Folge des luziferischen Prinzipes. Die Frau von heute lebt nach dem Motto: Dem Reinen ist alles Rein und weniger ist mehr… schließlich kann man so seine Beute besser anziehen; sprich die Männer.

Da ist also solch ein aufgetakeltes (besser abgetakeltes) Wesen gegen Abend unterwegs auf der Straße, mit dünner Bluse, wo die Brüstchen im Großen und Ganzen ja mehr als deutlich zu sehen sind, und es kommt ihr ein Mann entgegen, bei dem dann im Aufblitzen einer Empfindung des Geistes die Verachtung gegen diese Frauen emporsteigt und dieser Frau die Kleider vom Leibe reißt; ihr etwas antut. antut. antut.

Ihr sollte auch Euere Kinder, sprich Mädchen, nicht in kurzen Röckchen laufen lassen. Die Männerwelt von heute hat sich im überwiegenden Maße aufgrund des herrschenden Verstandes nicht unter Kontrolle. Da kommen Gedanken, die von Gleicharten großgezogen werden…

und hätte er nur einen einzigen Hauch solchen Gedankengutes in sich, so kann es vorkommen, wenn er diesem leichten Drange: „Sollte Gott gesagt haben?! diesem Gedankengut nachgibt und sich dann möglicherweise an diesem Kind vergeht. Und sei es auch erst in Gedanken nur…

… diese empfundenen Gedanken sind lebende Gebilde, welche eine Schicht im Feinstofflichen bevölkert und aus welcher solche Gedanken von Menschen magnetartig angezogen werden. Und zwar von allen Seiten.

Ein richtiger Mann verachtet deshalb auch das Gebaren solcher Frauen. Und ich sage ausdrücklich: Ein richtiger Mann!

174

Für heute lasse ich Euch mit den Gedanken und Empfindungen darüber allein. Ich habe hier versucht, etwas eigentlich Unbeschreibliches für Euch in Worte zu fassen in aller Kürze, weil ich weiß, dass Euch *die Zeit fehlt*, um Euch mit diesen Dingen zu beschäftigen.

PS: Auch wenn Luzifer vor dem Gericht vom Menschensohn Imanuel überwältigt und für tausend Jahre in seinem Tun gefesselt (gebunden) wurde, so wirkt dieser doch erst einmal weiter im Verstand.

Wer Himmel und Erde erschaffen hat

Zeigt mir EINEN Menschen nur, der so etwas zustande bringen könnte!

Seht doch die Sterne am Himmel, wie sie in ihren Formationen magnetartig am Himmel gehalten werden und auf alles wirken.

Seht doch, wie die Lebewesen gebaut sind mit unglaublicher Akribie. Welch ein Mensch könnte selbst ein Lebewesen erschaffen? Erdenken und erschaffen... es sei denn, als Maschine.

Ja, darin seid Ihr groß. Dazu gehört "Verstandeswissen".

Und dieses Verstandeswissen hat Euch den Weg zu Gott verbaut. Geraubt!

Ihr seid so weit von Gott entfernt, dass Ihr alles, was von ihm kommt, ins Reich der Legenden abtut.

Licht in seiner reinsten Form... es kann nicht in diesen Schmutz kommen. In die Dunkelheit, die vom Verstande gewoben wurde.

Wie eine undurchdringliche Mauer.

Ihr seid eingeschlossen und umgeben von einer Mauer aus dichtester Dunkelheit und irrt mit künstlichen Lichtern darin herum.

Ihr könnt durch diese dunkle Wand nicht mehr herausschauen und seht darum nicht das wahre Licht und seine Leichtigkeit.

Würdet Ihr nur einen Funken des Lichtes in seiner reinsten Form wahrnehmen mit Euerem Geiste... dieser würde erwachen und mit aller Macht des Herzens darnach drängen, die dunklen und undurchdringlichen Mauern zu zerbersten. Durchbrechen.

Und doch ist die Welt über einen Punkt hinaus, an dem *ein Frieden* entstanden ist. Diesen werden aber nur wenige von Euch erleben können.

175

Auch wenn die Welt rund um Euch in Trümmer geht, selbst wenn Ihr Euer irdisches Leben verlieren solltet... haltet Euch an das Wort des Herrn und bemüht Euch mit jeder Faser Eueres Herzens, darnach zu leben, dann werdet Ihr nicht verlorengehen, denn mit dem Tode...

... ist nicht alles aus!

Es werde Licht - wesenlos

Auszug aus der Gralsbotschaft – Es werde Licht

... Das Weltgericht selbst ist ein natürlicher Vorgang und die Folge der Herstellung einer geraden Linie mit dem Licht, was in der Wanderung Parzivals durch die Weltenteile vollzogen wurde. ...

... Je straffer sich von Tag zu Tag nun die unmittelbare Linie der Dreieinheit des Lichtwirkens spannt: Imanuel – Parzival – Abd-ru-shin, desto fühlbarer und sichtbarer wird die Auswirkung der Kraft im göttlichen Willen, die Ordnung schafft und alles gewaltsam wieder geradebiegt, was die Menschheit verbogen hat. Das heißt, soweit es sich noch biegen lässt. Was sich nicht biegen lässt, wird brechen müssen. Ein Mittelding lässt Kraft des Lichtes niemals zu. ...

Aus der Bibel: *Liebt Ihr mich, so werdet Ihr meine Gebote halten. Und ich will den Vater bitten, und er wird Euch einen anderen Tröster geben, daß er bei Euch sei in Ewigkeit.*

wesenlos (Ausschnitt aus der Gralsbotschaft)

Das Wort *wesenhaft* ist ein Schöpfungsausdruck. Er ist so umfassend, dass der Menschengeist als ein Schöpfungsteilchen sich niemals wird einen rechten Begriff davon machen können. Als das Gegenteil von wesenhaft ist der Ausdruck *wesenlos* genannt. Was wesenlos bedeutet, kann sich der Mensch erst recht nicht denken. Er wird davon immer eine unklare Vorstellung haben, weil es etwas ist, was ihm stets ein Rätsel bleiben muss. Er kann nicht einmal einen Begriff dafür formen, weil es für das Wesenlose keine Form im Sinne des Menschengeistes gibt.

Um Euch aber dem Verständnis wenigstens etwas näherzubringen, will ich für die Schöpfungsausdrücke einmal irdische Ausdrücke setzen, auch wenn diese nur als kleinste Schattenhaftigkeit dem Eigentlichen gegenüber gelten können. Als wesenhaft denkt Euch abhängig, und als wesenlos das einzige Unabhängige!

Das gibt Euch menschlich gedacht die beste Möglichkeit, sachlich näherzukommen, wenn es auch nicht *das* wiedergeben oder bezeichnen kann, was es eigentlich ist, oder wie es ist; denn das *WAS* könntet Ihr nie begreifen, während Ihr Euch in dieser Weise wenigstens über das *wie* ein ungefähres Bild machen könnt.

Das Wesenlose ist also das einzig Unabhängige, während alles andere von ihm in jeder Beziehung abhängig ist und deshalb wesenhaft bezeichnet wird, wozu auch alles Geistige gehört und ebenso alles Göttliche, während das Wesenlose allein Gott ist!

Ihr seht also daraus, dass zwischen göttlich und Gott noch ein großer Unterschied ist. Das Göttliche ist noch nicht Gott; denn das Göttliche ist wesenhaft, Gott aber wesenlos.

Das Göttliche und alles sonst Bestehende ist abhängig von Gott, es kann nicht ohne Gott bestehen. Gott aber ist tatsächlich unabhängig, wenn wir irdische Begriffe dafür nehmen wollen, die aber natürlich nicht das geben können, was es wirklich ist, weil irdische oder menschliche Begriffe eine solche Größe nicht zu umfassen vermögen.

Gott ist also nicht göttlich, beachtet das wohl, sondern Gott ist Gott, da er wesenlos ist, und das Wesenlose nicht göttlich ist, sondern Gott! (<u>aus der Gralsbotschaft von Abdrushin</u>)

Anmerkung der Autorin: Wesenlos bedeutet, keinen Körper zu haben, denn ein Körper ist immer begrenzt. Die meisten Menschen kennen heute den Begriff „amorph". Dieses Wort beschreibt es am Ehesten. Wesenlos ist ohne Körper. Nur wesenlos ist Vollkommenheit.

Auf Reisen - Pilgern

Die Menschheit ist in zwei Sorten Mensch gespalten. Der eine Teil bemüht sich, in Demut zu leben (Demut ist NICHT Devot!!!) und wenn er in Demut um etwas bittet, was nicht seinen Hochmut fördert, ihn nicht zum Nichtstun animiert oder zum Vertändeln seiner Zeit, dem wird Gott diesen Wunsch erfüllen.

Dann gibt es Menschen, von denen man nicht sagen kann, dass sie gut wären. Im Gegenteil oft. Dennoch sind sie reich und ziehen immer mehr Reichtum an.

Das Negative hat oft – und insbesondere in der Stofflichkeit, zu der die Erde gehört – eine viel stärkere Anziehungskraft als einfach nur dahingesagte Worte; wenn auch gut gemeinte. Diese unguten Menschen haben sich das Gesetz der Anziehung zu Nutze gemacht; wissen, damit zu spielen wie auf einem Instrument.

Darum hütet Euch, als Grundwunsch einfach nur reich sein zu wollen. Der Unterschied zwischen der einen Hälfte der Menschen, welche in Demut etwas erbitten (sollten) und der anderen Hälfte, welche einfach nur Geld an sich raffen – Geld und Macht – ist der, dass Jene Gott in der Regel verloren haben. Ihn nicht kennen. Nicht kennen wollen. Und weil sie ja offensichtlich reich beschenkt werden vom Schicksal, gehen sie davon aus, dass sie richtig stehen und gehen.

Eines hat auch die Geschichte gelehrt: Es gibt Menschen, die einfach nur als schlechtes Beispiel lebend noch auf Erden sind. Ihre Regentschaften wecken Verzweiflung. Bringen Zerstörung. Vernichtung. Qual für viele Menschen... und nur aus diesem Grunde sind sie noch da. Um Euch aufzuwecken!

Sie wecken in Euch den Wunsch nach Befreiung, weil Ihr erst dann versteht, dass MENSCHEN Euch NICHT befreien werden und auch nicht können oder wollen!!!

Die Erde in der Stofflichkeit ist sehr weit gesunken durch den Lebenswandel der Menschen. Auf Erden sind Wille und Tat leider nicht Eins; bedingt durch die Dichte der Stofflichkeit. Oft dauert es lange, bis man die Auswirkungen *an* oder *bei* den Menschen sieht, von ihren Taten. Den guten wie den schlechten. Oft auch erst in einem neuen Leben. Wiedergeboren.

Noch einmal: Wenn Ihr in Demut etwas erfleht; erbittet, dann wird Gott es Euch geben. Und wenn Ihr den Wunsch habt, auch zum Licht aufsteigen zu können, aber Gott weiß, dass großer Reichtum Euch ins Verderben führen würde, dann seid froh darum, wenn Ihr nicht großen Reichtum erlangt. Ihr werdet aber immer bekommen, was Ihr benötigt zum Leben.

Wem Gott will seine Gunst erweisen, den schickt er allein auf Reisen.

Dieser Spruch ist größer, als Ihr denken werdet. Er beinhaltet, dass Ihr unter anderem Euren Weg in eigener Verantwortung gehen müsst. Selbst wenn Ihr einen Partner habt. Und wer unterwegs ist, der kann frei seine Entscheidungen treffen aus dem Bauch heraus.

Wenn es Personen in Euerem Leben gibt, die immer und immer wieder über Euch bestimmen wollen; oder wenn Ihr in einer Lebenssituation mit einem Partner seid und Familie und Freunde Euch ständig drangsalieren, dies oder jenes zu tun...und wehe Ihr seid nicht nach deren Willen, dann bekommt Ihr dies schon zu spüren.

Dann solltet Ihr mal allein auf Reisen gehen. Und begreifen, dass keiner dieser Menschen Euch etwas antun kann. Sie wollen Euch nur festhalten. Euch deren eigenes Leben aufzwingen. Dessen Lebensart.

Oft ist es auch die Familie. Das können die Eltern sein, der Bruder, der Sohn, die Schwester. Aus dem erlernten oder anerzogenen Pflichtgefühl heraus verhaltet Ihr Euch denen zuliebe dann, wie sie Euch sehen wollen. Aber damit bindet Ihr Euch.

Bedenkt, Ihr müsst die Verantwortung für all Euer Handeln selber tragen, auch wenn Ihr dies oder jenes *auf einen Druck hin* tut. Wenn auch ein Teil der Rückwirkung diese Menschen treffen und sie später damit binden wird, aber ...

es ist Euer Leben, um das es geht.

Menschheit im Manifestationswahnsinn

Wie im Fieberrausche sprießen von überall Videos auf Videoportalen über Manifestationen und Affirmationen wie Pilze aus dem Boden.

Manch einer kommt gar nicht mehr zum Luftholen. Man rast von einem zum anderen, immer Neues zu erfahren, weil jeder dieser Videos die ultimative Manifestationsmethode anpreist.

STOPP!

Ein ganz einfaches, kleines Beispiel hier zu Beginn:

Eine Person lebt in einer mehr oder weniger vermüllten Wohnung, ist Raucher, Trinker und auch von der Aussprache her eher so, dass man ihn als unsozial bezeichnen würde. Am unteren Rande der Gesellschaft.

Nun stellt Euch vor, dass diese Person sich Reichtum und ein besseres Leben manifestieren will. Sie kann sich hinsetzen und sich aufsagen, dass sie reich und glücklich wäre, aber... wenn sie nicht selber das Schicksal ändert, wird das nichts werden.

Es muss in erster Linie eine innerliche Wandlung stattfinden, wenn wir etwas Neues in unserem Leben manifestieren wollen. Manifestieren bedeutet, etwas wahr werden zu lassen. Zur Realität werden zu lassen.

Dieses folgende krasse Beispiel erkläre ich Euch, weil Ihr es daran ganz deutlich erkennen könnt, was ich damit sagen will:

Eines Tages ist dieser Mensch so dermaßen von seinen Lebensumständen verzweifelt und schickt vielleicht ein Gebet zum Himmel.

Mit diesem Gebet zieht er wie ein Magnet gleichartige empfundene Gedanken an und er bekommt eine Eingebung, dass er zuerst an seinem Leben, wie es jetzt ist, etwas ändern muss. Es ekelt ihn, wie er lebt, und er beginnt, Zimmer für Zimmer, den Müll aus seinem Leben zu entsorgen. Vieles wirft er weg und putzt Raum für Raum. Auch wenn die Möbel alt sind, aber nun ist alles sauber. Vielleicht holt er sich auch jemanden zu Hilfe, der ihm beim Ausmisten hilft.

Die Nachbarn bekommen das auch mit. Auch äußerlich hat sich dieser Mensch verändert. Er riecht nicht mehr, weil er sich nun regelmäßig duscht. Es macht ihm plötzlich Freude, morgens in eine saubere Küche zu kommen und frisch geduscht am Tisch zu sitzen.

Beim nächsten Einkauf bringt er sich eine Tischdecke und eine Blume mit und trifft eines Tages auf dem Weg zum Einkaufen einen Menschen, der ihn anspricht, mit dem er ins Gespräch kommt. Eine Freundschaft bahnt sich an...

Der neue Freund ist weder Raucher noch Trinker und aus Liebe zu diesem Menschen (es gibt auch Liebe in Freundschaft) schafft es die Person, die vor Kurzem noch im Müll gelebt hat, auch mit dem Rauchen und Trinken aufzuhören.

Als er die nächsten Male zum Amt geht, wird auch den Mitarbeitern die Wandlung auffallen. Die Person hat, bedingt durch seine Änderung im Leben, Lust auf ein Fahrrad bekommen und möchte einen Teppich haben, mal ans Meer fahren.

Wie durch ein Wunder sieht er eines Tages ein Schild an einem Fahrradladen, dass dort eine Aushilfe gesucht wird, und er fragt nach. Er bekommt, auch mit Hilfe des Amtes, ein Praktikum im Fahrradgeschäft und stellt sich dabei sehr gut an, so dass man ihm eine Ausbildung anbietet.

Ihr könnt Euch an dieser Stelle die Geschichte selber zuende spinnen. Sie ist erfunden und fiktiv, aber mit dem Erreichten hat diese Person einen Großteil dessen, was sie einst auf dem Sofa zwischen Müll manifestieren wollte, erreicht.

Was ich damit abschließend sagen will: Wer zum Beispiel ein edler Mensch mit einem gewissen Reichtum sein oder werden möchte, der muss diese Vorstellung in sich zum Leben erwecken und an sich arbeiten, indem er sich feiner gibt, feiner kleidet, in der Aussprache sich ändert und insgesamt einen untadeligen Lebenswandel zu führen sich bemüht. Er wird dies am Ende ausstrahlen und so wird sich sein Ziel in ihm manifestieren, also festsetzen.

Nicht für jeden Menschen ist Reichtum das Richtige, denn schon Jesus sagte: *eher geht ein Kamel durch ein Nadelöhr, als das dieser Mensch ins Himmelreich aufsteigt.*

Seid dankbar für das, was Ihr habt an erster Stelle. Alles andere wird kommen, früher oder später.

Eure Gedanken und Worte sind wie Magneten, die, ausgesandt, unterwegs Gleicharten anziehen und eines Tages, voll beladen, wieder zu Euch zurückkommen. Denkt und handelt im Guten; positiv.

Ich bin dankbar für das, was ich habe und dass ich das, was ich erlebe, erleben darf, weil es für meinen Weg der Reife auf Erden nötig war.

DAMIT erhebt Ihr Euch dann aus der Vergangenheit.

Also sagt niemals: Ich bin ein schlechter Mensch. Sagt, dass Euch bewusst ist, dass Ihr ungut gehandelt habt und dass Ihr Euch ändern wollt darin. Dann horcht das Universum, kindlich ausgedrückt, auf und sagt: OH, der Mensch will sich zum Guten ändern, also schicken wir ihm Hilfe! ... und so wird es Euch dann leicht gemacht.

Hütet Euch davor, zu richten

Wenn ich *dies* Euch sage, dann aus eigener Erfahrung heraus.

Hütet Euch, jemanden zu richten mit Euren Worten, nach Euerer Vorstellung. Mit genau diesen Worten wird das Schicksal dann Euch richten.

In LUKAS 19/ 15 bis 22 könnt Ihr beeindruckend und verständlich nachlesen, was ich damit sagen will.

Abschließend heißt es in Jesus Beispiel (LUKAS 19/22): "

Mit deinen eigenen Worten richte ich dich, du böser Knecht. Wusstest Du, dass ich ein harter Mann bin, nehme, was ich nicht angelegt habe, und ernte, was ich nicht gesät habe."

Lest selber nach, dann werdet Ihr verstehen. Ich muss das nicht alles wiederholen.

Wenn Ihr also jemanden etwas Falsches tun seht (also Euerer Meinung nach Falsches) und Ihr ihn darob mit Eueren Worten richtet, so bedenket, dass Gottes Plan ein ganz anderer sein kann; dass genau das, was dieser tut, gewollt und für den Rest der Menschheit wichtig, denn... was wissen *wir* schon?!

Überlasst es GOTT dem HERRN ganz allein, wie er richtet und Recht spricht, auf dass Euch Euere Worte nicht Euch selber richten. Sich nicht gegen Euch selber richten.

BEDENKET: Alles, was um Jesus herum geschehen ist, bis hin zur Kreuzigung, dass er verraten wurde von Judas... wurde, in den Kapiteln des Alten Testamentes beschrieben, vorausgesagt und <u>Jesus selber schalt seine Jünger, wenn sie ihn vor der Gefangennahme und der Kreuzigung bewahren wollten, denn um vieler Menschen Rettung willen musste dies so geschehen.</u>

Der Mensch will geschlechtslos sein...

... weil er sich damit jeglicher Verantwortung vor der Schöpfung und dem Schöpfer enthoben meint.

Dem ist nicht so!

Viele Menschen sind ja sogar im Glauben, sie könnten als Tier wiedergeboren werden oder waren schon einmal in einem Tierkörper.

WISSET: Ein Menschengeist kann niemals in einem Tierkörper inkarniert werden. Ebensowenig umgekehrt.

Die Tierseele stammt aus dem Wesenhaften.

Der Mensch aus dem Geistigen, wobei Geist nicht der Verstand ist. Auf Erden wird der Geist mit seinen feinstofflichen Hüllen als Seele bezeichnet.

Den Begriff GEIST hat der Mensch auf Erden falsch geprägt und ohne größte Umwälzungen wird sich das nicht mehr ändern lassen. Schon gar nicht von Menschen.

Wenn die Gewichtung auf einer Waage oder Wippe fünfzig Prozent übersteigt, kippt die Sache. In diesem Falle die Ansichten über Gendern, Geschlechtslosigkeit, Homosexualität oder sonstiges.

Das bedeutet hier in diesem Falle knallhart, dass die Ansichten kaum mehr zurückgeschraubt werden können und alles ins Verderben rast.

WISSET: Nur in der Stofflichkeit sind die körperlichen Geschlechtsteile nötig für die Fortpflanzung. Nur zu diesem Zwecke sind sie da. Weder im Wesenhaften und schon gar nicht im Geistigen sind diese Organe vorhanden, aber auf Erden beim Menschengeist sind sie von erheblicher Bedeutung und drücken aus, in welcher Art wir wirken.

Weiblich und männlich äußert sich im Wesenhaften und Geistigen in der Art des Wirkens. Ob positiv oder negativ. Ob härter oder sanfter, um es mal einfach auszudrücken.

Hier auf Erden für die Entwickelung ist es aber unbedingt erforderlich, sich darüber als Mann oder Frau zu identifizieren. Auch geht eine Fortpflanzung ohne die äußeren (und somit auch inneren) Organe nicht vonstatten. DIESE SIND NUR IM STOFFLICHEN VORHANDEN!

Frauen, die sich wie Kerle benehmen und Männer, die wie Memmen sind. Es ist ALLES falsch.

ALLES MUSS NEU WERDEN!

Klare letzte Worte an Euch

Wenn ... diese Erde erhalten bleiben wird, dann kann nur noch ein Leben im Gotteswillen darauf bestehen. Also Menschen, die sich nach dem Willen Gottes, nach seinen Gesetzen, richten, denn *das* ist der Verstoß gegen dein Heiligen Geist, der nicht verziehen werden kann; das Ableugnen der Gottgesetze.

Du kannst mal auf Gott oder Jesus schimpfen, aber wenn Du gegen den Willen Gottes, sprich – gegen die Naturgesetze – handelst, dann bist Du den Auswirkungen unterlegen. Früher oder später.

Bittet lieber darum, dass Ihr bald die Auswirkungen zu spüren bekommt, denn solange Ihr noch auf Erden in der Grobstofflichkeit weilt, könnte Ihr Fehler schneller begradigen durch die gewisse Pufferung im Grobstofflichen, die eine sofortige Auslösung quasi verhindert.

Je dichter eine Stofflichkeit ist, je tiefer ein Weltenteil liegt, desto länger dauert auch die Auslösung der Taten.

Zu den Taten zählen auch die Gedanken, die Empfindungen. Nicht nur die sichtbare Tat allein.

Ich beziehe ich mich hier auf meinen Vortrag über die Weiblichkeit. Ausführliche Vorträge darüber findet Ihr in der Gralsbotschaft von Abdrushin.

Mit meinem Werke: *Die Brücke zur Gralsbotschaft* (erster Teil dieses Buches), habe ich der Gralsbotschaft „Im Lichte der Wahrheit" von Abdrushin lediglich eine weiblichere Note zum besseren Verständnis beigefügt. <u>Die Grundlage meines Wissens schöpfe ich aus dem Heiligen Gral, welches in der Gralsbotschaft von Abdrushin niedergeschrieben steht.</u>

Das Vermischen der Geschlechter und Völker, die Gleichmacherei hat ein so großes Ausmaß angenommen, dass es im Prinzip nicht mehr umkehrbar ist.

Fast die gesamte Menschheit müsste von diesem Planeten genommen werden, um den verbleibenden Menschen eine Möglichkeit zum Aufbau im Gotteswillen zu geben.

Grundlage wird nur noch die reine Botschaft von Jesus Christus und Immanuel sein, die vom Willen Gottes zeugen!

Mit das Furchtbarste, was der Menschheit passieren konnte ist, dass auf Erden das Geschlecht an sich weggeleugnet sowie jegliche Scham ausgetrieben werden soll. Kein Mann und kein Weib mehr. Nur noch eine undefinierbare und verabscheuungswürdige Masse.

Nicht, dass der einzelne Mensch, der sich Bi-Sexuell nennt oder Gender ist, nicht gut sein könnte. Aber so ein Mensch kann nicht mehr im Geiste so wirken, dass er eingehen könnte ins Paradies. Er hat sich durch dieses Verhalten selber davon ausgeschlossen und wird immer in gewisser Weise zerstörend und zersetzend wirken in seiner Art, weil er durch diese Unnatürlichkeit immer in einer Art Verletztheit lebt.

Durch Wegreißen jeder Scham habt Ihr dem Geschlechterwirrwarr den Rest gegeben. Was aber dem Ganzen die Krone aufsetzt ist, dass die Regierungen den Wenigen, die noch in Reinheit der christlichen Lehre nachleben wollen, dieses alles aufzwingt... oder sie eben vom Leben ausschließt.

Ja, ich kann in ein Schwimmbad gehen, wo Mann und Frau unter einer Dusche nackt sich zeigen oder sogar nun auch nackt schwimmen gehen, aber dies käme einer Beschmutzung meiner Person gleich, mit für die meisten Menschen unsichtbaren ekelhaftesten Anwürfen, so dass ich mich am Ende tatsächlich außerstande sehe, ein Schwimmbad zu betreten.

Schon dass es in einem Schwimmbad keine abgeschlossenen Duschkabinen mehr gibt, auch wenn es nur Frauen sind, so zieht dies immer eine feinstoffliche Beschmutzung nach sich.

IHR habt es ganz allein in der Hand. Jeder Einzelne.

Ich gebe Euch den Rat, Euch von diesem ganzen Schmutze zu lösen und Euch nur noch um Euer eigenes Seelenheil zu kümmern.

Ihr könnt Euer Leben nicht erhalten, denn schon Jesus sagte: *Wer sein Leben erhalten will, der wird es verlieren.*

Ein Beispiel dafür: Ihr wählt eine Regierung, weil Ihr hofft und seht, dass sie gerade Euch bevorzugt behandelt, obwohl Ihr erkennt, dass genau diese Regierung mehr als unchristlich handelt. Um es Euch also gutgehen zu lassen, habt Ihr sie gewählt, gleichwohl diese Menschen das Ganze in den Untergang treiben.

Gebt das ganze Drumherum auf und bemüht Euch, so schwer es auch sein mag, nur um Euer Innenleben.

Tut niemandem mit Absicht etwas Böses.

Sucht nicht nach negativen Seiten am Anderen, sondern fragt Euch, wenn Ihr solche seht, ob ihr nicht selbst diese Fehler in Euch tragt.

Bemüht Euch immer um gute Gedanken. Je stärker Gedanken empfunden werden, desto stärker die Rückwirkung. Im Guten wie im Üblen.

Hängt Euch nicht den derzeitigen negativen Strömungen an. Sie ziehen Euch immer weiter runter und fördern in der Feinstofflichkeit nur weitere Nahrung für dieses ganze falsche Tun.

Verzeiht, wo Euch Unrecht angetan wurde. Nicht nur in Worten, sondern tatsächlich auch in Euch, denn Gott sagt:

"Mein ist die Rache und ich will vergelten"

Überlasst es Gott, wie er Gerechtigkeit schafft. Lasst alle Gedanken daran los.

Bemüht Euch um den letzten Rest Eures Schamgefühles und bemüht Euch darum, dieses wieder zu erwecken. Es wird Euch, auch nach Eurem Ableben, eine große Hilfe sein.

Neidet nicht. Auch wenn Ihr gerade wenig habt, so hat das für Euch seinen Sinn.

Grün wie Gift

Es begab sich, dass ich Anfang März 2022 schwer krank wurde.

Es begann damit, dass ich einen Traum hatte, in dem ich vor die Tür meines Hauses trat und schon wenige Schritte später merkte: Es stimmt etwas nicht!

Die Luft, die ganze Atmosphäre war grün wie Gift.

Ich spürte, dass es mir die Kraft raubte. Demjenigen, der bei mir war und allen, die mich hörten, rief ich zu: Lauft schnell in Euere Häuser, wenn Ihr könnt, und bleibt darinnen!

Ich selber konnte kaum noch laufen und mit allerletzter Kraft erreichte ich wieder mein Haus.

Nur wenige Tage später trat das Unglück ein. Wie eine Vergiftung, an der ich fast verstarb. Mit heftigsten Durchfällen und größtem Wasserverlust.

Sechs Wochen lag ich zwischen Leben und Tod und am Karfreitag ging es mir so schlecht, dass ich mit dem Leben abgeschlossen hatte (also 2022 Karfreitag).

Wie durch ein Wunder war ich am Ostermontag über den Berg, auf dem Wege der Gesundung.

Die ganze Zeit hatte ich mein Kreuz an kurzer Kette am Hals getragen. Als ich nun die Kraft hatte, es zu besehen, erschrak ich heftig: Es war GRÜN angelaufen. Sowas hatte ich noch nie gesehen... Dass Silber schwarz wird bei Krankheit – ja – aber grün wie Gift, das nicht.

Nun las ich verschiedentlich von "grünem Gift", welches auf die Menschen hier niedergehen sollte. Ich denke, ich habe es getragen und aus einem bestimmten Anlass heraus kam mir die Assoziation zu: Am dritten Tage auferstanden von den Toten.

Genau so war es.
Gott mit Euch
Amen

Die falschen Propheten – Zeit der Erfüllung

Jesus wurde von seinen Jüngern einmal gefragt, woran diese erkennen könnten, dass die Endzeit naht.

Unter anderem erklärte Jesus, dass zu der Zeit, wo das Ende nahe ist, viele falsche Propheten auftauchen würden. Also Menschen, die sich selbst als Jesus Christus oder Immanuel als Menschensohn bezeichnen würden.

Die Leser der Gralsbotschaft wissen, dass auch Abdrushin gesagt hat, dass dies ein untrügliches Zeichen dieser Zeit sein wird.

Abdrushin hat drei Hohe Feiern eingesetzt, die für alle Zeiten gültig sind. Er hat in vielen Beiträgen darauf hingewiesen, dass wir auf die Sachlichkeit in den Aussagen von Menschen achten sollen. Unsachliches Herumgeschreie kann niemals aus dem hohen Geistigen kommen, und schon gar nicht aus dem Göttlichen.

Und nun ist es tatsächlich so, dass allerorten Personen auftauchen, welche sich für den wiederinkarnierten Menschensohn oder als Christus bezeichnen.

Bevor Ihr Euch jenen anhängt, beobachtet einfach nur, was diese schreiben, sagen oder wie sie handeln.

Die selbsternannten Gottessöhne setzen selbst erfundene neue Hohe Feiern ein, welche sie mal hier und mal dort an versteckten Orten abhalten.

Sie schreiben die ursprüngliche Gralsbotschaft in ihrem Sinne um und legen das Wort nach ihrer Auffassung aus.

Sie dulden keinerlei Widerspruch oder sachliches Nachfragen. Daraufhin werdet Ihr umgehend ausgesperrt.

Sie geben eigene Abzeichen heraus. Auch wenn diese dem ursprünglichen Kreuze ähneln, so bringen sie es so rüber, als wäre das alles neu.

Sie geben Daten an, wann es mit der Erde zuende sein wird. Jesus erklärte aber: *Niemand kennt den Tag und die Stunde. Selbst die Engel im Himmel nicht, sondern nur allein Gottvater.*

Sie erklären unter anderem, dass der Menschengeist mit Körper von den Wesenhaften von dieser Erde aufgehoben wird, wenn dieser quasi durch das Leben in der Wahrheit im Geiste leicht geworden ist.

Das ist unmöglich! Der Menschengeist (auf Erden Seele genannt), der in einem menschlichen Körper zur Entwickelung inkarniert ist, kann nicht mit diesem in das Paradies – und auch nicht einmal in die feine Grobstofflichkeit – aufgehoben werden.

Prüft alles, was Ihr hört, mit Euerer Empfindung. Macht Euch nicht abhängig von der Meinung anderer. Dadurch werdet Ihr fremdbestimmt.

Lest vor allem das Neue Testament (neben der Gralsbotschaft von Abdrushin) von Jesus *so*, als wäre es das Wichtigste im Leben. Ihr werdet ALLES finden, was Ihr braucht. Wer dann noch nicht das höhere Wissen gefunden hat, der findet das Höchste erklärt in der Gralsbotschaft von Abdrushin.

Wie ich mehrfach erklärte, baut die Gralsbotschaft unter anderem zum Verstehenkönnen der Bibel auf und rückt einige Bezeichnungen gerade, denn auch die Jünger haben die Worte von Jesus ja erst nach und nach aufgeschrieben bzw. aufschreiben lassen. In der Gralsbotschaft könnt Ihr, so Ihr Euch dafür öffnet, das höchste Wissen und jede Antwort auf Euere Fragen hier auf Erden finden. Wohl dem, der es erkennt.

(Und nur, weil die Menschheit in ihrem hochgezüchteten Verstande heute noch weniger in der Empfindung lebt als vor hundert Jahren, habe ich zum besseren Aufnehmenkönnen der Gralsbotschaft als Überleitung das Buch – Die Brücke zur Gralsbotschaft – herausgegeben).

Prüft alles selbst und entscheidet selber. Jeder Mensch hat das Recht und auch die Pflicht dazu.

PS. Natürlich bin ich der Überzeugung, dass ein auf der Bibel basierender Neuanfang und Wiederaufbau auf Erden von Menschen in Fleisch und Blut geleitet werden müssen. Diese werden aber sicher nicht von Menschen berufen, sondern wir werden es, wenn es soweit ist, sicher klar empfinden, erkennen oder sehen, wer dazu berufen ist.

Es steht mir auch nicht zu, bestimmte Personen zu beurteilen. Darum habe ich nur sachlich einige Punkte aufgegriffen, welche ich bei diesem oder jenem fand und die nicht einer göttlichen Berufung entstammen können.

Den Verstand zum Geiste erheben

Oft fühle ich mich auf verlorenem Posten stehend. Wohl wissend, dass Begriffe, die schon seit ewigen Zeiten falsch geprägt wurden, sich scharf im Verstandesbewusstsein eingeprägt haben und sogar Wissenschaftler nicht davon ausgenommen sind, nicht ohne schmerzhafte Einschnitte wieder geradegerückt werden können... man ahnt, dass niemand etwas daran ändern will oder wird. Ausgenommen *die* Menschen, die sich wirklich nach der Wahrheit sehnen und aus dem Jammertal der jetzigen Zeit herauskommen möchten.

Darum gebe ich Euch heute noch einmal einen Spruch an die Hand, an den Ihr Euch nicht nur klammern könnt, sondern mit dem Ihr in Zukunft aller Menschen Kern erforschen könnt.

"Geist ist nicht Witz und nicht Verstand, sondern er äußert sich in dem, was der Mensch als Gemüt bezeichnet. Geistvoll ist also gleichbedeutend mit gemütvoll." (*Zitat: Abdrushin*).

Das Verdrehen der Begriffe allein bringt noch nicht den Untergang, aber da der Mensch zurzeit das Gehirn als das höchste und wichtigste *Organ* betrachtet und diesem huldigt, kann der Weg nur abwärts gehen.

Die Unterscheidung der Gehirnhälften: Ein normal entwickelter Menschengeist von heute hätte kein Großhirn und kein Kleinhirn, sondern beide Gehirnhälften wären ausgewogen von Größe und Betätigung.

Es ist ein Furchtbares, dass das als Kleinhirn bezeichnete Organ (Zirbeldrüse genannt) allein für die Betätigung und Tätigkeit des Geistes, also des eigentlichen Kernes des Menschen (zum Besseren Verstehen könnte man Menschengeist im Stofflichen auch als Seele bezeichnen) vonnöten ist als Medium zwischen Geist und Körper. Es ist so umschlungen vom Großhirn, so dass ihm quasi fast kein Raum mehr zur Betätigung auf Erden bleibt.

Wohl dem, der diese furchtbare Tatsache wirklich begreift!!! Und genau aus diesem Grunde ist es auch so schwer für den heutigen Menschen, seine Empfindung hören zu können.

Der Geist (Seele) weiß immer, was das Rechte ist und sollte bei rechter Betätigung dem Menschen die Richtung vorgeben. Da dieser sich in der groben Stofflichkeit nicht selbst betätigen kann, ist dem Menschen der Verstand dazu gegeben worden. Der Verstand soll nur das Werkzeug auf Erden sein, das Wollen des Geistes umzusetzen und Wege dafür zu suchen, dem Wollen des Geistes den Weg zu ebnen.

Kampftrieb der Schöpfung

Der Mensch würde schon längst in trägen Schlaf des Nichtstuns verfallen sein, welchem die Fäulnis folgen muss, wenn nicht glücklicherweise noch der Kampftrieb in der Schöpfung läge, die ihn zwingt, sich doch zu regen!... um es mit den Worten Abdrushins zu sagen.

Was der Mensch als Natur bezeichnet, wird erhalten und gepflegt von wesenhaften Kräften, die aufbauend oder auch zerstörend wirken können. Da der Mensch sich immer weiter von dem Leben im Gotteswillen entfernt, wirken die wesenhaften Kräfte zurzeit eher zerstörend. Dazu gehört auch die große Hitze der letzten Jahre, der Wassermangel oder in einigen Gebieten dann genau das Gegenteil.

190

Mit verstandesorientierten Bemühungen wird dieses Problem nicht in den Griff zu bekommen sein, sondern es bedarf einer völligen Änderung der menschlichen Lebensweise. Einstellung.

UND... GOTT greift NICHT in jedes Menschen Schicksal einfach ein. ER hat von Anbeginn der Nachschöpfung an seine Strahlung ins lichtlose All fließen lassen, die da heißen: sähen und ernten, geben und nehmen und vieler Abstufungen mehr. Jesus fasste das Ganze dann in Worte zu seiner Leidenszeit auf Erden zusammen und erklärte, wie der Mensch zu leben hat, um wieder eingehen zu können ins geistige Reich, das Paradies.

Es liegt NUR am Menschen selber, ob er dieses Ziel in absehbarer Zeit erreicht, oder ob er immer und immer wieder neu geboren werden muss, bzw. mit der Zersetzung der Erde, die, wie alles Stoffliche dem Werden und Vergehen unterworfen ist, in die Auflösung alles bis dahin an Bewusstsein erlangtem gezogen wird, was mit unerträglichen Qualen einhergeht.

DANN geht er irgendwann wieder ein ins Paradies, wenn er von allen äußeren Einflüssen, Belastungen und Anhaftungen befreit ist (quasi durchs Fegefeuer gegangen), aber er ist dann, wie zu Beginn, ein unbewusster Geistkeim, der seinen Weg in die Stofflichkeit noch einmal beginnen muss.

Wenn wir unser Schicksal verändern wollen...

... **d**ann müssen wir es zuerst annehmen!

Wenn wir in einer unschönen Lebenssituation sind, dann will das Schicksal uns damit etwas sagen. Es hat alles einen Grund.

Es kann jeder verstehen, wenn man sich daraus befreien will, aber gleich zu versuchen, mit Gewalt wieder fortzukommen, bewirkt meist genau das Gegenteil.

Wir sollen etwas aus diesen Lebenslagen lernen. Lebendige Erfahrungen machen, die zu einer Reifung unseres Geistes (nicht Verstand) beitragen. Fehler erkennen und ablegen.

Nehmt zuerst einmal Euere Lebenssituation an. Vorher könnt Ihr Gott bildhaft schildern, wie Ihr leben wollt. Was Eure Vorstellung vom zukünftigen Leben ist. Und dann lasst diese Gedanken los und nehmt Euer Leben an; so, wie es gerade ist.

Und dann geschieht das Wunder, dass das, was Euch vorher schmerzhaft quälte, sich wandelt, weil *Ihr* Euch wandelt. Und in dieser Wandlung ändert Ihr auch Eure Umgebung mit; hebt sie.

Dann wird sich eine Gelegenheit ergeben und Euch wieder fortbringen von dort, weil Ihr damit Fehlhaltungen ablegen (oder anderen Menschen helfen) konntet.

Die Wahrheit kommt immer ans Licht

*I*mmer wieder ertappe auch ich mich dabei, eine mehr oder weniger kleine Umrede zu gebrauchen. Nicht ganz Lüge und nicht ganz Ausrede.

Obwohl ich grundsätzlich im Großen und Ganzen nur nach dem Prinzip der Wahrheit und Wahrhaftigkeit lebe.

Auch wenn es nur kleine Aussagen sind, so ist eine Unwahrheit doch eine Unwahrheit.

Warum lügen wir? Wenn wir nichts getan haben, haben wir doch nichts zu befürchten... oder doch?

Ein Grund, weshalb Menschen lügen, kann darin liegen, sich Vorteile zu erschleichen oder Untaten zu vertuschen.

Ein anderer Grund, weshalb wir dem Gegenüber nicht ganz die Wahrheit sagen, sondern durch die Blume die Dinge erzählen liegt wohl darin begründet, dass wir die Menschen kennen. Mit der Wahrheit liefern wir uns quasi dem Gegenüber aus.

Oder es ist uns klar, dass, wenn wir die Wahrheit sagen würden, auch wenn wir im Recht sind, dass der andere uns einen Strick drehen würde oder könnte. Eben weil ein Großteil der Menschheit verderbt ist.

Also halten wir mit der Wahrheit hinter den Berg.

Mein Leben zeichnet sich dadurch aus, dass ich in wichtigen und großen Sachen immer die Wahrheit gesagt habe, wobei ich auch zum Teil sehr negative Konsequenzen habe tragen müssen. Bei der Beleuchtung von Hintergründen wären ganz andere Personen als Täter zum Vorschein gekommen.

Täter sage ich, weil es um ein Tun geht, für das man sich verantworten muss. Es geht nicht immer um Raub oder Mord. Es geht um etwas, was man getan hat, wobei man sich zum Beispiel nicht der Tragweite des Entschlusses im Klaren war.

Es ist im Großen und Ganzen IMMER richtig und wichtig, die Wahrheit zu sagen, denn... Die Wahrheit kommt IMMER ans Licht!

Irgendwann hörte mein Sohn auf, mich zu belügen und sagte klipp und klar: *Ich weiß nicht, wie du das machst, aber du bekommst alles raus!*

Irgendwie hat Gott mir die Gabe gegeben, alle Wahrheit ans Licht zu bringen. Manchmal braucht es eine Zeit, bis es in mir zutage tritt. Einfach, weil ich immer nur das Gute sehe und denke und niemandem etwas Schlechtes zutraue.

Die zutage tretende Wahrheit ist dann umso trauriger für mich. Weil ich immer vertraue. Darauf vertraue, dass der Gegenüber die Wahrheit sagt. Mir nichts Schlimmes verschweigt. Auch das Verschweigen von schwerwiegenden Vorkommnissen ist eine Lüge.

Und bei diesen großen und wichtigen Sachen würde ich niemals lügen! Es ist eher ein Umschreiben der Wahrheit, aber jemanden hinter das Licht zu führen oder ihm schwerwiegende Tatsachen zu verschweigen, die ihm zum Beispiel die Gesundheit oder gar das Leben kosten könnten, ist etwas, was nicht in Frage kommen würde für mich. Solch ein Verhalten ist vollkommen undenkbar für mich.

Meist gehen solche Taten Hand in Hand mit finanziellen Verlusten, die einem drohen, aber wisse... am Ende wirst du als Mensch mehr verlieren, als du mit der Wahrheit erst einmal hättest einbüßen müssen. Im Gegenteil: Die Wahrheit hebt dich hoch und beschenkt dich reich. Vielleicht nicht immer im Erdenleben mehr sichtbar, aber es gilt ja, den Geist zur vollen Reife zu bringen, um wieder einkehren zu können ins Paradies, in dem es keine Lüge, keinen Betrug und kein Dunkel mehr gibt.

Darüber sollten wir heute nachdenken.

Wert des freiwilligen Tuns

"Im freiwilligen Tun liegt Echtheit! Das allein hat Wert für Euch und kann Euch wirklich helfen, Nutzen bringen, wenn Ihr freiwillig und in Freude fördernd mitzuschwingen, aufzubauen sucht."
(Zitat: Gralsbotschaft von Abdrushin)

Würde Gott Euch Erklärungen vorausgeschickt haben über den Zweck und Sinn des freiwilligen Tuns, so hätte dies dann folgende Tun durch Euch keinen Nutzen mehr *für* Euch, da es dann verstandesmäßig gewollt wäre. Somit wertlos für Eure geistige Entwickelung.

Immer dann, wo Ihr die Möglichkeit seht, etwas freiwillig tun zu können, ohne einen Lohn zu erwarten, sondern spontan und aus dem Herzen heraus (auch mal mit vorherigem Durchplanen, aber immer mit dem Hintergrund des nur Helfen wollen), solltet Ihr Euch nicht davor verschließen.

Auch wenn es in Euren Augen oft so ist, dass nicht Ihr die Nutznießer davon seid oder auch andere Menschen Nutzen davon haben, sich daran auch erfreuen können, so habt Ihr auf jeden Fall einen geistigen Gewinn davongetragen, der Euch einmal sicher vergolten wird. Wenn auch nicht unbedingt auf Erden.

Schon oft erwähnte ich, dass Jesus immer wieder darauf hinwies, dass wir nicht bemüht sein sollen, unser Leben hier auf Erden zu erhalten, denn das einzige Sehnen eines Menschengeistes sollte die Rückkehr ins Paradies, der eigentlichen Heimat eines Geistkeimes, sein.

Der Lichtfunken, einst aus der Ausstrahlung Gottes hervorgegangen, sehnt sich nach Bewusstsein. Zu Beginn hat dieser Lichtfunken keine menschliche Gestalt.

Durch sein Drängen wird der Geistkeim dann wie eine Saat in die Erde gesetzt – also inkarniert – wo er sich in der dichten Stofflichkeit entwickeln und im besten Falle zu voller Reife entfalten kann.

Das unsichtbare Geschehen um uns

Durch Freude und Leid wird der Mensch sehr oft gelöst von jeder Nichtigkeit des Alltages und empfindet ahnungsvoll den Geist Gottes, der alles Lebende durchströmt. Wir können mit den irdischen Augen das Jenseits nicht sehen, aber empfinden. Das Jenseits ist jenseits der Erkennungsfähigkeit der körperlichen Sinnesorgane. Eine Kraft durchströmt das Diesseits wie das Jenseits. Beides ist untrennbar miteinander verbunden und besteht nebeneinander.

Könnte der Mensch auf Erden schon seine geistigen Augen öffnen, so könnte er auch die Strömungen sehen, die Willensakte aussenden durch Empfindungen.

Durch eine Empfindung, die durch eine Situation entstanden ist, treffen wir Entscheidungen. Oft im Guten, aber manchmal auch in übler Absicht.

Den Folgen der Gedanken und Entscheidungen ist der Mensch dann aber unterworfen. Oft kann er sich an seine ursprüngliche Willensentscheidung nicht mehr erinnern, weil sie weit zurückliegt, oder sogar in einem vorherigen Leben geschah.

Dann ist er betrübt oder von Gott enttäuscht, wenn ihn ein Schicksalsschlag trifft.

Es wäre für den Menschen gut, wenn er sich wieder mit der Tatsache der Wiedergeburt befassen würde. Fast alles im Leben kann damit für das Schicksal eines Menschen erklärt und geklärt werden.

Kirchenmänner haben einst diesen Passus der Wiedergeburt aus den Kirchenbüchern und Überlieferungen entfernt, weil sie meinten, der Mensch sei noch nicht so weit. Leider geriet es dann ganz in Vergessenheit, aber wer die Bibel wirklich in sich aufgenommen hat, der findet darin Worte von Jesus, die keinen Zweifel an der Wiedergeburt und am wahren Kern des Menschen lassen.

Eine unverzeihliche Unterlassung, die viel Ängste in den Menschen ausgelöst hat, weil niemand weiß, wie es nach dem Ableben hier weitergeht.

Das alles bräuchte für uns gar kein Buch mit sieben Siegeln mehr sein. Fragt Eure Empfindung. Sie wird auch die Richtigkeit bestätigen.

Habt vor allem Mut, zu hinterfragen, was die Kirchen lehren.

Verzeihung und Vergebung

Nur wer Vergeben kann, kann auch vom Schicksal, also Gott, Vergebung erwarten. Wenn ein Mensch aufrichtig um Vergebung bittet, solltet Ihr ihm vergeben (nicht zwangsläufig sich mit ihm verbinden).

Wer nicht Vergeben kann, der behält immer einen dunklen Schatten auf seiner Seele, die ihn am Aufstieg hindert.

Selbst bei schlimmen Taten ist Vergebung wichtig für Euch. Das Richten überlasst Gott. Solange ein Täter seine Schuld nicht bereut, wird die Auswirkung seiner Tat ihn im vollen Umfang treffen. Unabhängig von unserer Vergebung.

Wenn er aber aufrichtig um Vergebung bittet, dann könnt Ihr ihm durch Euere Vergebung helfen, dass die Auswirkung seiner Taten nicht so schwer werden.

Könnt Ihr nicht vergeben, wird es Euch immer schwer um die Seele sein.

Andersherum: Wer vergeben kann, dessen Seele wird licht und leicht.

Wem Vergebung schwer fällt, der sollte dem betreffenden Menschen die Vergebung mit auf den Weg geben.

Das Zeugnis der Auferstehung Christi –

Gott zur Ehre müsst Ihr Euch selber regen.

Im 1. Korinther 15 ff: Neben dem Zeugnis der Wiederauferstehung Christi ist im Folgenden auch der Mensch in der Wieder-Auferstehung genannt.

Ich frage mich schon, ob all die Kirchenbediensteten jemals die Bibel wirklich ganz und innig für sich gelesen und inhaliert haben. Sich die Worte zu Eigen gemacht. So, dass sie sie verstanden haben... oder wurde jenen im Studium nur alles vorgekaut und sie lernten es auswendig?

Denn wer die Bibel wirklich für sich nicht nur gelesen hat... immer und immer wieder (insbesondere das NT), der kann gar nicht anders, als an die Wiederauferstehung (im Geiste) zu glauben. Davon überzeugt sein.

Und dem ist auch klar, dass das, was auf dem Friedhof von einem Menschen übrig ist, nur sein auf Erden nötiges Werkzeug war und seine Seele nicht mehr dort herumhängt. Es sei denn, die Menschenseele, die abgeschiedene, wollte nichts von einem Fortbestehen nach dem Tode glauben und klammert sich nun an die Erde.

Und dem ist auch klar, wohin die Reise des Menschengeistes geht (Seele genannt) und dass das Paradies NICHT auf Erden sein *kann* und der versteht auch, in was für einem Körper der Menschengeist weiter besteht und dass er NICHTS, aber auch gar nichts Stoffliches nach seinem Ableben wird mitnehmen können. Ob es ihm passt oder nicht!

Auch ich habe erst sehr spät begonnen, in der Bibel zu lesen. Dafür dann aber umso intensiver.

Nicht, weil mich jemand dazu genötigt hätte. Nein, weil es mir dann ein sehr dringendes Bedürfnis geworden war, auch den Anfang der Geschichte in allen Einzelheiten kennenzulernen. Wer ein Haus baut, der muss ja auch einen guten und festen Grund gelegt haben. Sonst fällt am Ende alles bei der kleinsten Erschütterung wieder zusammen.

So ist es auch mit dem Wissen. Ein Mensch, der nur oberflächlich mal an einer Stelle einsteigt und nach Gott fragt, der wird schnell beim leisesten Windhauche wieder abfallen, weil er in sich keine eigene Überzeugung trägt.

Sobald diese Sehnsucht nach Gott wie ein Same in seine Seele gefallen ist, muss er diesen hegen und pflegen, sich darum bekümmern. Denn sonst verdorrt der Same wieder und kann nicht zu schönster Blüte sich entfalten.

Ich wundere mich so sehr über all die Irrungen, die von der Kirche gelehrt werden.

Nehmt mal Euren Mut zusammen und vertieft Euch selber in das Wort. Denn dann wird schnell aller Grund für Angst vor dem Sterben oder den vielen Fragen nach dem Sinn des Lebens abgeholfen. Blinder Glaube ist das Verkehrteste, was Euch überhaupt passieren kann.

Tut *das* Gott zur Ehre... Ein Pastor, der wird Euch sicher nicht weiterhelfen, wenn Ihr eines Tages diese Erde verlassen müsst und Euch dann fragt, wie es wohl weiter geht.

Wie man der inneren Stimme folgt

Dass man seiner inneren Stimme folgt, merkt manch einer nicht oder nicht sofort oder später... vielleicht.

Ganz eindrücklich war dies bei mir in Sachen Umzug und Ortswechsel. Ich kann meine Umzüge gar nicht mehr so einfach aufzählen, aber es sind an die dreißig.

Eines Tages war es wieder so weit, dass mein Leben an einem Ort, in einer Wohnung, Lebenssituation zum Stillstand gekommen war.

Es ging nicht vor und zurück und egal, was ich *zu Denken* versuchte, wie es weitergehen würde oder sollte, endete im Nichts. In einem schwarzen Loch. Und genau das drückte ich auch immer so aus.

Bis mir dann auffiel, dass dies das Zeichen für Aufbruch und Neuanfang, Veränderung, war.

Und quasi ohne mein Zutun war irgendwie immer alles geregelt. Das Groß klappte immer. Von Wohnungssuche, Umzug an sich und allen Dingen, die damit zusammenhingen.

Ich sage nicht, dass das immer ein Zuckerschlecken und einfach war! Die Arbeit blieb schon noch an mir kleben, die eben auf der Erde so nötig war, aber es war im Prinzip immer alles geregelt und ich musste die Dinge nur noch abarbeiten.

So wie im Großen, so war es auch immer im Kleinen.

Schließt sich eine Tür, so öffnet sich eine neue.

Nicht immer war die Verweildauer an einem Ort lange. Ich hatte eben meinen Auftrag erfüllt, sagte ich mir später immer.

Sicher hätte ich auf Biegen und Brechen immer an einem Ort bleiben können, aber der Drang der inneren Stimme war immer stärker und ich musste ihr folgen.

Da ich mich als Vermittlerin der Gralsbotschaft von Abdrushin, welcher den Willen Gottes trägt, sehe und empfinde, war es für mich auch nie eine Frage, mich diesen Dingen zu verschließen.

Manchmal tu ich Dinge, die andere Menschen nicht verstehen können, aber ich muss zuweilen Menschen in bestimmte Situationen bringen, damit sie eine Entscheidung treffen können bzw. müssen sogar.

Das geht für mich nicht immer glatt ab, weil... wie soll ich es erklären, aber in letzter Instanz hat Gott immer seine Hand über mich gehalten.

Mir ist bewusst, dass ich diesen Schutz nicht ausnutzen darf! In der heutigen Zeit so zu leben, dass man voll und ganz untadelig ist, das ist eine Kunst, aber dennoch bin ich jeden Tag darum bemüht.

Wenn du etwas verloren hast ...

Wenn Ihr etwas verloren zu haben scheint, oder Ihr wisst, dass Ihr auf Eurer Wanderung etwas Wichtiges verloren habt, dann werdet Ihr doch zurückgehen, oder?

Dazu müsst Ihr anhalten und langsam ein Stück zurückgehen. Mal weiter und mal kürzer. Je nachdem, wann (und ob) Ihr das Verlorene wiederfindet.

Genauso ist es im Leben. Wir hasten vorwärts und eines Tages spüren wir, dass wir etwas Elementares verloren haben. Die Verbindung zu Gott. Nie nahmen wir uns Zeit nur für ihn. Uns in ihn zu versenken. Immer waren andere Dinge wichtig(er).

Erst muss ich dies noch tun und dann das und am Abend wart Ihr erschöpft und musstet Euren Körper schlafen legen. Euch erholen. Für das Elementare musste dann der neue und nächste Tag auf dem Plan stehen. Da sind dann Erledigungen und soziale Medien. Gespräche hier und da. Ihr wollt es auch jedem Recht machen. Auch in den sozialen Medien. Jede Nachricht last Ihr und natürlich wurde ausführlich geantwortet. Da blieb dann für das, was Ihr eigentlich geben wolltet, gar keine Zeit mehr.

Eines Tages erwacht Ihr und spürt, dass Euch die Kräfte verlassen. Die Beine wollen Euch nicht mehr tragen und auch sonst ... ständig seid Ihr müde und erschöpft. Ausgelaugt. Am Ende Eurer Kraft.

Dann fällt es Euch wie Schuppen von den Augen! Habt Ihr nicht genug geheult und gejammert darüber, dass Euch die Zeit für Gott fehlen würde?

Nun ist sie da, die Zeit. Aber zuerst müsst Ihr zurückgehen und den Zeitpunkt aufsuchen, wo Ihr falsche Wege gegangen seid. Wo Ihr Gott verloren habt. Um dann, Meter für Meter und Stufe für Stufe, alles so auszufüllen und zu erleben, wie es wichtig und richtig ist. Das Fehlen der Verbindung zu Gott kann durch nichts ersetzt werden. Seine Kraft ist für Euch das Wichtigste im Leben.

Haltet einfach einmal an, geht in Euch, geht ein Stück zurück. Ganz allein. Nur für Euch. Schaut, was auf der Strecke geblieben ist.

Und mit diesen Gedanken lasse ich Euch heute wieder zurück.

Versuchung und Vertreibung aus dem Paradies

Gewissermaßen ist der Mensch selber schuld, dass er heute nichts mehr von Gott und dem Gotteswillen weiß! So dass er mein, Gott zu leugnen müssen.

Es kam der Wille Gottes zur Erde in Abdrushin. Ich kam, um das Weibliche hinzuzufügen zum besseren Verständnis.

Die Gralsbotschaft habe ich in der Essenz mit dem Weiblichen versehen in meinem Werk: Nehmen wir Adam und Eva und das essen von der verbotenen Frucht. Vom Baume der Erkenntnis.

Die Bibel ist ja überwiegend metaphorisch geschrieben. Selbst Jesus sagte, dass das so gewollt ist, so dass am Ende nur *die* ihn verstehen werden, die es wert sind, gerettet zu werden.

Adam und Eva also wussten, dass sie nicht von diesem einen Baum essen durften. Vom Baume der Erkenntnis. Die Menschen hätten das Böse gar nicht kennenzulernen brauchen. Das ist damit gemeint!

Der Teufel kam und meinte: Sollte Gott gesagt haben? Luzifer versprach ihnen das Blaue vom Himmel und die Erkenntnis über alles, wenn sie von diesem Baume essen würden.

Übersetzt bedeutet das nun dies: Luzifer selber ist ein Erzengel, der in der Entfernung vom Licht meinte, die Macht an sich reißen zu müssen und er führte das Prinzip der Versuchung ein. Wer dieser Versuchung erlag, der war es seiner Meinung nach nicht wert, gerettet zu werden.

Der Mensch hätte das Dunkel, wie es heute sich zeigt, niemals kennenlernen müssen. Gott gab den Menschen die Möglichkeit, sich auf der Erde zu inkarnieren, um sich zu einem voll bewussten Menschengeist entwickeln zu können, um so wieder ins Paradies zurückkehren zu können.

200

Gott sagte, wir dürfen alles tun und uns an allem erfreuen, nur nicht von dieser einen Frucht naschen. Das Nehmen der Frucht und das Naschen daran ist die Versuchung, der der Mensch dann (erlag) erliegt. Der Beginn der Zugroßziehung des Verstandes, welcher seinen Sitz im Großhirn hat.

Wann immer sich im Menschen die Frage stellt, ob es von Gott gewollt sein könnte und sich darum bemüht, es sich im Kopf nach seinen Wünschen und Ansichten zurecht zu legen, ist er in der Gefahr, der Versuchung, also dem Luziferprinzip, zu erliegen.

Sollte Gott gesagt haben....?

Aber..."Wenn Du dir bei einer Sache nicht sicher bist, so lautet die Antwort NEIN!" Diese Entscheidung ist in letzter Instanz immer richtig für Euch! Versucht es nur.

Nehmt dies zum Maßstab über Euere Entscheidungen!

Luzifer selber ist für tausend Jahre gebunden, aber die Wellen tragen sich noch fort im Verstand, der seinen Sitz im Großhirn hat. Dieses lässt sich nicht von heute auf morgen wieder ausgleichen. Es ist ja im Laufe der Evolution entstanden und zu groß geworden und kann nicht von heute auf Morgen wieder normal werden.

Luzifer wird selber nie auf diese Erde kommen in Person. Er hockt im Gedanken, also dem Gehirn des Menschen. Genauer gesagt im Großhirn, dass der Mensch im Laufe der Evolution zu groß gezüchtet hat.

Ein normaler Mensch wäre heute derjenige, der ein ausgewogenes Verhältnis zwischen Groß- und Kleinhirn hätte.

Das Kleinhirn ist heute fast umschlungen vom Großhirn (Verstand) und wird von diesem gedrückt, unterdrückt. Im Kleinhirn spielen sich die Emotionen ab. Es ist der Sitz der Empfindung und der Gott-gewollten-Entscheidungen.

Wohl dem, der dies versteht.

ALSO: Luzifer selber ist für 1000 Jahre gebunden. Seine Macht, besser – sein Wirken – besteht nur durch die *Möglichkeit* des Sturzes fort durch den hochgezüchteten Verstand.

Wie zäh das Lernen sein kann

Wie zäh doch manchmal das Lernen durch Erfahrungen ist.

Wenn ich so zurückblicke auf all die Fehler, die ich gemacht habe im Leben, so ersteht vor mir das Bild, dass es eine Sache von quasi sofort ist, Dinge, die wir als falsch erkennen, sofort zu ändern. Uns zu ändern.

Es heißt im Volksmund: Der Geist ist willig, doch das Fleisch ist schwach.

Viel zu oft erkennen wir zwar unsere Fehler und sind auch bereit, diese abzulegen, aber rückblickend erkenne ich, wie sehr der Verstand dort hineinspielt. Dieser erklärt uns dann oft lang und breit, weshalb wir dies und jenes doch tun könnten und da wäre doch nichts dabei…

Der Verstand hat für alles eine Entschuldigung.

Und selbst *diese* Erkenntnis brauchte es lange, dass sie mir tief ins Bewusstsein kam. Ein teilweise langer und zäher Prozess, um im Gotteswillen zu leben.

Nichts anderes will ich tun. Nur ein Kind Gottes sein.

Nichts wünsche ich mir sehnlicher, als dass Gott mit einem frohen Blick auf mich schauen kann.

Und genau das wünsche ich Euch heute. Allen Menschen.

Kräfte sammeln im Verborgenen

Inspiriert durch einen kleinen Ausschnitt einer Sendung über eine Art Kirschbaum in Japan, wo der Baum mit dem größten Umfange stehen soll. Jährlich werden in der Blütezeit Pilgerfahrten dorthin unternommen. Der Baum steht an einer Tempelanlage. Die Menschen, die dort ankommen, haben eine Art Pilgerbuch, welches sie sich vor dem Eintritt abstempeln lassen.

Monatelang sammelt der Kirschbaum seine Kräfte, um für sieben Tage zu blühen.

Wenn wir etwas Großes, Besonderes vorhaben, an der Schwelle zu einer neuen Zeit stehen, die Veränderungen mit sich bringen wird, von denen wir aber noch nicht wissen, wie genau diese Änderungen sich auswirken werden, was genau sich ändern wird und wie genau unser Weg sein wird... dann sollten wir die Kräfte in uns sammeln, indem wir sie in uns bündeln und nicht jederzeit hinaustragen.

Was ich damit sagen will: Man kann einen Weg zerreden. Das zu verstehen, muss man wissen, dass Gedanken lebendiges Potential haben können und meistens auch haben. Echte Gedanken; je intensiver sie gedacht und *empfunden* werden, sind in der Lage, uns einen Weg kaputt zu machen, da diese Gedankenformen wie starke Magnete die gleichen Formen anziehen und auf die uns nächste Umgebung wirken oder auf das, was wir vorhaben.

Somit kann sich ein wichtiges Ziel für uns zerschlagen, ohne dass sichtbar jemand eingegriffen hätte und die meisten Menschen können ihrem Gegenüber eben nicht hinter die Stirn schauen, um die Gedanken dessen lesen zu können. Empfinden tun wir es oft, aber wir wissen mit dem Unbehagen dann nichts anzufangen.

Geht in Euch. Redet nur das Nötigste. Wendet Euch im stillen Kämmerlein, oder noch besser „allein in der Natur", an Gott, Euren Schöpfer. Bekundet IHM Euer Vertrauen IHM gegenüber, dass Ihr mit Seiner Hilfe (Eurer Intuition) den richtigen Weg finden werdet.

Und dann werdet Ihr einen Weg vor Euch sehen, wobei Euere guten Gedanken und Euere Vorstellungen darüber ebenfalls wie ein riesiger Magnet Gleichartiges anziehen und das Vorhaben über Kurz oder Lang zur Erfüllung treiben.

Die uns sichtbare und unsichtbare Welt

Die feinstoffliche Welt läuft, von unseren Augen meist unsichtbar und nur über die Empfindung wahrgenommen, neben der stofflichen Welt einher. Die feinstoffliche Welt an sich ist auch von größerem Ausmaße als die stoffliche, uns sichtbare und fühlbare Welt.

Nicht immer sieht die uns umgebende feinstoffliche Welt genauso aus wie das, was wir sehen können. Kommt zum Beispiel ein Mensch (durch Umzug oder Ähnliches) in eine neue Umgebung, die rein äußerlich hell und licht aussieht, so kann die feinstoffliche Umgebung schwer und dunkel sein, was sich dann in einem unerklärlichen Unbehagen spürbar machen kann.

Rein äußerlich scheint alles in Ordnung zu sein, aber die betreffende Person fühlt ein Unbehagen bis zum Abgestoßenwerden. Oder auch Stress, Müdigkeit, Schwäche, Wut oder unbegreifliches Aufkommen von Aggressionen.

Je nachdem, wer vorher dort gelebt hat (oder Urlaub gemacht etc.), so kann dieser Mensch durch üble Gedanken und Taten (zu denen ja auch die empfundenen Gedanken gehören) eine dunkle, verstrickte Feinstofflichkeit geschaffen haben, die sich nicht sofort auflöst. Oder es ist ein Wohnkomplex mit mehreren Mietern. Dann lagert dieses negative feinstoffliche Gespinst darüber und bringt dadurch unerklärliche Vorkommnisse zutage.

Die Menschen können durch diese verschmutze Feinstofflichkeit z. B. schneller krank werden, denn die Feinstofflichkeit, also die von uns geschaffene feinstoffliche Welt, wirkt sich früher oder später auch auf die Grobstofflichkeit aus.

Ebenso kann es sich umgekehrt verhalten, wenn zum Beispiel eine Wohnsiedlung nicht gerade schön anzusehen ist, man sich dort aber unerklärlich gut fühlt. Dann sind die Menschen dort innerlich gehobener – meist durch Leid gereift – und das hebt dann nach und nach auch die äußere Umgebung. Oder einzelne Menschen, die sich dann von dort lösen können, wobei es hier im Grobstofflichen leichter ist, sich von einem negativem Umfeld zu lösen als in der Feinstofflichkeit; dem sogenannten Jenseits.

Es gibt Menschen, die dies alles sehr wohl wahrnehmen, und dann mit Düften oder dem Ausrichten von Möbeln und Gegenständen, dem Ändern der Möbelstellung oder der Farben versuchen, sich dieser unangenehm gefühlten Feinstofflichkeit zu entledigen. Durchaus sind auch öfter mal Abgeschiedene im Spiel, die sich nicht von ihrem Haus oder ihrer Umgebung lösen können.

Ein in der Grobstofflichkeit hell erleuchteter Raum kann im Feinstofflichen nebenherlaufend von einer Art klebrigen Spinnenweben durchzogen sein. Von einem schier undurchdringlichen Gebilde. Sie empfinden, als würden sie von Ungeziefern, Fliegen oder Mücken oder Flöhen belästigt. Es kribbelt leicht im Gesicht oder im Ohr oder sonstwo auf dem Körper... weil sie auch diese feinstoffliche Umgebung spüren und empfinden.

Wenn sich eine Umgebung nicht überwiegend wieder verbessern oder aufhellen lässt durch eine einzelne Person, weil die sie umgebenden Menschen das Licht nicht annehmen können oder wollen, diese Person aber das Negative empfunden und durchlebt hat, so kommt es, dass solche Menschen dann auch schnell mal wieder weiterziehen. Unterstützt durch unsichtbare Hand.

Vor ganz vielen Jahren hatte ich ein sehr einschneidendes Erlebnis. Es ging um ein Erdbeben, wobei ich damals nichts davon wusste, weil zu der Zeit weder Smartphone noch sonst etwas zu meiner Kommunikation gehörte.

Ich legte mich also abends in mein spärlich eingerichtetes Zimmer mit einem Bett, einem Kleiderschrank und einem Regal und irgendwann begann das ganze Zimmer zu zittern. Und zwar so sehr und so lange, dass ich wirklich größte Angst hatte. Mein Schrank fiel um und die Sachen aus dem Regal. Ich war sicher, dass ich wach war, aber es muss wohl ein Wachtraum gewesen sein. Dann hörte ich, nachdem das Beben fast aufgehört hatte, den Namen Hanoi...

Am nächsten Tag schaltete ich den Fernseher ein und hörte von einem schlimmen Erdbeben in Hanoi.

Was ich sagen will... mein mir sichtbares Zimmer blieb so, wie es war, aber im feinstofflichen Zustand war alles zu Bruch gegangen.

Und auch in späteren Jahren, ja heute sogar noch, nehme ich jedes leichte Beben der Erde wahr. Oft habe ich schon Erdbeben vorausgesagt, wobei ich aber nie wieder, wie in dem ersten Falle, wusste, wo das Beben stattgefunden hatte. Meist findet es auch nicht gleichzeitig, sondern mit bis zu drei Tagen Verzögerung statt. Aber stattfinden tut es immer.

Die Selbstvernichtung und die fehlende Demut

Was soll aus einem Volk werden, welches aus Lug und Betrug, Gleichmachung der Geschlechter und all diesen unschönen Dingen besteht? Es ist dem Untergang geweiht! Wer Christ ist und sich Mann mit Mann oder Frau mit Frau zusammentut, sich dann noch in der Kirche trauen lassen will... da machen sich die Menschen ihre Kirche einfach so, wie sie diese haben möchten...

An Jesus Botschaft, welche im Neuen Testament unwiderlegbar niedergeschrieben steht, kommt kein Mensch vorbei. Auch die Kirche nicht. Man kann die Kirche nicht in dem Sinne *modern* machen, indem man da ein Bodenpersonal einstellt, welches zu allem Ja und Amen sagen soll und die Botschaft Jesus abändert, weil sie einem nicht mehr passt.

Seht Euch den neuen Papst an... nach so kurzer Zeit ist er ein gebrochener Mann, weil er standhaft die Werte des Neuen Testamentes zu verteidigen sucht (Anm: Zu Ostern 2025 verstorben)

Von den ganzen Missbräuchen will ich mal gar nicht sprechen, denn ich denke, das Thema ist das einzige, wo die Katholische Kirche falsch liegt. An keiner Stelle sagt Jesus, dass ein Katholischer Geistlicher kein Weib an seiner Seite haben *darf*! Dieser unnatürliche Druck, der da aufgebaut wird, muss sich natürlich irgendwo entladen. Leider traf es dabei Menschen, die in einer wehrlosen Situation waren/sind. Gewissermaßen.

Wenn man die Offenbarungen des Johannes kennt, dann wundert einen dieses Tohuwabohu der jetzigen Zeit überhaupt nicht. Vielleicht muss dieses Land komplett untergehen, um zu einer Demut zu kommen.

Seien es Katastrophen in Sachen Wetter, Erdumwälzungen oder Ähnlichem... so wisset, dass es schon immer Heiß- und Eiszeiten gegeben hat. Was die Erde jetzt trifft, kann nur dadurch *geheilt* werden, in dem eine Änderung im Inneren der Menschheit stattfindet.

So, wie ein großer Teil der Menschen zur Zeit ist, kann diese Erde keinen Bestand mehr haben.

Lacht nicht über die Prophezeiungen des Johannes.

Das Lachen wird uns bald vergehen.

Der Wind - Der Finger Gottes

Der Wind... Du kannst ihn nicht sehen, aber er ist immer da. Nur die Auswirkungen des Windes kannst du sehen. Seine Wirkung. Der Wind streichelt tröstend dein Gesicht. Er pustet den Staub von deinen Kleidern und der Natur. Er trocknet den Boden nach dem Regen und auch deine Wäsche auf der Leine. Schiffe segeln auf den Meeren im Wind, wenn sie die Segel setzen. Wenn Ihr genau hinschaut, dann lasst es Euch zur Erkenntnis werden, dass die Natur immer mit dem Winde geht! Bäume, deren Äste, die Blätter, biegen sich mit dem Wind. In seine Puste-richtung. Wolken werden um den Erdball gepustet.

Ein einzelner Staubkorn kann sich über die halbe Erdkugel bewegen, um dort niederzufallen. Denken wir nur an den Saharastaub. Ein Blu-menmeer aus Mohn, ein Kornfeld... wie wunderbar schaut es aus, wenn sich Blumen und Getreide, vom Winde gestreichelt, mit diesem wiegen?!

Aber der Wind kann auch anders. Wird er wütend, so knickt er Bäume, peitscht die Wasser auf und lässt Dinge durch die Luft fliegen wie ein Papierflugzeug. Er erschlägt uns, wenn wir uns dann nicht in Sicherheit gebracht haben. Auf dem Meer, in einem Boot, können wir untergehen. In der Offenbarung des Johannes spricht dieser ja auch von den Engeln, die die vier Enden des Windes festhalten können, um völlige Windstille zu schaffen, oder die Enden loslassen, um einen Sturm über das Land zu jagen.

Nehmen wir für den Wind die Hand GOTTES! Für die Richtung des Windes die Naturgesetze, die den Schöpfungsgesetzen unterliegen.

Dann musst Du erkennen, dass Du dich der Natur nicht zuwiderstellen kannst. Du musst Dich nach den Naturgesetzen richten, um nicht gebro-chen zu werden oder unterzugehen. Nur so kannst du am Ende des Weges unbeschadet mit heiler Haut aus der Stofflichkeit herauskommen.

GOTT in seiner Wesenlosigkeit

Oft hörte ich schon den Spruch: *Wenn der Mensch nicht mehr weiter weiß, dann hält er sich an Gott.*

Das ist in den meisten Fällen abwertend gemeint so nach dem Motto... *Irgendwo muss der Mensch sich ja festhalten können, aber auf jeden Fall hat er einen Dachschaden.* Solche oder ähnliche Aussprüche haben schon viele Menschen über sich ergehen lassen müssen.

Du und Dein blöder Gott... solche Sprüche musste auch ich mir schon anhören…

Fakt ist: Erst wenn gar nichts mehr geht kapieren einige Menschen, dass sie ohne GOTT nichts sind!

Schuld daran, dass Menschen heute kaum noch an Gott glauben können sind, so makaber es klingt, auch die sog. Kirchenvertreter. Das selbst ernannte Bodenpersonal.

Zum Einen wurde auf einem Konzil zu Konstantinopel im Jahre ca. 640 n. Chr. beschlossen, den Passus der Wiedergeburt aus der Bibel zu entfernen, weil Menschen das (noch?) nicht verstehen könnten/konnten.

Manchmal ist es hilfreich, Dinge hintenan zu stellen, um einen sicheren Aufstieg geben zu können. Leider wurde dann vergessen, diesen Passus wieder einzusetzen und so steht die Menschheit auf der Kippe; ist zum großen Teile schon darüber hinweg und jeder weiß, wenn etwas ins Rutschen gekommen ist, lässt es sich kaum noch aufhalten. Man denke an eine Lawine!

Zwar ist Gott in aller Munde, aber immer steht bei den Menschen ein Fragezeichen dahinter, weil – was der Mensch nicht sehen kann, dass fällt ihm schwer zu glauben. Selbst die Kirchgänger glauben im Großteil, dass sie, wenn das Leben hier zuende gegangen ist, verscharrt werden und dann sind sie weg und wenn alles gut geht, werden sie am *Jüngsten Tage* wieder aus ihren Gräbern auferstehen. So entstand der Gedanke der Totenruhe.

Ich kann Euch beruhigen. Der Menschengeist – von den Menschen Seele genannt – verlässt den Körper nach dem Ableben, genauso, wie er diesen mitten in der Schwangerschaft bezogen hat.

Während die sterblichen Überreste verwesen, befindet sich die Seele längst schon in anderen Gefilden. Oder aber er verweilt in der Nähe seines letzten Lebens, sofern er Scheuklappen aufhatte und an ein Fortbestehen nach dem Ableben nichts wissen wollte.

So geht dann kostbare Zeit für den Aufstieg verloren…

Die Menschheit der westlichen Welt, der Großmächte, sind dermaßen verkopft, so dass sie die Wahrheit, also Gott und seine Gesetze, nicht (mehr) begreifen können. Nichts davon wissen wollen. Gott als Utopie abtun.

Das alles ändert aber nichts daran, dass sie den Naturgesetzen unterworfen sind. Ob sie nun glauben wollen oder nicht.

Es wäre auch sinnlos, an dieser Stelle alle Wahrheiten, die sachlich niemals widerlegt werden können, aufzeigen.

Aber... für die Wenigen, die durch die Ereignisse auf dieser Welt aufgerüttelt werden oder wurden, schreibe ich die ganze Wahrheit. So, dass sie Gott und sein Wirken begreifen und umsetzen können. Sich dadurch einen Weg zurück zum Ursprung, der geistigen Heimat, bahnen können.

Einen Ansatz davon schrieb ich schon einmal nieder:

Diese Erde mit seinem Weltall, welches der Mensch für unendlich hält, wobei es inzwischen einige wenige Wissenschaftler gibt, welche die Möglichkeit der Endlichkeit in Erwägung ziehen, dieser Weltenteil also, auf dem wir leben, wird der Weltenteil Ephesus genannt und ist auch in den Offenbarungen des Johannes zu finden.

Von diesen Weltenteilen gibt es dergleichen sieben.

In jedem Weltenteil ist nur ein einziger bewohnbarer Planet gleich dieser Erde hier vorhanden. An den ganzen Müll, den die sog. Wissenschaft da ins Weltall schießt... davon will ich gar nicht reden.

Versucht, Euch diese sieben Weltenteile in ihrer ganzen Größe vorzustellen. Ein Menschengehirn kann gar nicht so weit denken!

Und erst außerhalb dieser sieben Weltenteile, welche im lichtlosen Raum schweben – weit darüber – thront Gott in seiner Wesenlosigkeit.

Gott als Person können und dürfen wir uns nicht vorstellen.

GOTT ist wesenlos. Amorph. GOTT ist der einzig Seiende. Einen Körper braucht es nur außerhalb von GOTT. Eine Form.

Ihr könnt Euch GOTT als reinste Energie wie eine große Sonne – das Urlicht – vorstellen (denn alles aus der Natur hier auf Erden ist ein Abglanz aus dem Reiche Gottes).

Am Rande dieses Urlichtes, in Entfernungen, die für einen Menschengeist unvorstellbar weit sind, dort, wo so langsam eine Art Abkühlung stattfindet, kann GOTT sich zu bestimmten Zeiten in einer Art Körperform zeigen, einer Hülle aus dem Bereich des Ewig-Urgeistigen, welche aber so hell leuchtend ist, dass selbst die Urgeschaffenen ihm nicht in die Augen sehen können.

Darum heißt es: Der Mensch – geschaffen nach seinem EBEN-Bilde.... Nicht nach seinem Bilde. Nach seinem EBEN-Bilde bedeutet, so, wie er sich von Zeit zu Zeit den Reinsten aller Urgeschaffenen zeigt.

Nichts an GOTTES Willen unterliegt einer Willkür. GOTT spielt nicht mit uns und haut mal diesem oder jenem eine hinter die Ohren. Es gibt keine Willkür bei GOTT, aber wenn ER einen Hilferuf empfängt, durch JESUS weitergeleitet (Jesus: Niemand kommt zum Vater denn durch mich), dann kann er die helfende Kraft verstärken, so dass es wie ein Wunder erscheint.

JESUS hat zu seiner Zeit viele Wunder getan.

Jeder Mensch besitzt so eine Art Selbstheilungskraft, die durch gutes Wollen aktiviert werden kann, indem die dieser Mensch verstärkt mit der Ausstrahlung von GOTT verbunden wird.

Wenn ein Mensch zu Jesus kam, damit er ihn heile, so hatte er in seinem Glauben einen Schacht dafür geöffnet, dass das Licht GOTTES alles, was in ihm war, alles Gute und seinen Glauben, so verstärken konnte, dass eine unmittelbare Heilung einsetzen konnte.

Der Christusgeist war nur mit einem dünnen feinstofflichen Körper umhüllt, da er sehr schnell zu Hilfe eilen musste und nicht die Zeit hatte, alle Weltenteile zu durchlaufen. So hatte er nur eine dünne Hülle um seinen strahlenden Gotteskern, wobei das Licht vielen Menschen auch sichtbar wurde durch seine Ausstrahlung.

Ihr könnt nicht mit auch nur einem Stäubchen von Dunkel und Unrecht zurück ins Paradies heimkehren in der Hoffnung, dass Ihr bis zu Eurem Tode tun und lassen könnt, was Ihr wollt und Jesus *hätte ja alle Schuld auf sich genommen.*

NEIN! Jesus hat mit seinem Kommen den Menschen nur die *Gelegenheit* gegeben, den Weg zur eigentlichen Heimat des Menschengeistes, dem Paradies, wieder zu finden und gehen zu können.

Ich sage Euch hier: Egal, mit welchen Menschen ich sprach. Alle erklärten hoch und heilig, dass sie anderen Menschen vergeben würden. Das wäre ja schließlich ihre Pflicht.

Aber im Falle des Eintrittes eines solchen Geschehens zeigte sich, dass sie NICHT bereit waren zu vergeben. Ihr Hass oder was auch immer es sei, erlaubt es ihnen nicht.

ABER: Wenn du nicht vergeben kannst oder willst, dann wird auch Dir GOTT NICHT VERGEBEN!

Dessen seid eingedenk zu jeder Stunde Eures Lebens. Es ist das Wichtigste für Euch zu dieser Zeit.

Ohne dieses Vergeben können, was auch das Eingestehen eigener Schuld beinhaltet, werdet Ihr bis in alle Ewigkeit im Jenseits herumirren und immer wieder in die Welt geboren und sterben müssen, ohne dass Ihr aufwärts kommt.

Es gibt viele Gesetze von Gott, aber zu dieser Zeit, das sei Euch nun gesagt, ist genau dieses das Wichtigste für Euch.

Wie wenn Krieg wäre

Manchmal schaut man zurück und stellt fest, dass Konflikte entstanden sind, die ungeklärt geblieben sind und zum Teil den Weg pflastern.

Auch bei mir, wobei ich mich immer bemühe, mit den Menschen zu sprechen... dachte ich.

In letzter Zeit musste ich meinen bisherigen Ansatz überdenken. Neu durchempfinden, weil nach meiner inneren Empfindung zu viele Konflikte ungelöst zurückgeblieben waren.

Also nahm ich mir eine Baustelle heraus und setzte mich wieder mit diesem Menschen in Verbindung. Selbst wenn der Konflikt ursprünglich nicht direkt durch mich entstanden war, aber indem ich eine üble oder ungute Sache *nicht einfach so hingenommen hatte*, sondern um Aufklärung und Ehrlichkeit bat, zog sich der Mensch beleidigt zurück.

Es würde zu weit führen, die Inhalte der einzelnen Konflikte zu erklären, aber selbst indem ich die Menschen freundlich ansprach (schrieb), mein Ansinnen erklärte und darum bat, nicht im Leben weiterzulaufen mit diesem Ballast auf dem Kreuz, so hatte ich bisher leider wenig bis keinen Erfolg.

Kein einziger dieser Menschen scheint sich irgendeines eigenen Fehlverhaltens schuldig zu sein. Einen Fehler zugeben zu können, dazu gehört Größe und Selbstbewusstsein.

Im Geiste sehe ich die Wege dieser Menschen und erkenne auch voller Grauen, dass sie mit dieser Last niemals werden ins Paradies eingehen können.

Wenn ich noch weiter zurückschaue – auf mein ganzes Leben – so muss ich traurig erkennen, dass es immer schon so war.

Wie sollen Kriege verhindert werden; wie soll Frieden auf Erden sein, wenn nicht zwei Menschen in der Lage und bereit sind, einen Konflikt zu lösen? Was verlieren sie dabei, sich damit und somit mit sich selbst auseinander zu setzen?

Möglicherweise muss ich bei einem neuerlichen aufziehenden Konflikt von vornherein noch sensibler reagieren!? Aber auch hier, wenn ich zurückschaue, musste ich erleben, dass selbst auf sensibelste Worte kein Widerhall kam.

Man wird geghostet. Sie verschließen Augen und ihr Herz und wollen die Probleme einfach aussitzen. Dass sie diesen Ballast mit ins Jenseits nehmen und sich dort weniger leicht davon lösen können als auf Erden und in Fleisch und Blut, dass können sie offenbar in ihrem eingesperrten Herz nicht mehr erkennen.

In ihrem eingesperrten Geist. In vollkommener Dunkelheit.

Wie furchtbar!

Ich schäme mich

Wann immer ich die Bibel (und hier das Neue Testament mit dem, was Jesus uns sagte) lese... immer und immer wieder neu, so finde ich jedes Mal Worte von Jesus, die mir neu erscheinen. Stellen, von denen ich mich frage, ob ich sie vorher jemals gelesen oder wahrgenommen habe. Und wenn gelesen und wahrgenommen, so habe ich sie offenbar nicht verstanden oder nicht umgesetzt.

Es sind ja viele Fäden an uns. Um uns. Aber ein Faden, der leuchten sollte, der ist mit dem innigen Wunsch verbunden, wieder ins Paradies zurückkehren zu können. Ohne wieder geboren werden zu müssen auf einer Erde.

Aber eingehen in das Paradies können wir nicht, wenn auch nur ein Stäubchen Schuld an uns hängt. Wenn unser Innerstes, der Menschengeist (auf der Erde Seele genannt), auch nur mit einem Hauch von Schuld und dunkler Anhaftung versehen ist.

Es fühlt sich für mich an wie ein Vabanquespiel, an jedem Tage und zu jeder Stunde, in jeder Situation, immer so zu handeln, dass ich mir keine Schuld zuziehe. Weder Übel denken noch handeln. Auch das Denken ist eine Handlung und je empfundener ein Gedanke ist, desto magnetischer zieht er ja Gleichartiges an. Ihr wisst schon, was ich meine.

Durch das Leben gehen, sich nichts zuzuziehen, und doch alles zu erleben und Fehler abzulegen... ja, es ist wie auf einem Seil in großer Höhe zu balancieren. Die Balance bis ins Feinste halten.

Um auf den Anfang zurückzukommen, so schäme ich mich dann, wenn ich am Ende des Tages feststellen muss, dass ich an mancher Stelle die Balance zu verlieren drohe. Oder sie verloren hatte und nun bemüht, das Gleichgewicht wieder herzustellen.

Gottes Gnade auch dem Sünder zu gönnen... dazu gehört Demut.

Ich kann mich nicht immer „außen vor" stellen. Nein, ich bin nicht fehlerlos und ich bitte Gott jeden Tag, mir meine Fehler zu verzeihen, so wie ich auch verzeihen muss alles, was mir angetan wurde.

Das tue ich gerne. Aber so manches Mal frage ich mich, ob eine Schuld von mir so groß ist, dass Gott sie nicht mehr verzeihen kann? Habe ich auf meinem Wege versagt? Versprechen gegen Gott nicht gehalten, warum auch immer? Etwas getan oder gesagt im Eifer des Gefechtes, was dem Gegenüber das Herz verhärten lässt – auch wenn ich dies bedauere.

Und ja, ich habe eine gewisse Angriffslust in mir. Das zu interpretieren wäre zu müßig, aber es wurde mir in die Wiege gelegt.

Die Hand ins Feuer legen für sich selbst

Es gibt so Sprichwörter... eines lautet: Für den würde ich meine Hand (nicht) ins Feuer legen!

Aus einem bestimmten Anlass musste ich heute darüber nachdenken. Bzw. kam es mir einfach in den Sinn.

Meine Frage, die sich stellte, war, ob es in meinem Leben einen einzigen Menschen gäbe, für den ich meine Hand ins Feuer legen würde!

Die Bedeutung daran ist ja, dass man an die Ehrlichkeit und Aufrichtigkeit in jeder Hinsicht Glauben hat und dann, wenn man für diesen Menschen die Hand ins Feuer legt, diese Hand nicht verbrennen würde!

Soviel ich nachsann... ich wüsste keinen Menschen, für den ich meine Hand ins Feuer legen würde!

Dann fragte ich mich: Würde ich für mich selbst die Hand ins Feuer legen?

Die Antwort fiel etwas gespalten aus. Überwiegend würde ich für mich selbst die Hand ins Feuer legen, aber in früherer Zeit hat es durchaus Zeiten gegeben, wo ich meine Hand nicht für mich selbst ins Feuer gelegt hätte.

Das Ganze muss ja am Ende ein Fazit haben:

Wir sollten in all unseren Entscheidungen und Handlungen immer so agieren, dass wir uns vorher fragen:

Wenn ich dies oder jenes so oder so tue und entscheide... kann ich dann die Hand für mich selbst ins Feuer legen?

Und wenn wir das tun (je öfter wir das tun, desto mehr Übung bekommen wir darin und desto schneller können wir entscheiden), dann wird sich auch unser Sinn für unsere Entschlüsse ändern ... müssen!

Darüber sollten wir heute nachdenken.

Eure Johanna

Das verfaulte Christentum

Die Frage nach der Religion wird oft gestellt.

Und auch ich stellte mir oft die Frage, welcher Religion ich angehören möchte... möchte ich das überhaupt? Es gibt Religionen, die setzen als Höchstes etwas anders voraus. Einen früheren Propheten zum Beispiel.

Oder eine Religion propagiert das Kommen von Jesus, der aber schon vor zweitausend Jahren auf der Erde weilte, weil sie nicht verstanden haben, dass es einen Unterschied gibt zwischen Gottessohn und Menschensohn.

Die christliche Religion ist immerhin soweit, dass sie anerkennt, dass Jesus auf Erden war als Gottes-Sohn, harrt aber der Dinge, die da kommen, denn der Messias soll ja wiederkommen und sie alle retten. ---

Unter all das muss ich einen Strich ziehen. Ich habe die Bibel vielleicht öfter gelesen und tiefer studiert als manch ein Priester und Jesus hat ausdrücklich gesagt, *dass einer nach ihm kommen wird*, der uns in alle Wahrheit führt.

Gut soweit...

Um zurückzugreifen ist es so, dass trotz aller Wunder, die Jesus tat, die Mehrzahl der Menschen nicht an seine Herkunft aus Gott geglaubt hat. Er wurde verleugnet, bedroht und zuletzt sogar ermordet. Jesus wurde damals schlicht und einfach von der Mehrzahl der Menschen nicht als der Gottessohn erkannt.

Nun stellt Euch vor, dass derjenige, den Jesus uns prophezeit hat zum Weltgericht, schon auf Erden wandelte und seine Botschaft brachte! Die Menschen sind ja heute fast verbretterter als zu Jesu Zeiten und nur ein klitzekleiner Bruchteil der Menschengeister hat diesen letzten Wahrheitsbringer erkannt und seine Botschaft aufgenommen.

Von den wenigen Menschengeistern, die diese letzte Botschaft aus dem Gral aufgenommen haben, sind aber sehr viele, die diese zum Einen nicht richtig (verstanden) verstehen und wieder alles nur ins Irdische (zogen) ziehen. Eine Sekte oder eine Religion entstand daraus.

Die Menschen laufen an den Feiertagen, Sonntagen in die Kirche und meinen, damit dem Glauben schon genüge getan zu haben. Wenn man etwas tiefer gräbt und Fragen stellt, dann werden sie erbost und zum Teil recht brutal. Sowohl in der Ausdrucksweise als auch in Handgreiflichkeit verschiedener Form, die sich nicht unbedingt äußerlich zeigt, sondern in einer Art Missbrauch von Machtstellungen liegt.

Die Menschheit hat ANGST und diese Angst ist berechtigt, denn die Wahrheit in den Händen zu halten, aber sich in keiner Weise bemühen, diese zu leben und zu lehren, das wird uns den Hals brechen.

Für jeden Menschen in unserer heutigen Zeit ist die Zeit der letzten Entscheidung gekommen.

Weshalb viele Menschen die Bibel ablehnen ...

...*u*nd Gott nicht finden können.

Erst wenn Ihr die Bibel quasi mindestens einmal ganz vom ersten bis zum letzten Wort gelesen habt, und, was noch besser ist, mehrmals innig das Neue Testament ... dann versteht Ihr alles!

Früher gehörte ich auch zu denen, die sagten, sie würden die Bibel kennen, aber ich kannte sie NICHT! Erst nach dem Tode meines Mannes begann ich, sie wirklich zu lesen; zu studieren, wobei ich das ALTE Testament nur ein einziges Mal komplett gelesen habe. Aber dort drin standen Dinge, die mich vom Glauben hätten abfallen lassen können, wenn ich nicht auch genauso intensiv und am Ball bleibend das Neue Testament gelesen hätte.

Im Alten Testament stehen unter anderem Dinge, die so ekelhaft und unglaubwürdig sind, so dass ich dachte: Nein, das kann Gott auf keinen Fall gewollt haben, so, dass Priester sich an toten Frauen haben vergehen dürfen, um ihrem Drange abzuhelfen. Das ist einfach nur perfide; ekelhaft, unglaublich und unaussprechlich.

Insgesamt ist es als Grundlage aber wichtig, auch das Alte Testament zu kennen. Solche Dinge, wie eben beschrieben, sind Aussagen von Zeitzeugen, die Jesus Botschaft noch nicht kannten aber meinten, das Richtige schon zu wissen und zu glauben.

All diese Propheten gaben ja auch Aussprüche und Vorhersehungen, also Prophezeiungen, von sich, welche später dann von Jesus wieder ausgesprochen wurden, so, dass mit dem Geschehen diese Prophezeiung um sein Kommen und Wirken in Erfüllung gehen würden.

Der Beginn der Welt, also wie die Erde und der Mensch erstanden sind, wurde bildhaft wiedergegeben. Gott hat NICHT an sieben Tagen – in

Erdentagen gedacht – die Welt erschaffen. Man muss bedenken, dass im Göttlichen tausend Jahre sind wie ein Tag.

Würden Wissenschaftler die Gralsbotschaft kennen, die durch den Gotteswillen in Imanuel gebracht wurde, so würden sie nicht mehr lange im Ungewissen und für sie Trüben fischen müssen, sondern das ganze Geschehen um die Entstehung der Welt und die Geburt der Menschen würde sich für sie ganz einfach und natürlich erklären. Nur hätte dann ihr Studium keinen direkten Wert mehr. Und zuzugeben, dass man nicht alles gewusst hat; dazu gehört schon Größe.

Als Gott sprach: Es werde Licht, so begann damit ein Prozess, der im Göttlichen begann durch GOTTES Willen.

ABER... das eigentliche Paradies war immer im Geistigen und NIEMALS in der Stofflichkeit, auf dieser Erde!!!

Im geistig wesenhaften Bereich befinden sich auch die Geistkeime des Menschen, welche bei einem bestimmten Grad der Reife nach Bewusstsein und damit Bewusstwerden drängen und so – nach unten zu in die Stofflichkeit – ausgestoßen werden MÜSSEN!

Und DAS ist die eigentliche Vertreibung aus dem Paradies!

Der Sündenfall, die Zugroßziehung des Verstandes, kam erst viel später. Da haben die Personen, die die Geschichte niedergeschrieben haben, einiges vermischt, weil sie es damals nicht anders verstanden haben und alles nur durch Überlieferung weitergegeben wurde.

Wie im Himmel, so auf Erden... so ist dieser Weltenteil nur ein kleiner Abglanz aus der Urschöpfung.

Es gab keinen Urknall an sich, sondern der Wille Gottvaters, der zu dieser Stunde zu Wirken begann, schoss weiter über die göttliche Grenze hinaus. Zuerst ins Urgeistige Reich, dann ins geistige Reich, ins wesenhafte Reich und zuletzt, sich entwickelnd, in die feine und auch grobe Stofflichkeit, wozu die Planeten gehören und auch diese Erde.

Mit jeder Stufe abwärts verdichtete sich der Urstaub und hüllte sich ein in die jeweilige Abstufung.

Dieser Urstaub wurde somit immer weiter verdichtet bis zu dem Tage, wo er grobstofflich sichtbar wurde.

Dass all diese Vorgänge nicht an einem Tage vonstattengegangen sind, sollte jedem Menschen klar sein.

„Bist Du dem Lichte und dem Guten denn so abhold, dass Du es nicht verträgst, das Kreuz des Lichtes zu erblicken?"

Gebt Gott die Ehre der Vollkommenheit

Da wurde mir ein Beitrag von einer Person gewahr, die sich laut rühmend mit Gott schmückt.

Da es eh nur sehr wenige Menschen gibt, die sich trauen, sich öffentlich zu Gott zu bekennen, nahm ich mir die Zeit, nachzulesen... und war am Ende total erschrocken, denn diese Person unterstellte Gott quasi ein willkürliches Handeln und utopische Zukunftsmodalitäten. Er erging sich in Phantasien (die die Menschheit hoffentlich niemals zu verwirklichen sich bemühen wird), so dass die Bevölkerung auf Mond und Mars umziehen soll und man dort unterirdische Höhlen anlegen sollte (wird), um dort ein Wohnklima zu schaffen.

Ganz genau kann ich das hier nicht wiedergeben und es ist nur ein Beispiel von vielen.

Alle Schöpfungsgesetze, welche auf Erden auch Naturgesetze genannt werden, entspringen einem einzigen Grundgesetz.

Die Kraft/das Licht Gottes, seine Energie der Ausstrahlung, wenn man so will, wird ja mit gewaltiger Kraft in den an sich lichtlosen Raum hinausgestoßen bis zu einem Punkt, wo er, durch die Anziehung vom Ursprung her, wieder zurückkehrt zum Ursprung. Wie in einer Ellipse... und dies hat ja auch die Wissenschaft schon bildlich darstellen können.

Dieses eine Gesetz liegt dem Geben und Nehmen zugrunde.

Was du aussähst (aussendest), wirst du ernten (wird zu dir zurückkommen)... und zwar vielfach verstärkt, denn diese von Gott ausgehenden Strahlungen sind magnetisch.

Es ist im Kleinen wie im Großen:

Du setzt einen Apfelkern in den Boden und erntest hundertfach an Äpfeln, wobei jeder dieser Äpfel wieder viele einzelne Kerne haben.

Mit deinen Gedanken und Taten ist es ebenso. Sie kehren zu dir zurück. Früher oder später. Je feinstofflicher eine Tat, ein Gedanke ist, desto eher und schneller kann die Auswirkung dich treffen, denn je stofflicher etwas ist, desto langsamer ist die Auswirkung durch die Dichte.

Gott ist vollkommen. Seine Gesetze sind vollkommen.

Selbst die sogenannten Wunder unterliegen diesen Naturgesetzen, aber sie können durch die Kraft des Urlichtes verstärkt werden.

Was du auch denkst, es wird falsch sein

Die Gefahr, wenn Du jemandem etwas erzählst ist, dass er seine Gedanken, Vermutungen oder was auch immer dort einfließen lässt und sich – in der Regel – ein vorschnelles und falsches Urteil bildet.

Nur GOTT hat das Recht, zu rächen und zu richten... sage ich hier, weil du von Menschen gerichtet bist, ohne dass sie die Wahrheit kennen. Weil sie so handeln, wie sie selbst in ihrem Inneren eben sind.

Ich spreche zu Euch im Verborgenen. Nur manchmal spreche ich auch mit Menschen, wenn diese an mich herantreten, oder wenn ich auf irgendeine Art und Weise mit ihnen eine zeitlang verbunden wurde und Konflikte entstanden. Dann zeige ich den Menschen die Folgen nach den Schöpfungsgesetzten auf. Hören will das aber in Wahrheit so gut wie niemand. Dazu ist das Ego zu geballt.

Im Verborgenen deshalb, weil der Mensch, wenn er Worte hört oder liest, diese immer und in jedem Falle auf den Urheber oder Autor bezieht und sollte er auch nur irgendeinen für ihn scheinbaren Makel oder Fehler finden, so verwirft er gleich alles. Selbst wenn es für ihn die Rettung wäre.

Manchmal wird mir ein Mensch über den Weg geschickt, der der Sache dienlich sein kann, aber nicht jeder dieser Menschen, sowieso schon rar gesät, erkennt dann eine Aufgabe darin, etwas weiterzuführen.

In der Gralsbotschaft schreibt Abdrushin auch darüber, wie auch schon Jesus forderte, dass der Mensch nichts ohne Prüfung hinnehmen soll. Blinder Glaube ist niemals lebendig.

Es gab eine Zeit, da war auch jede Menge "Papier" im Umlauf über die Zeit von Abdrushin wo ich nur dachte: *Das sollte für immer im Verborgenen landen.* Es war (und wäre) von Abdrushin NICHT für die Öffentlichkeit bestimmt gewesen. Dinge und Interpretationen, welche Menschen in etwas setzten, was andere Menschen wiederum für die Wahrheit und für Wahr erachteten, und darum zum Teil die Gralsbotschaft ablehnten.

Aber aus einem besonderen Grund schreibe ich heute selber darüber. Über dieses Problem. Es sind einige Menschen an mich herangetreten, die die Gralsbotschaft wegwarfen (im wahrsten Sinne des Wortes), und mir erklärten, es wären zu viele Widersprüche darin. Wenn ein Mensch geleitet wird, dann findet er mich in der Regel auch. Ohne dass es von außen sichtbar ist.

Ihr müsst das so sehen: Abdrushin hat die Dinge, alles Geschehen, von allen Seiten beleuchtet. In verschiedenen Beiträgen wurden dann Erklärungen aus vorherigen Beiträgen wieder aufgegriffen und von anderer Seite beleuchtet, so dass für viele Menschen der Eindruck entsteht, dass sich die Aussagen von Abdrushin widersprechen.

Ich bin (auch) gekommen, dies Richtigzustellen. Euch darüber aufzuklären. Euch zu ermuntern, die Wahrheit an sich zu prüfen, so wie es Abdrushin forderte.

Ich kenne Menschen, die wirklich *jede* Religion *durchhaben* und abtaten, aber das Letzte, das Wichtigste, was ihnen wirklich helfen könnte zum Aufstieg, das lehnen sie ab. Es ist, als würde man gegen eine Bleimauer sprechen. Es kommt nicht bei ihnen an.

Zu guter Letzt dürft Ihr nicht vergessen: Abdrushin als Menschensohn war durch einen Strahlungsvorgang mit dem Urlicht verbunden.

Abdrushin war als Strahlungsvorgang mit dem Menschen Oskar Ernst Bernhard verbunden.

Es war ein anderer Vorgang als bei Jesus, dessen Geist direkt mit der Strahlung aus dem Göttlichen verbunden war. Wo *kein gewöhnlicher* Menschengeist noch in diesem Körper inkarniert war.

So kam es dann, dass auch Abdrushin an einigen Stellen Dinge schrieb, die er besser nicht geschrieben hätte. Weil Menschen sich leider oft an Kleinigkeiten aufhängen. Vielleicht hat er sich zum damaligen Zeitpunkt als Oskar Ernst Bernhard nicht vorstellen können, dass die Verpestung durch Fahrzeuge und Flugzeuge, durch Firmenabgase, viel, viel schlimmer sein könnten als die durch das Rauchen, als er schrieb, dass Menschen sich erdreisteten, die Luft durch Zigarettenrauch zu verschmutzen, wobei er aber selber eines der ersten Kraftfahrzeuge fuhr.

Ja, und das sind dann Teile, die mich schmerzen, weil ich sie nicht ausmerzen kann. <u>Ich kann und will Euch nur die Augen öffnen dafür, dass Ihr *die Wahrheit an sich* aus der Gralsbotschaft aufnehmen und prüfen sollt.</u>

Kein Wissenschaftler bräuchte noch Fragen zu haben, wenn er diese gelesen hätte. Und verinnerlicht. Und diejenigen, die die Wahrheit darin erfasst haben, haben leider nicht den Mut (von den Wissenschaftlern), das Ganze öffentlich richtig zu stellen. Dabei könnten sie Großes damit erreichen. Aber die Angst vor Diffamierung oder Totgeschwiegen werden ist dabei immer größer und stärker als der Mut.

So gibt es noch viele Beispiele, die ich hier nennen könnte. Das würde in einem Beitrag zu viel sein. Ich werde das Thema später noch einmal aufgreifen.

Wenn sich die Spreu vom Weizen trennt

Wer sich ein wenig umschaut in dieser Zeit, in die Zeitung schaut, im TV oder auch in allen sozialen Medien, dann ist da eine lange nicht gekannten Gewalt in unserem Land zu spüren, die ungeahnte Ausmaße annimmt. Da zieht sich sogar die Polizei zurück, um nicht selber zum Opfer zu werden.

GEWALT!!! BOSHEIT!!! HÄME!!! MORD!!!
Niemand scheint es zu wollen, aber immer mehr Menschen werden davon beherrscht; führen sie aus, die Gewalt.

Legt doch einmal die Messer und die Keulen beiseite und fragt Euer Herz, wo die Sache enden soll? Bedenkt doch, dass Ihr in gleicher Weise das Ruder zum Guten herumreißen könntet, anstatt Euch zu bewaffnen.

Das Geheimnis ist das Schöpfungs-Urgesetz, dass alles, was Ihr aussät, in gleicher Art vielfach geerntet wird.

Und da ist es unerheblich, ob es sich um Getreide, Blumen oder Gras handelt.

BEACHTE: Deine GEDANKEN und TATEN gehören auch dazu. Deine Gedanken SIND schon Taten!

Was Du denkst und tust wird, um ein Vielfaches verstärkt, eines Tages zu Dir zurückkommen. Dann erntest Du, was du einst ausgesät hast.

Das Problem der Jetztzeit ist ja auch (und in hohem Umfang dafür verantwortlich) dass der Mensch gerne denkt, mit dem Tode ist alles aus und er wird schon nicht zur Rechenschaft gezogen. *Vom wem auch?*, fragt er sich. *Einen Gott kann es nicht geben bei der ganzen Ungerechtigkeit auf der Welt*, so sagt er sich.

Aber GOTT führt keine Willkürakte aus. Er hat die Gesetze, seinen Willen, in die Welt gesetzt, die für alle Ewigkeiten gültig sind. Ebenso hat er dem Menschen den freien Willen gegeben, weshalb er für seine Taten eines Tages zur Verantwortung gezogen wird.

Denkt daran: Auch wenn Ihr heute nicht daran glauben wollt, aber spätestens in der Minute Eures Ablebens hier auf Erden wird es Euch mit Schrecken klar, dass NICHTS für Euch zuende ist und Ihr jetzt ernten müsst, was Ihr in die Welt gesetzt habt.

Allezeit bereit sein

Auch im Glauben muss der Mensch immer am Ball bleiben. Das kennt sicher jeder von Euch: Ihr lest ein Buch und wenn Ihr es zu einem späteren Zeitpunkt wieder lest, dann kommt Euch vieles neu vor. So, als hätte es vorher gar nicht darin gestanden. Oder Ihr versteht es plötzlich anders.

Das kann sogar beim dritten oder vierten Mal des Lesens so sein.

So ist es auch mit dem Lesen der Bibel. Mit der Botschaft von Jesus. Wir müssen diese seine Worte immer lebendig halten, gleich den Jungfrauen mit den Öllampen, denen das Licht ausging (symbolische Erzählung).

Und was ist denn in dieser gerade so furchtbaren Zeit am Wichtigsten überhaupt? Sicher können Menschen auf deutsch gesagt glatt und gut durchs Leben kommen, wenn sie sich durch dieses hindurchschummeln, nicht immer die Wahrheit sagen oder andere unrechte Dinge tun (Ausnahmen bestätigen die Regel).

Aber hinterfragt Euch selber einmal an jedem Abend: War ich so, dass ich kein Stäubchen Dunkles mir angesammelt habe an diesem Tage? Bin ich in jeder Beziehung Gott-Wohlgefällig gewesen? Wahr bis ins Kleinste? Oder habe ich durch Lug und Trug Dinge erreicht, die mir zwar auf Erden weiterhelfen, aber mich am Aufstieg ins Licht hindern, wenn ich einmal diese Erde verlassen werde?

Es heißt: Am Tage des Gerichtes für einen Menschen wird dieser Mensch mit einer Feder aufgewogen.

Wenn... auch nur ein Stäubchen Dunkel noch an Euch haftet; Ihr nicht vergeben konntet oder wolltet; Ihr Menschen auf der Strecke gelassen habt um Euer Fortkommen willen... so werdet Ihr NICHT eingehen können ins Paradies, welches NICHT auf dieser Erde liegt!

Wenn Ihr aber immer nach dem Willen Gottes gefragt habt und so gelebt, dass Ihr niemandem geschadet habt mit Absicht, so wird Euch dieses Paradies von ganz allein, gleich einer magnetischen Anziehung, aufnehmen, zu sich herziehen.

Und aus diesem Paradies, wenn Ihr einst zurückgekehrt seid, werdet Ihr nie wieder auf diese Erde zurückkommen müssen, denn diese Erde ist nur ein Ort, an dem die einst unbewusste Seele (Geistkeim) zur vollen Reife gelangen kann.

Und Dir das Gleiche...

Es hallte schon länger in mir nach. Immer, wenn ich etwas zu meiner Hündin sagte. Oder zu einigen bestimmten Menschen. Oder allgemein.

Stellt Euch vor, Ihr habt einen kranken Hund, den Ihr manchmal tragen müsst. Der viel Arbeit mit sich bringt. Ihr sagt zu ihm: *Wenn du nicht laufen kannst, dann trage ich dich und ich liebe dich, egal wie schwierig es ist mit dir. Du kannst mir vertrauen. Solange du mich brauchst, werde ich für dich da sein.*

Oder wenn Ihr Euch einmal ärgert und sagt: *Nie weiß ich, woran ich mit dir bin. Dreimal ziehe ich mich wegen dir an in der Nacht und dann willst du doch nicht raus. Ständig Hüh und Hott.*

Oder zu irgendjemandem, auch in Gedanken. Wenn Ihr in Gedanken mit ihm sprecht (falls Ihr sowas tut): *Du weißt ganz genau, dass du Dich auf mich verlassen kannst. Warum tust du mir das an?*

UND NUN stellt Euch einfach mal (erst für einen Tag) vor:

Jeder Satz, den Ihr so von Euch gebt, egal wann und zu wem, sofern es eine Art Wertung darstellt, spricht GOTT als Widerhall zu Euch!

Und da spricht dann in dem Augenblick, wo Ihr dies von Euch gebt, GOTT zu Euch und sagt: *Wenn du nicht laufen kannst, dann trage ich dich und ich liebe dich, egal wie schwierig es ist mit dir. Du kannst mir vertrauen.*

DAS könnt Ihr mit jedem Satz versuchen.
Plötzlich ergeben die Worte alle einen ganz anderen Sinn.

Am dritten Tage auferstanden von den Toten

Meiner Überschrift und dem Folgenden muss ich etwas vorausschicken zum besseren Verständnis.

Jesus sagt, dass wir nichts an seinem Wort ändern, weglassen oder hinzufügen dürfen.
   Das tue ich natürlich nicht!
   Und er verlangt geistige Regsamkeit – ebenso wie Abdrushin es auch schreibt.
   Auch daran halte ich mich... wenn es zuzeiten auch auf Widerstand stößt.

Alles Geschehen, vom Anfang der Geschichte, das Alte Testament... die Erdenzeit Jesus auf Erden mit allem, was geschehen ist, wurde von Menschen aufgeschrieben. Die Zeit von Jesus auf Erden speziell von seinen Jüngern.
   Jesus betonte (beklagte) immer wieder, dass selbst seine Jünger ihn oft nicht verstünden.
   Auf dieser Grundlage bitte ich Sie, über das folgende Gesagte nachzudenken. ---

Es kam der Tag, an dem Jesus gekreuzigt wurde.
   Ein reicher Kaufmann Namens Josef bat darum, dass er Jesus in sein Steingrab legen dürfte, was ihm gestattet wurde.
   Als die Frauen nach dem Sabbat zum Grab kamen, fanden sie es leer.

Viele Menschen, Kirchenmänner und mehr haben sich die Köpfe zerbrochen, was mit dem Leib Jesus geschehen ist.

Jesus erschien am dritten Tage besonderen Menschen und seinen Jüngern und nahm mit ihnen das Abendmahl. Er aß und trank. Eine grobstoffliche Speise und ein grobstoffliches Getränk können nicht im Nichts verschwinden!

LUKAS 24/39 – 43 + 51 – Seht meine Hände und meine Füße; ich bin´s selber. Faßt mich an und seht; denn ein Geist hat nicht Fleisch und nicht Knochen, wie ihr seht, daß ich sie habe.

In LUKAS 25/51 im Neuen Testament z. B. findet Ihr die Stelle, wo er, nachdem er seinen Jüngern alles gesagt hatte, von ihnen schied und in den Himmel aufgehoben wurde… worüber man aber nur stolpert, wenn man wie ich, die Bibel quasi rauf und runter liest. Nicht nur liest, sondern sich darin so vertieft, dass man es in Fleisch und Blut übergehen lässt.

In dieser Textpassage steht geschrieben, dass Jesus ca. am dritten Tage (ein anderes Mal steht am 7. Tage) nach der Auferstehung mit seinen Jüngern unterwegs war und sie noch über die höchsten Dinge aufgeklärt hat und *dass er gleich von ihnen gehen würde*. In dieser Textpassage steht, „dass der Geist Jesus den Körper verließ und er auffuhr in den Himmel...“

Die Jünger, die Jesus engste Vertraute waren, konnten dieses Ausfahren des Christusgeistes aus dem Köper miterleben.

Und erst DANN haben die Jünger seinen Erdenkörper an einem geheimen Ort vergraben. Diesen Ort wird nie ein Mensch finden...

Jesus hat, wie wir alle wissen, viele Menschengeister auch zurück in ihre Körper befohlen, wenn sie, nach Menschen Auffassung, verstorben waren. Solange der Geist noch mit dem Körper verbunden ist, kann diesem das Zurückkehren in den Körper befohlen werden.

Und *so* ist er in der Nacht nach seiner Kreuzigung in diesem Grabe wieder in seinen Körper eingefahren. Der reiche Kaufmann, der ein sehr gläubiger Mensch war, hat Jesus mit Kleidung versorgt und er hat bis zu seinem Tode darüber geschwiegen.

Jetzt ist die Zeit gekommen, in der die Menschheit das Wissen darüber erlangen sollte.

Jesus sagte, dass keines seiner Worte verändert werden dürfte. Das aber haben über all die Jahrhunderte die Kirchenmänner getan. Teils aus eigenem Unverständnis oder aus Selbstüberhebung heraus. Und aufgeschrieben wurde das, was von den Jüngern erzählt wurde, aber nicht Wort für Wort, sondern eher dem Inhalt entsprechend, wie die Schreiber es selber aufgefasst haben.

Die Bibel, so, wie sie heute ist, wurde so oft verändert, dass es schwer ist, den wirklich reinen Extrakt daraus zu ziehen.

Es ist Zeit, an Abschied zu denken

*E*s ist Zeit ... an Abschied zu denken. Alles deutet darauf hin, dass meine Tage hier auf Erden gezählt sind. Da ist einerseits meine Gesundheit, dich ich nicht um jeden Preis am Leben erhalten kann, weil es dann kein würdiges mehr wäre.

Irgendwann begann ich, Dinge aus meinem Leben abzuarbeiten. Verborgen liegende Dinge kamen an die Oberfläche. Wo noch Kontakte zu Personen und Orten schlummerten, kamen sie an die Oberfläche. Und dann trennte sich die Spreu vom Weizen und ich werde keinen Finger rühren, das wieder zu ändern.

Ganz wichtig war mir, wo noch Groll im Verborgenen lag, dies zu verzeihen. Aber auch Kontakt aufzunehmen, wo ich möglicherweise Menschen verletzt hatte, um Verzeihung zu erlangen.

Zu neunzig Prozent aber will die Menschheit keine Verzeihung. Keine erlangen und keine geben. Nachdem ich alles versucht habe, muss ich es dann in Gottes Hand geben.

Es ist nun aber so, dass niemand ohne Demut, ohne Verzeihen zu können, jemals die Schwelle zum Paradies überschreiten wird können. Viele Menschen sind gefangen in ihren Verletzungen und geben allem und jedem und vor allem Gott die Schuld, sofern sie an seine Existenz glauben. Auch wenn sie nicht glauben, geben sie Gott die Schuld, wenn alles schiefläuft. Dafür muss er dann herhalten als Sündenbock.

Aber dass uns das Schicksal oft einen Spiegel vorhält, die Steine immer wieder neu vor uns hinlegt, um in den entscheidenden Situationen anderes und neu reagieren zu können, um gereinigt aus einer dummen Unart von uns frei zu werden, das sehen sie nicht. Nur, dass wieder etwas auf sie zugekommen ist.

Ich merke, dass hier langsam Schluss für mich ist. Auch habe ich, als lebendiger Rebell, aufgehört, zu rebellieren. Ich wende meine Blicke nicht mehr in die Zukunft auf Erden, sondern in meine Zukunft im Jenseits, wenn ich abgeschieden bin.

Was kann mich erwarten an Unarten, die ich vielleicht noch an mir trage? An Unbill? Wo wird mir nach dem Gotteswillen, nach den Urgesetzen, mein Weg hinführen? Und nur noch daran arbeite ich, um nicht abzusteigen, sondern weiter aufsteigen zu dürfen. Um eines Tages das Paradies erreichen zu können und eintreten zu dürfen.

Leider habe ich meine Aufgabe auf Erden nicht vollenden können. Ob nun aus eigener Schuld, Schwäche oder sonstigem. Das hat mir lange auf der Seele gelegen. Immer und immer wieder habe ich alles gegeneinander aufgewogen. Selber aufgewogen, um zu schauen, wo ich es hätte besser machen können. Wo ich hätte mehr kämpfen müssen. Können.

Aber ich kam ihnen von Beginn an zu kindlich daher. Sobald ich sah, dass etwas falsch ist und es unbedarft sagte, wurde ich im wahrsten Sinne des Wortes gesteinigt. Auch im privaten Bereich war ich immer jemand, dem man nur mit Vorsicht sich annäherte. Ich war ihnen zu stolz, zu unnahbar, was aber nie meine Absicht war. Da habe ich eine ganz andere Sicht der Dinge. Ich war glücklich über jeden wahren Freund.

Ich möchte Abschied nehmen von dieser Erde, aber zuvor möchte ich möglichst viel in Ordnung bringen.

Über die Autorin

Durch tiefes Erleben geweckt und einem Rufe folgend, schrieb die Autorin unter dem ersten Pseudonym Friederieke Jakob das Buch *Auf den Spuren der Gralsbotschaft.*

Unter einem Pseudonym aus dem Grunde, weil sie wusste, dass die Menschen so sind und einem die Erfahrungen, die man im Leben machen muss, um anderen weiterhelfen zu können, diesem Menschen dann derart ankreiden, so dass sie von diesem nichts Weiterhelfendes erwarten würde. Möchte. Könnte.

Dabei kommt es auf die innere Einstellung an. Der Grund, der allem zugrunde liegt. Es ist ein Unterschied, ob ein Mensch mit dem Verstand handelt und dies oder jenes bedenkt oder, ohne zu denken, sich in eine Erfahrung stürzt. Auch wenn diese schmerzlich ist oder so endet.

Das aber ist der Beweggrund der Autorin. Nach einiger Zeit kam ihr das Bewusstsein, dass der Mensch heute so dem Verstand unterworfen ist, so dass er eine Art Anleitung im Erleben nötig hat. So entstand dieses Buch mit Erlebnissen und tiefen Einsichten.

Mit der Zeit kamen Geschehnisse hinzu, die ich aufgriff und nach den Schöpfungsgesetzen den Menschen erklärte. Auch daraus entstand ein Werk.

Im eigenen Erleben voranschreitend zog ich eines Tages erst einmal alles zurück. Ich wollte es vor den Menschen schützen. Das Wort vor den Menschen *be*schützen. Es behüten, nicht beschmutzt zu werden.

Meinem Rufe folgend kam es dazu, beide Werke zu einem zu vereinen.

In dieser Zeit legte ich den Namen Friederieke Jakob ab. Es folgten kurzzeitig noch zwei weitere Pseudonyme. Erst kurz vor Herausgabe dieses Werkes wurden mir zuerst der Vorname und ein wenig später der Nachname gegeben, die eine Einheit bilden.

Alles aber baut auf den Namenshüllen auf, welche ich seit meiner Geburt trug und von Rechts wegen auch in diesem Leben tragen werde.

Ebenso die Namen, die er mir, und das wurde mir erst im Nachhinein bewusst, schon beim geistigen Erhalt der Gralsbotschaft bekam, nämlich Lilian Rose.

229

Mit diesen Worten verabschiede ich mich als Johanna AMO endgültig von Euch, weil es der Wille des Herrn ist, dass diese Zeit beendet ist.

AMEN und so sei es

"Ich war bei Euch
aber Ihr
habt mich nicht
gekannt."

Amen – und so sei es

AMEN

Inhaltsverzeichnis

Inhalt

238

Nachwort

Lange habe ich darüber nachgedacht, wie ich das, wozu ich berufen wurde, in die Tat umsetzen soll. Oft geht das Schicksal seltsame Wege und so fand ich denn zur rechten Zeit einem Verlag, welcher es mir ermöglichte, *das* an die Menschen weiter zu geben, wozu ich mich berufen fühle.

Es wurde mir eines Tages klar, dass es durch Vorleben nicht, oder nicht mehr, geschehen kann. Dazu ist die Menschheit zu tief gesunken.

Ich wurde, seit ich die Gralsbotschaft bekam, oft gezwungen, gegen meinen Willen zu handeln. Handelte ich nicht darnach, kam dies einer Steinigung gleich. Mein Leben ist ein Vabanque-Spiel zwischen dem, wie ich leben soll und es mir von Herzen wünsche, Leben zu können und dem, wie die Menschen mich leben lassen − oder eben nicht.

Mein Lebenswerk sehe ich mit der Herausgabe dieses Werkes als vollendet an. Diejenigen, welche noch einen kleinen Lichtfunken in sich tragen; noch ein wenig offen dafür sind, zu erfahren und erforschen, woher sie kommen und wohin sie gehen, werden diese Schrift finden.

Zum jetzigen Zeitpunkt möchte ich sagen, es ist besser, sich mit der Gralsbotschaft von Abdrushin allein zu befassen, als in Verbindung mit anderen Kreuzträgern zu treten. Letztendlich bleibt dies aber jedem Menschen selber überlassen.

Ich wünsche mir von ganzem Herzen, dass ich viele Menschen hiermit erreiche und in ihnen ein neues Licht aufgehen kann

Seit Abdrushin den Menschen die Gralsbotschaft brachte, haben diese sich durch Züchtung des Verstandes noch weiter von der Aufnahmefähigkeit für Botschaften aus dem Lichte entfernt, so dass es nötig war, einen Mittler zu schicken, welcher noch einmal auf die Gralsbotschaft hinleiten kann. Auch befindet sich in meinen Händen ebenso die von Abdrushin verfasste originale Ausgabe der Gralsbotschaft.

Zum besseren Verstehen und Erkennen der Gralsbotschaft habe ich mit meinen Worten einen weiblichen Anteil hinzugefügt.

Johanna AMO